日本はなぜ、負ける戦争に突っ込んだのか

封印された現代史——昭和天皇の秘密計画

栢植喬介
Kyosuke Tsuge

SEIKO SHOBO

はじめに

大日本帝国は日露戦争の勝利後、大正から昭和にかけて、大陸進出に注力する。満州を占領し、満州国をでっち上げ、中国本土に侵攻し、蔣介石軍と戦い、ノモンハン事件でソ連軍に敗北した。その強引な大陸進出は米英両国との外交関係を崩壊させ、ついに決して勝つことのできない戦争へと踏み出した。そして、人類史上初の原爆を二発投下されて無惨に敗北し、戦後は米国の占領下に入り、米国の従属国となった。

なぜ、このような歴史が生じてしまったのか――。

一九一七年（大正六）十一月七日、レーニンの指導する共産主義国家、ソビエト政権が成立する。

彼らは政権を奪取すべく、次のように目論んだのである。

「帝国主義国家間で争わせ、敗戦後、共産主義革命をおこす」

レーニンに踊らされ、大日本帝国とロシア帝国は、まんまと戦火を交えた。

この背後には南アフリカでの植民地戦争によって国力を弱体化させているイギリスの企みも

あった。極東におけるイギリスの権益を守るため、アジア進出を謀《はか》るロシア帝国の国力を消耗させるべく、大日本帝国を巧みに利用したのである。

イギリスは日本を積極的に支援した。日本海に向けて出撃するバルチック艦隊は、イギリスの管理していた港で、艦の修繕はもとより、燃料の補給すらできなかった。そのため、石炭補給が可能だったのは、アフリカでは中立国のポルトガルが支配していたアンゴラをはじめとする数港のみであった。

さらにロシア海軍はマラッカ海峡の通過も監視されていた。いずれもイギリスのコントロール下にあったからだ。

日本海に到達するまでに、バルチック艦隊はすでに疲弊しきっていたのだ。これでは日本海海戦で敗北したのは当然であるといえよう。

ところが、日本人は、イギリスの全面的な支援のあったことを忘れている。

「バルチック艦隊全滅！」

大日本帝国の勝利を知ったロシアの革命家たちは喜びいさんだ。

「敗戦革命」の第一段階であった。

帝国主義国家である日露を争わせ、負けた側の弱体化に成功したのだ。

レーニンの「敗戦革命」に気づかない、無知で愚かなニコライ二世は、第一次世界大戦に参加した。まさに帝国主義国家どうしの戦争により、帝国が疲弊していった。
世界大戦に参加した兵士たちの反抗によってロシアは解体した。
そして、レーニンの率いる政党ボルシェビキのクーデターによって共産主義政権が成立する。レーニンの「敗戦革命」が見事に成功したのである。

一九三七年（昭和十二）七月七日、盧溝橋事件《ろこうきょうじけん》が勃発し、日中は戦争状態に突入した。そして、ついに大日本帝国は米帝国と戦う。

これこそレーニンの求めた帝国主義間における最大規模の戦争であり、大日本帝国は「敗戦革命」をまんまと実行する羽目になった。

米帝国は対独、対日と帝国主義間の戦争を開始した。米大統領フランクリン・D・ルーズヴェルトはレーニンの教えどおりに帝国主義間の戦争を遂行したのである。戦争終結後、ドイツには共産主義国家としての東ドイツが、大日本帝国には「天皇制共産主義国家」が誕生することになっていた。これはどちらもレーニンの描いた青写真、既定路線であった。

日本の近代史は、「敗戦革命」を目指した歴史である。歴史的事実にもとづいて、これを調査する中で、浮かびあがってきた一人の人物がいた。

明治維新の際、血気盛んだった青年公卿は、時の天皇や首相に愛され、いつしか政界の重鎮となる。

その名は、西園寺公望《さいおんじきんもち》。

彼こそ日本の「敗戦革命」を推進した中心人物であった。

本書は、日本の敗戦が、昭和天皇を中心とする、ごく一部の勢力の思惑によって惹き起こされたものであり、そのために周到な策謀が存在した事実を追い求めてゆく。

そこにどれだけ不条理な史実があったとしても、歴史をいたずらに隠蔽、糊塗することは赦されないからである。

日本はなぜ、負ける戦争に突っ込んだのか〔目次〕

はじめに——3

第1章 レーニンの「敗戦革命」——16

第2章 日本の「敗戦革命」——34

第3章 西園寺公望パリに行く——42

第4章 バーデン＝バーデンの密約——57

本書中の引用に際しては、カタカナ表記をひらがな表記に、旧仮名遣いを新仮名遣いに、漢字の旧字体を新字体に改めるなどの措置をとったことをお断りします。

[装幀]——フロッグキングスタジオ
[装画]——「学徒出陣」作者不詳／東京近代美術館蔵
Photo : MOMAT/DNPartcom
[本文写真]——ウイキメディアコモンズ

日本はなぜ、負ける戦争に突っ込んだのか

第1章

レーニンの「敗戦革命」

◉「敗戦革命」とは何なのか

昭和初期から東京五輪（一九六四＝昭和三十九年）の時代に活躍した政治家・三田村武夫。彼は自著『大東亜戦争とスターリンの謀略』のまえがきで、次のように述べている。

私は、一九二八年（昭和三）六月から一九三二年（昭和七）一月まで、内務省警保局に勤務し、所謂《いわゆる》三・一五事件以来、日本の思想界を「赤一色」に塗りつぶし、思想国難の叫ばれた時代の約四ケ年間、社会主義運動取締の立場から、共産主義の理論と実践活動を精密に調査研究する事務に携って来た。

次で、一九三二年（昭和七）十月から一九三五年（昭和十）六月まで、拓務省管理局に勤務し、再び朝鮮、満州、中国を舞台とした国際共産党の活動に関し、表裏両面の調査研究に没頭してきたが、この頃は、満州事変後の政治的激動期で、国際的には第二次世界大戦の危機が叫ばれ、国内的には軍部の政治的進出が甚しく積極化し、その裏面では、コミンテルンの極東攻勢が著しく前進態勢を取って来た時代であった。

次に私は、一九三六年（昭和十一）二月の衆議院議員総選挙に立候補し、落選、一九三七年（昭和十二）四月の第二十回の総選挙に立候補し当選する。一九四二年（昭和十七）四月の第二十一回にも当選している。ところが一九四三年（昭和十八）九月六日警視庁に逮捕される（言論、出版、集会、結社等臨時取締法違反）。爾来《じらい》、今度は逆に憲兵と特高警察から追い廻わされる立場に立ち、反政府、反軍部的政治闘争に専念し、遂に捕えられて巣鴨まで行ってきたのであるが、この政治運動に身を投じてからの最大関心事は、激変する国際情報と第二次世界戦の嵐の中で、モスクワを本拠とする共産主義運動が、いかなる戦略戦術を展開して行くか、更に軍閥の独善的戦争推進の背後にあって、世界革命への謀略コースをいかにして推し進めて行くかを怠りなく注視し研究することであった。

三田村は敗戦後、「戦争と共産主義」に関する書籍の出版を試みたが、GHQ（連合国軍総司令部）によって不適切とのレッテルを貼られ、発行できずにいた。

ところが、ジャーナリストの柴田秀利との出会いが、三田村の人生を変えることになる。柴田は読売新聞社内から共産党を締め出す仕事をGHQの支援でおこなっていた。

三田村は松前重義（のちに東海大学総長になる）に連れられ、柴田と面会する。そこで三田村はあらかじめタイプ打ちをし、準備してきた分厚い書類を柴田に手渡した。三田村は、さらに「コミンテルンの敗戦謀略」について、柴田に熱く話して聞かせた。

「レーニンの『敗戦革命』が大日本帝国で進んでいた」

三田村が導き出した結論に、柴田も得心したようにうなずいた。

三田村は知らなかったが、当時の柴田にとって最大の関心事は、必ず負ける莫迦《ばか》げた戦争に、なぜ突入したのかということであり、その真因の追究が使命と考えていたのだ。

三田村の論文を熟読した柴田は、GHQの参謀第二部長であるチャールズ・ウィロビー少佐に三田村の論文を紹介した。

その後、ウィロビーは「赤狩り」を実行する。GHQの共産主義者を追放、日本国内の共産主義者の追放、そして米国政府内に存在していたソ連のスパイの追放に精魂を傾ける。

さて、三田村の説いた「敗戦革命」を彼の文章より引用しておこう。

共産主義者の絶対信条はマルクス・レーニン主義である。それは同時にレーニンの創設したコミンテルンの綱領でもある。マルクス・レーニン主義とコミンテルンの綱領を離れた共産主義者も共産主義運動もあり得ない。これはいずれの国の共産主義運動にも例外のない鉄則である。そしてこのマルクス・レーニン主義とコミンテルンの究極目的は全世界の共産主義革命である。すなわち、全世界の資本主義国家を転覆崩壊せしめ、共産党独裁政権を樹立して資本主義制度を根こそぎ無くすることである。

レーニンは、コミンテルン綱領ならびに自身の書いた多数の文書および演説の中で、共産主義者の第一目標は、資本主義国家の政治権力を倒して共産党独裁政府を樹立することであり、このプロレタリア独裁（共産党独裁）政治を通じてのみ共産主義社会の実現は可能だということを繰り返し教えている。

マルクス・レーニン主義に従えば、資本主義国家の権力的支柱をなすものはその国の武力すなわち軍隊である。したがって、この資本主義国家の武力、軍隊を如何《いか》にして崩壊せしめるかが共産主義革命の戦略的、戦術的第一目標とされる。そしてこの目標の前に二つの方法があるとレーニンは言う。その一つはブルジョア国家の軍隊をプロレタリアの同盟軍として味方に引き入れ革命の前衛軍たらしめること、第二は軍隊そのものの組織、機構を内部崩壊せしめることである。つまりブルジョア国家の軍隊を自滅せしめる方向に導くことである。

また、レーニンの戦略論から、戦争そのものについて言えば、共産主義者が戦争に反対する場合は帝国主義国家（資本主義国家）が、世界革命の支柱たるソ連邦を攻撃する場合と、資本主義国家が植民地民族の独立戦争を武力で弾圧する場合の二つだけで、帝国主義国家と帝国主義国家が相互に噛み合いの戦争をする場合は反対すべきではない。否、この戦争をして資本主義国家とその軍隊の自己崩壊に導けと教えている。

レーニンのこの教義を日華事変と大東亜戦争に当てはめてみると、共産主義者の態度は明瞭となる。つまり、日華事変は、大日本帝国と蔣介石軍閥政権の噛み合い戦争であり、大東亜戦争は、大日本帝国とアメリカ帝国主義国家およびイギリス帝国主義国家の噛み合い戦争と見るのが、レーニン主義の立場であり共産主義者の認識である。したがって、日華事変及び大東亜戦争に反対することは非レーニン主義的で共産主義者の取るべき態度ではない――ということになる。

事実、日本の忠実なるマルクス・レーニン主義者は、日華事変にも大東亜戦争にも反対していない。のみならず実は巧妙にこの両戦争を推進して、レーニンの教えの通り、日本政府および軍部をして敗戦・自滅へのコースを驀進《ばくしん》せしめたのである。

以上が引用である。三田村はこのように「敗戦革命」の実像を正確に捉えていた。

◉――レーニンの敗戦革命論

ここからは、「敗戦革命」の生みの親であるレーニンについて触れる。

第一次大戦勃発直後の一九一四、五年ごろ、レーニンは敗戦主義を説き、ボルシェビキ（ロシア共産党）の同志をすら驚かせたが、レーニンの最も軽蔑したのは、中途半端に戦争を終わらせ、革命への道筋を閉ざす平和論者や反戦主義者であった。

革命は敗戦の先にあるのだ――。

「ロシアの労働者階級ならびに勤労大衆の見地から言えば、ツァー《皇帝》君主制の敗北が望ましいことは一点の疑いも容れない」

「われわれ革命的マルクス主義者にとってはどちらが勝とうが大した違いはないのだ。いたる所で帝国主義戦争を内乱に転化するよう努力することが、われわれの仕事なのだ」

「戦争は資本主義の不可避的な一部である。それは資本主義の正当な形態である。良心的な反戦論者のストライキや同じ種類の戦争反対は、憐れむべき、卑怯な、下らぬ夢にすぎない。闘争なくして武装したブルジョアを倒せると信ずるのは馬鹿の骨頂だ。『いかなる犠牲を払っても平和を』という感傷的な、偽善的なスローガンを倒せ」

「戦争は資本主義のもとでも廃絶することが出来る、という僧侶的な、小ブルジョア的な平和主義論ほど有害なものはない。資本主義のもとでは戦争は不可避である。資本主義が転覆され社会主義が全世界で勝利を得た場合にのみ戦争の廃止が可能になる」

レーニンは敗戦革命論を唱えて、ついに十月革命での勝利を得ると、かねて抱いていた大志である世界革命実現のため、一九一九年三月、第三インターナショナル（コミンテルン）を結成し、全世界の革命闘争を指導し始める。

一九二〇年十一月のモスクワ共産党細胞書記長会議では、帝国主義国家同士を争わせる戦略論を次のように述べている。

全世界における社会主義の終局的勝利に至るまでの間、長期間にわたってわれわれの基本的原則となるべき規則がある。その規則とは、資本主義国家間の矛盾対立を利用して、これらの諸国をお互いに噛み合わすことである。われわれが全世界を征服せず、かつ資本主義諸国よりも劣勢である間は、帝国主義国家間の矛盾対立を巧妙に利用するという規則を厳守しなければならぬ。現在われわれは敵国に包囲されている。もし敵国を打倒することができないとすれば、敵国が相互にかみ合うよう自分の力を巧妙に配置しなければならない。そして、われわれが資本主義諸国を打倒し得る程強固となり次第、直ちにその襟首《えりくび》をつかまなければならない。

コミンテルン第六回大会の決議

一九二八年（昭和三）のコミンテルン第六回大会。

レーニンが説いた「敗戦革命」の実現への第一歩が始まる。

すなわち、「帝国主義戦争から敗戦革命へ」を戦略的かつ戦術的に展開する決議となる「帝国主義戦争と各国共産党の任務に関するテーゼ」が採択されたのである。

要旨をいくつか紹介する。

「最近帝国主義諸国家の政策は、反ソ政策と中国革命圧迫の方向に一歩前進して来たが、同時にまた帝国主義諸列国相互間の反目抗争甚しくなり、反ソ戦に先だちて帝国主義国家間に第二次世界戦争勃発の可能性が高まりつつある。かかる客観情報は、第一次大戦に於てソ連のプロレタリア革命を成功せしめたと同様に来るべき世界大戦は、国際プロレタリアートの強力なる革命闘争を誘発し前進せしめるにちがいない。したがって各国共産党の主要任務は、この新たなる世界戦を通じてブルジョア政府を顚覆《てんぷく》し、プロレタリア独裁政権を樹立する方向に大衆を指導し組織することにある」

「資本主義の存続する限り戦争は避けがたい。だから戦争を無くするためには資本主義そのものを無くさなければならないが、資本主義の打倒はレーニンの実証した如く革命によらなければ不可能である。したがって世界革命闘争を任務とするプロレタリアートは総《す》べての戦争に、無差別に反対すべきではない。即ち各々の戦争の歴史的、政治的乃至《ないし》社会的意義を解剖し、特に各参戦国支配階級の性格を世界共産主義革命の見地に立って詳細に検討しなければならぬ。現代の戦争は、帝国主義国家相互間の戦争、ソ連及革命国家に対する帝国主義国家の反革命戦争、プロレタリア革命軍の帝国主義国家に対する革命戦争の三つに分類し得るが、各々の戦争の実質をマルクス主義的に解剖することはプロレタリアートのその戦争に対する態度決定に重要なことである。右の分類による第二の戦争は一方的反動戦争なるが故に勿論《もちろん》断乎反対しなければならない。また第三の戦争は世界革命の一環としてその正当性を支持し帝国主義国家の武力行使に反対しなければならないが、第一の帝国主義国家相互間の戦争に際しては、その国のプロレタリアートは各々自国政府の失敗と、この戦争を反ブルジョア的内乱戦たらしめることを活動の主要目的としなければならない」

「共産主義者の帝国主義戦争反対闘争は、一般平和主義者の戦争反対運動とその根底を異にしている。われわれはこの反戦闘争をブルジョア支配階級覆滅《ふくめつ》を目的とした階級戦と不可分のものとしなければならない。蓋《けだ》しブルジョアの支配が存続する限り帝国主義戦争は避け難いからである」

「『帝国主義戦争が勃発した場合に於ける共産主義者の政治綱領』は、

（1）自国政府の敗北を助成すること。

（2）帝国主義戦争を自己崩壊の内乱戦たらしめること。

（3）民主的な方法による正義の平和は到底不可能なるが故に、戦争を通じてプロタリア革命を遂行すること。

である。

帝国主義戦争を自己崩壊の内乱戦たらしめることは、大衆の革命的前進を意味するものなるが故に、この革命的前進を阻止する所謂『戦争防止』運動は之《これ》を拒否しなければならない。また大衆の革命的前進と関係なく又はその発展を妨害するような個人的行動又はプチ・ブルの提唱する戦争防止運動も拒絶しなければならぬ。共産主義者は国際ブルジョアジー覆滅の為にする革命のみが戦争防止の唯一の手段であることを大衆に知らしめねばならない」

ウラジーミル・レーニン（1870〜1924）

1928年のコミンテルン第六回大会を描いた画

「多くの共産主義者が犯している主要な誤謬《ごびゅう》は、戦争問題を頗《すこぶ》る抽象的に観察し、あらゆる戦争に於て決定的な意義を有する軍隊に充分の注意を払わないことである。共産主義者は、その国の軍隊が如何《いか》なる階級又は政策の武器であるかを充分に検討して、その態度を決めなければならないが、その場合決定的な意義を有するものは、当該国家の軍事組織の如何《いかん》にあるのではなく、その軍隊の性格が帝国主義的であるか又はプロレタリア的であるかにある」

「現在の帝国主義国家の軍隊はブルジョア国家機関の一部ではあるが、最近の傾向は第二次大戦の危機を前にして各国共に、人民の全部を軍隊化する傾向が増大して来ている。この現象は搾取者と被搾取者の関係を軍隊内に発生せしめるものであって、大衆の軍隊化はエンゲルスに従えばブルジョアの軍隊を内部から崩壊せしめる力となるものである。この故に共産主義者はブルジョアの軍隊に反対すべきに非ずして進んで入隊し、之を内部から崩壊せしめることに努力しなければならない」

「プロレタリアの帝国主義軍隊に対する関係は、帝国主義戦争に対する関係と密接な関係を持っており、自国政府の失敗を助長し、帝国主義戦争を駆って自己崩壊の内乱に誘導する方策は国防及軍隊の組織問題に対する態度に方向を与える。労働者を軍国主義化する帝国主義は、内乱戦に際しプロレタリアの勝利を導く素地を作るものなるが故に、一般平和主義者の主張する反軍国主義的立場とはその立場を異にする。われわれの立場は、労働者が武器を取ることに反対せず、ブルジョアの為にする帝国主義的軍国化をプロレタリアートの武装に置き換えるのである」（以上、前掲第六回大会決議〔一、帝国主義戦争の危機、二、プロレタリアの戦争に対する態度、三、プロレタリアの軍隊に対する関係〕から抜粋）

レーニンによって、資本主義国家の共産主義者が自国の戦況下において、どのような態度を取るべきかが明らかになった。

簡潔に言えば、資本主義国家間の戦争は奨励し、自国政府の敗北を助成すべし。戦争を通じてブルジョア政府とその軍隊を自己崩壊に導き、戦争から革命を実践せよ、というのである。

このレーニンおよびコミンテルンの「敗戦革命」への戦略・戦術論が、日本に対して、巧妙かつ精緻に、しかも見事に適用されたのである。

戦略・戦術とその政治謀略教程

前述したが、共産主義者の最たる任務は、全世界の共産主義革命の成功にある。

レーニンはこの目的の実現のためには手段方法を選ぶなと教えており、その戦略・戦術の基準とも言うべき革命家の道徳的体系について多数の言葉を残している。

彼が最も熱心に指導したコミンテルン第一回・第二回大会において、自ら筆を執った綱領草案や党幹部に与えた指示書、一般の共産主義者に示した文書などから特に注目すべき点を拾ってみよう。

レーニンは、まず革命家の道徳的体系を説いた。

「共産主義者は、いかなる犠牲も辞さない覚悟がなければならない。あらゆる種類の詐術、手くだ、および策略を用いて非合法的方法を活用し、真実をごまかしかつ隠蔽しても差支えない」

「共産党の戦略戦術は、できるだけ屈伸自在でなければならない。党は武装蜂起から最も反動的な労働組合および議会への浸透にいたるまで、あらゆる闘争方法の利用を学ばねばならない」

「共産主義者は、大胆に恐れなく攻撃する一方、整然と退却すること、〔グリム童話の〕『悪魔とそのおばあさん』とさえ妥協することを能《よ》くしなければならない」

「党はブルジョア陣営内の小競合い、衝突、不和に乗じ、事情の如何によって、不意に急速に闘争形態を変えることが出来なければならない」

「共産主義者は、ブルジョア合法性に依存すべきではない。公然たる組織と並んで、革命の際非常に役立つ秘密の機関を到るところに作らねばならない」
「われわれは即時二重の性格をもつ措置を構ずる必要がある。党は合法的活動と非合法的活動を結びつけねばならない」

革命のためには——逃げ口上も嘘も詐術も手練手管も策略も用いよ。また真実をごまかすことも隠蔽することも、時には悪魔と妥協することも厭《いと》わない——つまり、ブルジョア社会に存在する一切の道徳的規範を無視して、かまわないというのである。

この共産主義の本質に関し、世界的に著名なアメリカの雑誌『リーダース・ダイジェスト』第四巻第五号（一九四九年五月号日本版）の巻頭に注目すべき論評が載っている。

「……世界を次の戦争へ、そして又次の戦争へと投げこんでいって、ついに共産主義が到るところに君臨することを意図する」（『ポスト・ディスパッチ』）
「……共産主義の勝利を促進するためには、共産主義者はあらゆる可能な所で革命を起さなければならない。そして戦争による混乱の後をうけてこれを行なうのが最も有利である。革命への素地をつくるには、彼等はあらゆる利害の衝突ばかりでなく、あらゆる改革運動をも利用してこれを行なわねばならない。この仕事にあたっては、彼等は、一般の通念となっている道徳的規範を無視して、あらゆる詭計、あらゆる虚構を用いなければならない」(『ニューヨーク・タイムズ』)

ここまで述べてきたことについて、一般の常識から判断して「そんな馬鹿なことがあるわけがない」と言う方がいるかもしれない。いや、そう思われる人のほうがずっと多いであろう。しかし、冒頭に述べたとおり、共産主義者はこの通りやるのだ。

彼らの立場から言えば、資本主義制度も、ブルジョア階級も、したがってその政治権力も、まさに不倶戴天《ふぐたいてん》の仇敵《きゅうてき》であって、敵を倒すためなら手段方法は選ばない。いかに悪辣《あくらつ》不信義なものであっても当然だからである。かえって、彼らの不信義、欺瞞《ぎまん》、謀略を責めること自体、共産主義の何たるかを知らない者のすることであり、彼らの嘲笑を買うのは、火を見るより明らかだ。

ここに彼ら独特の政治・思想謀略があり、表裏まったく別の目的を持った秘密活動があった。戦時中に日本でおこなわれた例で言えば、表面の主張は「国策の推進」「民族の自存自衛のために」「戦争に勝つために」などを掲げ、実際には、共産主義革命を実現せしめるための敗戦へと導くべく謀略活動をおこなっていた。

レーニンは共産主義社会建設のために「敗戦革命」を展開した。

●―――スターリンの「砕氷船理論」

一九三五年（昭和十）七月二十五日より八月二十日までモスクワでコミンテルン第七回大会が開催される。レーニンの死後、後釜に座ったヨシフ・スターリンが次のような演説をしている。

ドイツと日本を暴走させよ！　しかし、その矛先を祖国ロシアに向けさせてはならぬ。ドイツの矛先はフランスと英国へ、日本の矛先は蔣介石の中国へ向けさせよ。そして戦力の消耗したドイツと日本の前に、最終的に米国を参戦させて立ちはだからせよ。日・独の敗北は必至である。そこで、ドイツと日本が荒らしまわって荒廃した地域、つまり、日独砕氷船《さいひょうせん》が割って進んだ後、疲弊した日・独両国をそっくり共産主義陣営にいただくのだ。

第二次世界大戦におけるドイツと日本の侵略を「砕氷船」として利用し、その対象となった疲弊した地域を共産主義陣営に取り込む戦略を「砕氷船理論」という。血の粛清劇で悪名を残す二十世紀を代表する独裁者らしい考え方である。確かに彼は「敵国のバカを利用しろ」とも語っており、自国のために他国を犠牲にすることは、至極当然のことである。

第2章

日本の「敗戦革命」

ルーズヴェルトと昭和天皇

日露戦争後、大日本帝国の陸軍の仮想敵国はソ連、そして海軍の仮想敵国は米国であった。ところが、関東軍参謀となった石原莞爾が南満州鉄道爆破による謀略事件を引き起こし、のちに満州国を建設した。次いで、日本陸軍は中国大陸への侵略を開始し、南京国民政府を率いる蔣介石軍と対立する。

中国本土での戦争は拡大する一方で、終結のめどが立たず、日本は泥沼に入りこんでいった。さらに重要資源の多くをアメリカに頼っていたこともあり、アメリカによる対日経済制裁が始まる前に石油やゴムなどの資源不足を解消すべく、東南アジアへと兵を進めた。そして、強まる経済封鎖に最後通牒を突きつけられ、日本はアメリカとの戦端を開いた。

まさにこの時、レーニンの「敗戦革命」が日本で発動されたのである。

真珠湾奇襲に始まった日米戦争は、序盤の優勢は二年も続かず、やがてB29による空爆によって本土が廃墟と化し、原爆二発の投下を受け、ソ連の対日参戦後、敗戦となった。

これこそ「敗戦革命」のプロセスであり、昭和天皇は天皇制共産主義国家の成立を目論んでいたが、実はその計画に思いもよらぬ綻《ほころ》びが生じていたのである。

一九四五年（昭和二十）四月十二日、ルーズヴェルト大統領の急死。

大統領死去をいち早く知った駐ソ米大使のアヴェレル・ハリマンは、ただちにスターリンに面会すると、戦争の行方の打ち合わせをした。

それは——東ヨーロッパをソ連領にすること、日本は米軍が占領すること、さらに日本占領の最高司令官にマッカーサーを就任させることだった。

歴史の世界では「イフ」という言葉は禁句であるが、あえて言いたい。

ルーズヴェルトが敗戦後も存命であったなら、日本と朝鮮は間違いなく、そっくりスターリンに提供されていたであろう。

世界恐慌後、フーヴァー大統領に代わってフランクリン・D・ルーズヴェルトが大統領に就任した。

彼は世界恐慌から立ち直るためにニューディール政策を実行した。この時、アメリカの共産主義者がルーズヴェルト政権の中枢に入り込んでいる。その数二百名以上であった。たとえば、大統領の側近中の側近であるハリー・ホプキンスは、れっきとした親ソ主義者であった。

ルーズヴェルト政権内に入りこんだ共産主義者たちは、ソ連政府の手先となり、モスクワへと情報を流し続けたのである。

いや、ここで断言しておこう。

ルーズヴェルト自身が親ソ主義者であったのだ。

政権内に巣食うソ連のスパイの存在に気づき、その排除を提言する人々がいたが、大統領は彼らを無視し拒んだのである。

ルーズヴェルト大統領も、レーニンの「敗戦革命」の片棒を担ぐ一人であったのだ。

米帝国は、大日本帝国とドイツ第三帝国相手に戦争をはじめた。それこそレーニンが小躍りして喜ぶ「帝国主義国家間の戦争」だった。

親ソ主義者のルーズヴェルトは、レーニンの弟子であったといえる。

アメリカとの戦いによって、日本は赤化寸前となり、同盟国のドイツは国を二つに分断されて共産主義国家「東ドイツ」が誕生した。

そして、東ヨーロッパではスターリンの息のかかった共産主義国家が続々と生まれた。一方、中国では蔣介石との内乱に勝利した毛沢東がトップとなり、中共軍による支配が開始される。

◉明言されていた日本の必敗

十五年にもわたったアジア・太平洋戦争。

日中の全面戦争から日米戦争へと戦線は大きく拡大していったが、そもそも日本の軍部は対米・対ソの研究を続けていた。さらに、政府側でも日中戦争講和の試みや、日米戦回避の努力も続けていた。開戦直前には、内閣総理大臣の肝いりで設立された「総力戦研究所」が日米戦をシミュレーションし、日本の必敗を明言していた。

事実、アメリカは日本と開戦して以来、航空機三十万機、空母百四隻をつくる工業力を有していた。

それなのに、日本は負けるとわかっていた戦争に突入したのである。

そして、敗北した。

なぜ、日本は負けるとわかっていた戦争をおこなったのか。

ここで、レーニンの「敗戦革命」が浮かび上がる。日本の敗北で「得」をする国は、人は、どこで、誰だったのか。

明白である。

ソビエト。そして、スターリンをはじめとするレーニンの「仲間」たちとなろう。

では、日本にいたレーニンの「仲間」は誰だったのか。

大日本帝国の当時の支配階級が、敗北が決定的な大戦争にあえて突っ込んでいったことは、もはや疑いようがない。

ロシア革命によってロマノフ王朝ニコライ二世の一家が殺された。日本で共産革命が生じる

スターリン・チャーチル両首脳と懇談するアヴェレル・ハリマン（右）

ルーズヴェルトの最側近ハリー・ホプキンス（右）

昭和天皇とマッカーサー

蔣介石とマッカーサー

と天皇一族も皆殺しにされることになる。そこで天皇一族が生き残るために天皇制共産主義国家を建設することにした。そのため昭和天皇は「敗戦革命」を実行することとした。

では、誰がどのようにして「敗戦革命」を実行したのか。

疑惑の人物がいる。

総理大臣を二度も務め、昭和天皇の信頼も厚かった「最後の元老」。西園寺《さいおんじ》公望《きんもち》その人である。

第3章

西園寺公望パリに行く

天皇をいただく公家集団の恐ろしさ

日本に「敗戦革命」をもたらした西園寺公望。

その正体を探る前に、西園寺の出自である「公家」という存在に触れておこう。その出自を知ることが、西園寺が共産主義に手を染める理由を解明する手がかりになるかもしれない。

日本の歴史は、おおまかに言うと、天皇をいただく公家集団と、将軍などをかついだ武家集団との戦いであった。

日本史の試験で、次のような問題が出たのを覚えていないだろうか。

「なぜ、源頼朝は鎌倉に幕府を開いたか」

三方を山と一方を海に囲まれた難攻不落の地だから、などの地理的要因が解答になることが多いが、京都から離れた地であったからなどと記載している教科書などもある。このことに関しては、もう少し詳しく述べなくてはいけないが、まず一言で言うなら、次のようだ。

「京都の公家集団の陰謀の恐ろしさを知り抜いていたから」

頼朝はその理由で京都からはるか遠い東国に政権を置いたのである。

源平合戦を思い出してほしい。

頼朝の弟であり、まさに源平合戦の英雄となった義経は、平家を壇ノ浦で討ち果たす。後白河上皇はその義経に褒賞を与えた。頼朝の許可なくだ。上皇は次の権力闘争の走狗として義経を裏から操作し、新たなライバル・頼朝と対峙しようと考えていたのである。検非違使《けびいし》左衛門尉《さえもんのじょう》に任じられた義経は上皇にまんまと踊らされ、兄の逆鱗に触れて、奥州の地で命を落とした。

頼朝の死後、後鳥羽上皇のクーデター（承久《じょうきゅう》の乱）は不発に終わり、武士側の勝利が続いたが、闘う天皇――後醍醐《ごだいご》天皇の登場により、鎌倉幕府は倒壊する。後醍醐天皇は幕府滅亡に尽力した足利尊氏《あしかがたかうじ》と仲違いし、尊氏は天皇親政に不満をもつ武家集団を味方につけて、室町幕府を開き、ふたたび、武士の世を誕生させた。一五七四年（天正二）、足利義昭が織田信長によって京都から追われるまで、およそ二百年にわたって幕府は続いた。

時は戦国乱世となり、次代の天下人になった織田信長は、天下統一の目前に本能寺で明智光秀の軍勢に襲撃される。この謀叛劇の背後に公家集団がいたという研究家もいる。信長、豊臣秀吉の後を継いで天下を統一した徳川家康。彼も頼朝にならい、東国の江戸に幕府を開いた。鎌倉幕府の公式文書である『吾妻鏡《あづまかがみ》』を愛読し、頼朝を敬愛していたとも伝わる。家康も京都にうごめく公家集団の恐ろしさを熟知していたのであろう。

およそ二百六十年後。江戸幕府は外国船の来航によって開国を要求される。幕府は新時代に対応できず、公家集団と外様雄藩という反幕勢力の台頭を招いた。そして岩倉具視《いわくらともみ》を中心とする公家集団の謀略と薩長のテロリストによって江戸幕府は倒されることになった。

こうして世の中はまたしても公家集団が牛耳ることになる。

表向きは、明治政府をでっち上げた薩長のテロリスト集団が国家権力をにぎり、日清、日露、第一次世界大戦に勝ち残った。

ところが、明治政府をでっち上げた連中にも寿命がある。

彼らは政府の中でも権力者の中の権力者となっていた。それは大日本帝国憲法のどこにも記されていない「元老」という存在である。

一九二二年（大正十一）二月一日、山県有朋が死亡、享年八十三。一九二二年（大正十一）一月十日、大隈重信が死亡、享年八十五。一九二四年（大正十三）七月二日、松方正義が死亡、享年八十九。こうして、元老と呼ばれた男たちが死んでいき、七十四歳の西園寺公望がただひとり残り、文字通り「最後の元老」になった。

そして、また始まった。武家と公家の暗闘――。

西園寺にも武家集団に対峙し続けた公家の血が流れていた。

「明治政府を私物化した薩長連中によってつくられた軍隊を解体する」

第二次西園寺公望内閣において、長州出身の田中義一軍務局長が上原勇作陸相を担いで二個師団増設を推進する。緊縮方針をたてていた内閣と対立し、上原陸相は辞職する。西園寺は後任の陸相を山県有朋に求めたが拒否され、内閣が倒れる。この時、西園寺は長州と薩摩が牛耳る陸海軍の解体を決意したのだ。

西園寺公望は大日本帝国の敗戦の前の一九四〇年（昭和十五）十月二十四日、九十一歳で死ぬ。そして西園寺死後、内大臣の木戸幸一がその遺志を継ぐ。

そして、一九四五年（昭和二十）八月十五日を迎える。大日本帝国は敗北し、日本は武装解除となった。西園寺は陸海軍の解体に成功する。

日本は敗北したから武力を放棄したにすぎず、西園寺は関係ないという読者諸氏もいるかもしれない。確かに歴史の表面しか見なければ、そのとおりだ。

だが、私は西園寺公望がもつ、もう一つの顔に気づいたのである。

そう、あの「敗戦革命」の推進者だったのだ。

西園寺公望には共産主義者の顔があった。

●――なおも不明な西園寺フランス留学の詳細

西園寺公望は嘉永二年十月二十二日（一八四九年十二月六日）、京都に生まれる。徳大寺公純《きんいと》の次男であり、わずか二歳で西園寺家を継いだ。徳大寺と西園寺両家はともに摂政・関白に任命される摂関家に次ぐ名門「清華家《せいがけ》」である。父の公純は維新の動乱期に右大臣を務め、公武合体派の中心人物となっている。

西園寺は、一八六一年（文久元）、十三歳で御所に出仕《しゅっし》し、三歳下の睦仁《むつひと》親王（明治天皇）の近習になった。

一八六七年（慶応三）十二月、同じ近習職にあった岩倉具視が薩摩・長州と組んで王政復古を宣言する。その岩倉の推挙で西園寺は、維新政権の要職の一つ「参与」に選ばれる。十八歳だった。その後、山陰道鎮撫《ちんぶ》総督や会津征討越後口総督府参謀などに任じられ、戊辰戦争を戦った。

内乱終結の翌年（一八七〇＝明治三年）から一八八〇年（明治十三）十月十一日に帰国するまでの九年余、フランスに留学した。

このフランス留学を伝記『西園寺公望伝』は、次のように説明している（第一巻、二〇五頁）。

「ほとんど十年に近いフランス留学は、西園寺の生涯にとって、その政治的進路や人生観・趣味・趣向にいたるまで決定的に影響された事件である。しかし残念なことにその留学の詳細を語る資料は残されていない。したがって零細な資料をつなぎ合わせても、その全貌は漠然としたものにとどまる。西園寺がなぜ留学先をフランスに選んだのか、すでに述べたように、今となっては理由も不明である」

たしかに維新政府での活躍の場もある。留学理由は表の歴史だけを見れば、不明であると言わざるを得ない。

私は、おそらく西園寺は〝逃亡〟したのだと考えている。

彼は睦仁親王の近習、幼少の頃からの遊び仲間であった。その明治天皇が暗殺され、替え玉にすり替えられたとしたら、いかがであろう。

間違いなく、本当の天皇を知っている西園寺のような連中は、邪魔であろう。天皇を弑逆《しぎゃく》した人々にとって、西園寺たちは排除すべき存在となった。口封じのために殺される可能性があったため、フランスに逃げたのである。

約九年以上、ヨーロッパで何をしていたのか。

西園寺は晩年になって「フランス時代の知人として一番益を受けたのは先生であるアコラース」と語っている。

エミール・アコラース（一八二六〜一八九一）。

西園寺公望（1849～1940）

パリ留学時代の西園寺

彼は急進的共和主義者（共産主義者）であった。

フランスの国内問題に忙殺されてイタリア問題に介入できないようにしてほしいという依頼をナポレオン三世から受けて反政府運動をおこない、一年の懲役と五百フランの罰金刑に処せられている。まさに、札つきの革命家であった。

一八七〇年（明治三）にスイス・ベルン大学のフランス法教授に就任、パリに帰ったのは一八七一年九月以降とみられる。十一月二日の「ル・ラディカル」紙に彼の法学講義私塾の広告が出ている。西園寺がアコラースの塾に入ったのは、その翌年の一八七二年（明治五）より一八七四年（明治七）の時期である。

西園寺はアコラースの紹介で、急進共和党左派の連中とも積極的に付き合った。

一九三五年（昭和十）に発表された陸軍少将江藤源九郎の署名がある怪文書「共産党魁将《かいしょう》アコラスの自称門人西園寺公に就《つい》て」で、西園寺の行動が非難されている。

「西園寺の思想は民主主義・社会主義である。西園寺は、明治初期のフランス留学中にフランス革命によるあらゆる毒素がその身に感染していた。当時のフランスは普仏戦により敗北主義政治が一世を風靡《ふうび》し、コミュニズムの跋扈《ばっこ》となり共和政が出現した。バクーニン、マルクス、エンゲルス等々が虚無共産思想の万座にあって知識階級を支配していた。そこに西園寺は共産党魁将アコラースの門下生になっていた。

一九〇六年（明治三十九）一月七日に成立した第一次西園寺内閣は二月六日の閣議で社会党を公認する。これによって西園寺内閣はそれまでの内閣にくらべて進歩的であるとみなされる。その結果、社会主義運動は対立する保証を与えられたことになり、それ以後、左翼の連中の起こす多くの事件が生じる」


西園寺はパリ遊学中に共産主義に強烈に感化されたのである。

ちなみに、西園寺は「私書並《ならび》に報告類等は総《す》べて焼却し終れり」という一句を遺言に残している。公文書はもとより私文書もすべて焼却されているので、彼が共産主義を信奉していた証拠は残されてない。見事に西園寺はみずからの正体を隠すことに成功した。いや、隠しただけではない。首相を二度も務め、軍部とも渡りあう進歩的な政治家とされて、歴史上にクローズアップされる存在となったのだ。

一九四〇年（昭和十五）十月二十四日、西園寺公望は死亡した。

その後、西園寺の「敗戦革命」路線を継承した男。

木戸幸一の登場である。

「共産主義者」木戸幸一

「良家のエリート」——木戸幸一はまさにその言葉がぴたりと当てはまる存在である。

学習院高等科に学び、京都帝大法学部を卒業後、農商務省に入省。襲爵《しゅうしゃく》し貴族院議員となる。内大臣府秘書官長となり、学習院時代の学友である近衛文麿の第一次政権では文部大臣・初代厚生大臣に就任、次いで平沼内閣では内務大臣を務めた。昭和天皇の信任が厚く、側近として次第に国政をリードすることになる。西園寺の死去後は重臣会議での主要メンバーであった。

日米戦争中も政権内での権力を維持していたが、開戦から三年が過ぎ、「絶対国防圏」といわれたサイパンを落とされ、B29による本土空襲が始まり、日本は苦境に立たされる。

そんな中。木戸は官舎で一人の男と面会する。

時は、一九四五年（昭和二十）三月三日。終戦の五カ月ほど前である。

相手の名は宗像久敬《むなかたひさのり》。知り合ってからは八年ほどだが、親しい友人である。

宗像は、一八八九年（明治二十二）生まれ。東京帝大卒後、日本銀行に入行、調査役、岡山、福島、神戸、各支店長、ロンドン支店出張監査役、国際局長、金融調査局参事、上海駐在参事、審査部長を経て、一九四二年（昭和十七）からは蒙彊《もうきょう》銀行の総裁を務めていた。

二人は五十分ほど語り合ったようだ。

木戸の日記からは会話の内容は不明であるが、宗像が面談の詳細を書き残していた。一部抜粋して要約する。発言は木戸からである。

「共産主義というが、今日ではそれほど恐ろしいものではない。世界中がすでに共産主義を標榜している。ヨーロッパ、中国は言うまでもないであろう。共産主義を受け入れていないのは、もはやアメリカのみではないか」

「では、共産主義下では皇室はどうなってしまう。国体と皇室の擁護は国民の念願であり、そもそも木戸の願いであったはず……皇室のことを思えば、ソ連ではなく米国と接触すべきだろう」

「いや、英米に降参してたまるものかという機運が国内にあふれている今、アメリカと手は結べない。結局、皇軍は共産主義と手をにぎることになると私は思うよ」

宗像は木戸の変節ぶりに驚いた。心底びっくりしたとともに、恐らく木戸は陸軍内の親ソ強硬派に籠絡されているに違いないと思い、「要するに彼（木戸）は確固たる方針なく陸軍の態度によりソ連接近なり」と日記に記した。

まさか、木戸が共産主義者であったとは、宗像も気がつかなかった。皇室と国体の安堵を第一に考えていた木戸の姿からは、予想だにしなかった。

戦争は最終局面を迎えていた。アメリカと和平を結ばなければ、空襲で国内が焦土と化すことは誰の目にも明らかであった。

一人反対しているのが木戸である。

「要するに木戸内府が一番のガンである」と、近衛文麿首相の秘書官を務めた細川護貞も語っていた（『細川日記』一九四五＝昭和二十年一月二十五日）。

木戸幸一にとっては共産主義革命のためなら、日本人の命などに関心はなかったのだ。

ここで木戸幸一の家系を見てみよう。

父は維新の三傑の一人・木戸孝允《たかよし》の養子であった。

木戸孝允（桂小五郎・木戸貫治・木戸準一郎・松菊《しょうぎく》）――木戸孝正（来原彦《くるはらひこ》太郎《たろう》）――木戸幸一

――木戸孝澄・木戸孝彦

名前を見ると、皆に「孝」の字がついているのに、幸一だけが違っている。なぜ、木戸だけ「幸」になっているのか。

木戸幸一（1889～1977）

父・木戸孝正

祖父・木戸孝允

名前だけではなく、木戸に関してはわからないことが多い。

京大で師事した河上肇《かわかみはじめ》。その河上に啓蒙され、共産主義に傾いていった。河上の語る共産主義に明るい人類の未来があった……いや、それでは、あまりに短絡すぎるではないか。

私は木戸幸一について隠されている歴史があると考えている。

ただし、間違いのない真実もある。

西園寺公望、そして、西園寺路線を継いだ木戸幸一は共産主義者であった。

第4章

バーデン＝バーデンの密約

●――来たるべき総力戦に向けて

アメリカへ向かう岡村寧次《おかむらやすじ》は浮かぬ顔をしている。病床にいる妻を残しての海外出張になったからである。後ろ髪引かれる思いだったが、唯一の楽しみは親友たちとの再会であった。三人で集うのは、いつ以来のことであろう。

スイス公使館付武官永田鉄山《ながたてつざん》とロシア大使館付武官小畑敏四郎《おばたとししろう》。

二人とは陸軍士官学校十六期の同期生であった。

南ドイツのバーデン＝バーデン。岡村は欧州でも著名な保養地で二人との邂逅《かいこう》を約束した。

一九二一年（大正十）十月二十七日、三人はついに再会した。

懐かしさのあまり、深夜にもかかわらず、話は弾む。互いの近況を語る中で、欧州が戦場となった第一次大戦が話題となった。

陸軍でもロシア通で知られた小畑が口火を切る。

「第一次大戦という史上例を見ない大戦争の結果、もはや国防という大事を、軍事面のみでは判断できない時代が到来したようだ。なのに、我が陸軍の現状はどうであろうか。いまだに長州中心の藩閥人事で固められている。いかに有能であろうと、閥外の者には機会さえ与えられない。まず、この明治以来の大盤石を打破しなければ、新しい国防など夢のまた夢だ。そのために我ら少壮将校が一致団結し、突破するほかはない」

小畑の話をじっと聞いていた永田が応えた。

「ドイツの敗戦から学ぶことは多い。戦術的な勝利をいかに積み重ねようが、結局は国家を挙げての総力戦に勝たなければ国防はまっとうできない」

さらに永田が続ける。

「大戦の結果、欧米列強の勢力圏は大きく変わった。これに対し、陸軍首脳は日露戦争勝利の余韻を今もなおむさぼっており、急激に変転する世界情勢に対応する意欲も能力もない」

二人からは危機感がひしひしと感じられた。

岡村も同意見であった。

来たるべき戦争＝総力戦に向けて、人事刷新と軍制改革を断行し、軍の近代化と国家総動員体制の確立が急務であり、そのためには、陸軍に蔓延《はびこ》る長州閥を打倒し、有能な同志の結集による陸軍の改革が必要である。

山県有朋の推薦で陸相になった田中義一、次官山梨半造《やまなしはんぞう》、軍務局長菅野尚一《すがのひさいち》、軍事課高級課員児玉友雄（児玉源太郎の三男）という配置をみても、上下ともに陸軍内は長州閥で固められていた。

この派閥を打破するキーマンになるのは、三人は佐賀県出身の眞崎甚三郎《まさきじんざぶろう》とみていた。

眞崎は一年足らずで、陸軍省軍事課長から近衛歩兵第一連隊長に転出させられており、派閥がらみの孤独感をかみしめている。

長州閥の中で孤立している前軍事課長を擁護することを、岡村たちは確認した。

ちなみに歴史においては一寸先は闇である。

バーデン＝バーデンにおいて三人が守ると誓った眞崎であるが、永田と眞崎はこののち不倶戴天の仇敵と陸軍内でまことしやかに囁《ささや》かれる間柄となり、このことが原因で永田は殺され、眞崎は二・二六事件で失脚する。

◉薩長軍閥勢力の排除

さて、南ドイツの保養地において、三人が交わした会話が、後世、「バーデン＝バーデンの密約」と名付けられた。

密約のあった翌年の一九二二年（大正十一）一月、岡村が、ついで小畑が十一月に、少し遅れて永田が明けて翌年二月に帰国する。

帰国後すぐ、永田と小畑は人材の招集を開始した。

岡村寧次

永田鉄山

小畑敏四郎

山県有朋

田中義一

眞崎甚三郎

まず研究会の名目で「二葉会」を創設する。会員は次の通り。

陸士第十五期／河本大作《こうもとだいさく》、山岡重厚《しげあつ》
陸士第十六期／土肥原賢二《どいはらけんじ》、板垣征四郎、小笠原数夫、磯谷廉介《いそがいれんすけ》
陸士第十七期／東條英機、渡久雄《わたりひさお》、工藤義雄、松村正員《まさかず》

昭和に入ると、永田や小畑を真似て、第十八期以下の志ある俊英が「一夕会《いっせきかい》」というグループを設立した。主な会員は次の通り。

山下奉文《やましたともゆき》、岡部直三郎、石原莞爾、村上啓作、鈴木貞一《ていいち》、鈴木率道《よりみち》、牟田口廉也《むたぐちれんや》、岡田資《たすく》、
土橋勇逸《つちはしゆういつ》、武藤章、田中新一、富永恭次《きょうじ》

二葉会と一夕会は一緒に会合することもあり、国策の論議から部内の人事まで議論され、陸軍内部の刷新のため、互いに協力した。

彼ら若手俊英の言い分は簡単明瞭であった。

「藩閥の壁を破り、同志を陸軍省・参謀本部・教育総監部の重要ポストにはめこみ、陸軍内部

から合法的に革新していく」

岡村寧次は「日誌」に会合の模様を残していた。いくつか拾い上げてみる。

一九二七年（昭和二）一月十六日、二葉亭で会合、出席者、永田、小畑、板垣、東條、岡村、江副。

一九二七年（昭和二）六月二十七日、二葉亭で会合、出席者、山岡重厚、河本大作、永田、小畑、東條、岡村。

一九二八年（昭和三）一月二十九日、小畑私邸で、永田、小畑、岡村、黒木親慶会す。

一九二八年（昭和三）六月、張作霖《ちょうさくりん》爆殺事件が生じ、河本大作大佐が犯人であるという話が出るが、陸軍中央は中堅将校たちの突き上げに動かされ、犯人は日本人にあらずと意思を統一し、単に責任者を行政処分にしただけであった。

一九二九年（昭和三）二月十日、二葉会、渋谷の神泉舘で。黒木、永田、小笠原、岡村、東條、岡部、松村、中野参集。在京者全部出席。河本事件につき協議す。

一九二九年（昭和四）三月二十二日、二葉会。爆破事件人事につき相談。

張作霖は殺されたが、息子の張学良は依然として満州を支配している。また、蔣介石の国民

張作霖

張作霖爆殺現場

張学良（1901〜2001）

党とソ連が南北から圧力をかけてきている。このままでは、日露戦で手に入れた満州の権益を失うかもしれない。満州を軍事的に占領しないかぎり、高度国防国家建設の目的は達成されないのではないかと声高に言う人もいる。しかし、周囲を海に囲まれている日本人には地続きの国境に対する理解が欠如している。満州を占領すれば、ソ連との間に約四千八百キロの国境を作ることになるのだ。安易に満州の占領を口にする軍部の連中は馬鹿者の集まりであろう。

一九二九年（昭和四）から一九三一年（昭和六）にかけて、岡村・永田・小畑の「陸軍三羽烏」は、変革の中心にいた。二葉会と一夕会は、陸軍改革の名のもとに活動を続けた。

「陸軍大学に薩長出身者の入学を禁じる」

宇垣一成《うがきかずしげ》陸軍大臣の掩護射撃もあり、薩長中心の軍閥の勢力はみるみる内に消えていった。岡村たちの「バーデン＝バーデンの密約」は見事に実現されたのである。

第5章

田中義一内閣

若槻内閣の総辞職

中野正剛《せいごう》は『東京朝日新聞』の記者であったが、近代日本のナショナリズムの代表的な思想家である三宅雪嶺《みやけせつれい》の女婿になり、一九二〇年（大正九）におこなわれた衆議院選に当選していた。彼は当選後、憲政会の議員として活動を始め、一九二六年（大正十五）三月四日の本会議には、田中義一政友会総裁の金脈問題で査問委員会設置の動議を提出する。

中野は、政友会の総裁である田中が陸軍機密費の一部を横領して政界入りの資金にしたと追及した。また、日本軍がシベリア出兵時にロシアから押収した金塊も行方不明となっており、田中の政界入りに金銭的な重大な疑惑があると暴露した。

「当時、陸軍の機密費を取り扱うことのできたのは、田中陸相、山梨半造次官はじめ数人であり、田中は政友会総裁に就任すべく、この機密費を政界にばらまいた」

中野はこのように指摘した。

中野の動議に議会は両党泥仕合の様相になったが、証拠不十分で十二月二十七日、田中は不起訴処分になる。だが、疑惑を払拭することはできず、田中と政友会の受けたダメージはきわめて大きかった。行財政整理が叫ばれる中での巨額の裏金の存在の暴露は、陸軍の威信を傷つけることにもなった。

この金脈問題は政治家となった田中を潰すチャンスであったが、西園寺は事態の沈静化を図った。陸軍大臣が引責辞任するようなことが生じ内閣に累の及ぶことを懸念して、田中の知遇を受けていた宇垣一成陸軍大臣が辞任をちらつかせ、首相の若槻礼次郎《わかつきれいじろう》を脅迫したとの噂《うわさ》も伝わっていた。

西園寺は軍人政治家・田中義一と陸軍の決裂の機会を待つことにしたのである。


余談だが、佐賀出身の眞崎甚三郎。二・二六事件の首謀者とみなされる。彼は、一九二〇年（大正九）八月十日より一九二一年（大正十）七月十日まで教育総監第二課長であった。眞崎は持ち前の正義感から軍の機密費の適正な使用と管理について意見を具申した。その結果、近衛歩兵第一連隊長に転出させられ、眞崎は、田中、宇垣派閥が占める省部の中では一度も要職に就くことがなかった。

そればかりか、「二・二六事件」で眞崎が軍法会議に訴追されたときの判事の一人は、機密費隠蔽の一員であった松木直亮《なおすけ》。裁判の結果は無罪になったが、松木は有罪論を主張していたという。「江戸の仇を長崎で討つ」ということだろうが、眞崎の不運である。

一九二七年（昭和二）三月十四日、片岡直温《かたおかなおはる》蔵相が議会答弁で、東京渡辺銀行が資金繰り不能で破綻したと口をすべらせたことがきっかけで金融恐慌がはじまる。第一次大戦後の不況、さらに関東大震災によって生じた震災手形などの不良債権が積み重なっていた。

不安を感じた預金者が大挙して銀行窓口に殺到し、中小銀行は次々と休業に追い込まれる。そして神戸の鈴木商店に対する台湾銀行の放漫貸付が表面化し、政府は台湾銀行を救済すべく緊急勅令案をつくり、枢密院に諮《はか》った。ところが、枢密院は政友会びいきの連中で占められ、緊急勅令を否決した上で若槻礼次郎内閣の政策を非難し、四月十七日、内閣は総辞職した。

田中内閣の成立

若槻の辞表奉呈前、宮中で善後策を協議、元老に提出する意見がまとめられ、「田中義一に大命を降下する」という結論となった。衆議院の第一党が担当する政権が失政などで総辞職した場合は、第二党に交代するという「憲政の常道」が、その論拠である。田中嫌いの牧野伸顕《のぶあき》内大臣が渋々ながら賛成すると、京都の西園寺のもとに河井弥八《かわいやはち》侍従次長が派遣された。西園寺も田中の後継首相就任に同意する。

西園寺と田中の因縁について触れておこう。

一九一一年(明治四十四)九月、田中義一は陸軍軍務局長になり、上原勇作陸相を担いで二個師団増設を推進する。軍務局は軍の組織・編制・維持・管理などの作戦・人事以外の任務が主であり、また、予算の獲得も重要な務めであった。

西園寺は首相として緊縮財政の方針を立てており、陸軍の要求を拒絶した。翌一九一二年(大正元)十二月、上原陸相が辞職、田中は第二次西園寺内閣の打倒に成功した。田中は山県有朋の推薦により、首班指名された原敬《はらたかし》内閣の陸相になる(一九一八=大正七年九月二十九日)。

話を戻そう。西園寺内閣が倒されてから、十数年の時が過ぎていた。西園寺は自身の内閣を潰した「元凶」である田中の首相就任に異論を挟まなかった。

それは、なぜなのか。

先に軽く触れておいたが、軍部の暴走によって、田中が窮地に立たされることを期待したのである。陸軍の解体を望む西園寺にとって、良計であった。

一九二七年(昭和二)四月二十日、田中義一内閣が成立した。一九二四年(大正十四)四月四日に田中が政友会を乗っ取って以来、三年の月日が過ぎていた。

田中は組閣に着手し、内閣の要となる蔵相には政界を引退していた前政友会総裁の高橋是清《たかはしこれきよ》を任命し、自身は外相を兼任した。

内閣は手始めに、金融恐慌の非常措置として三週間の支払猶予（モラトリアム）を発令した。信用不安から預金者が銀行の窓口に詰め寄る、いわゆる「取り付け騒ぎ」の沈静化を図ったのだ。さらに臨時議会を招集して日銀が台湾銀行や一般銀行に対して救済融資や特別融通することを認め、全体で七億円までの損失補償を定めた救済立法を制定する。新蔵相が陣頭に立って処理したこれら一連の措置により、金融恐慌は、ひとまず収束に向かった。

五月、中国山東省済南の日本人居留民保護の名目で「山東出兵」を閣議決定し、満州の関東軍から約二千名の兵力を割き、済南へと向かわせる。山東出兵の始まりであった。幣原外交の中国内戦に対する不干渉主義の否定である。

六月二十七日より七月七日にかけて、「東方会議」が開かれた。

そこで田中は日本の権益、居住日本人の生命財産が不法に侵害される場合には、必要に応じて断固たる自衛の措置に出るつもりであると述べた。

とくに「満蒙《まんもう》」（のちに満州国ができる場所は、モンゴル人が暮らす地域＝南モンゴル東部も含んでいたので、日本では「満蒙」と呼んだ）の地、すなわち東北三省に動乱が波及し、治安が乱れて、日本の保有する「特殊の地位権益」が侵害される恐れがある場合には、断固たる措置を講じることを表明した。

山東出兵はむろん、翌年の第二次、第三次山東出兵、さらに悪名高き「満蒙治安維持声明」

へと続く強硬・武断外交への道は「東方会議」の実践にほかならず、中国側からしてみれば、大陸侵略の野望を日本が抱いており、会議によって基本方針を決定したように見えた。

中国は、この会議の決定内容にもとづいて田中が天皇に上奏したといわれる文書「田中上奏文」を公表し、日本の侵略的意図を対外的にアピールする。

上奏文中に表われる次の文言が中国をいたく刺激したのである。

「支那を征服せんと欲せば、まず満蒙を征服せざるべからず。世界を征服せんと欲せば、まず支那を征服せざるべからず……」

九月二十七日、西園寺は宇垣一成朝鮮総督臨時代理と会見した。もちろん、田中の外交政策は話題に上がったが、西園寺は批判的な姿勢を見せていない。

翌年四月、中国で「北伐《ほくばつ》」（孫文ら南京国民政府による北方軍閥打倒の国内統一戦争）が再開されると、田中内閣は邦人保護の名目で第二次山東出兵をおこない、五月三日、済南で国民革命軍（北伐軍）と交戦、同市を占領する（済南事件）。さらに一万五千の兵力を増派し済南・青島間の鉄道とその沿線を占領下に置く。五月十八日、満州軍閥の頭目である張作霖政権と南京国民政府の双方に対し、内戦が満州に波及する時には、「満州治安維持のため適当にしてかつ有効な措置を取らざるを得ぬ」との通告、いわゆる「満蒙治安維持声明」をおこない、張作霖には東三省（中国東北部）への撤退を勧告する。

こうした一連の強硬武力外交に対しては内外に強い反対があり、野党である民政党も中国に対する内政不干渉を唱えた幣原外交擁護の立場から田中外交を非難する声明を出す。

西園寺は田中の強硬武力外交を擁護する立場を貫いた。事は西園寺の思惑通りに進んでいた。田中の主導による軍部の暴走は続いていく。

●張作霖爆殺事件

一九二八年（昭和三）六月四日、張作霖は国民革命軍から逃れて、北京から本拠地の奉天（瀋陽）に戻る途中、乗車していた列車が爆破され、死亡した。

事件後、関東軍から「南方便衣隊《べんいたい》の犯行」との発表があったが、生存者が中国側に真相をもたらした。日本政府は中国と合同捜査を命じ、首謀者とみなした関東軍参謀の河本大作大佐を東京に召還して尋問したが、河本は容疑を否認する。九月、田中首相は峯幸松《みねゆきまつ》憲兵司令官を奉天に派遣し、河本の犯行であるとみなす。

西園寺は、事件直後から日本の陸軍の軍人が元凶ではないかと疑い、犯人が日本人であれば厳重処分し、日本軍の綱紀を粛正することを天皇に上奏することを田中首相に求めた。田中は西園寺の意を汲み、犯行者を軍法会議にかけて厳しい処分を下すこととし、事件の顚末《てんまつ》を天皇に上奏することを決心する。

ところが、田中を除く閣僚は田中の方針（真相公表と厳重処分）に同意しなかった。十一月の即位大典中におこなわれた陸軍首脳（元帥、閑院宮、白川義則陸相、鈴木荘六参謀総長、武藤信義教育総監）による協議で、真相の公表はしないこととなり、十二月二十一日の閣議でも田中の意見は否決された。

一九二八年（昭和三）十二月二十四日、田中は張作霖爆死事件について、次のように内奏する。

「事件は日本軍人関与の疑いがあり、目下鋭意調査中であり、もし事実なら法に照らして厳然たる処分をおこなう」

詳細は調査終了後に陸軍大臣より奏上すると続けた。

昭和天皇は事件の調査結果にきわめて強い関心を抱き、田中と白川義則陸相に再三下問し、報告を催促する。一九二九年（昭和四）三月二十七日、白川陸相は調査の結果、河本の犯行であると上奏する。一方、調査の最終報告書では、事件の全容が外部に暴露することになれば国家の不利になるとし、犯人は不明、警備上の手落ちがあったとの名目で関係者を行政処分にするという結論で、内閣との合意を成立させていた。

昭和天皇は内閣と陸軍の意向に対して、「行政処分と虚偽の調査結果を公表する処置方針が上奏されたら、田中に責任を求めてよいか」と鈴木貫太郎侍従長に尋ねている。

局面は河本らの処分から田中の問責へと大きく展開することになる。

牧野内大臣は、軍紀維持よりも田中首相の辞任による内閣交代の方がよいと意見を述べた。

五月六日、牧野の見解と真っ向から対立する意見を西園寺が発する。

西園寺は、天皇の不信任表明で内閣総辞職となれば、天皇を政治的責任の場に登場させることになり、不答責であるはずの天皇の地位を危険にさらすことになるとみなした。天皇の問責発言の可否について、元老と内大臣の間に重大な意見の食い違いが生じたのである。

一九二九年（昭和四）六月二十七日、田中首相は昭和天皇に会い上奏した。天皇は報告の内容が前後矛盾していることを強く詰問し、辞表を提出し責任を明らかにすることを求め、弁解しようとする田中を「その必要なし」と突っぱねる。

西園寺の意見を排除したまま、昭和天皇、牧野内大臣、鈴木侍従長の手による倒閣劇が演じられたのだ。西園寺は田中首相の辞表について下問のなかったことに強い不満を抱く。

そうした中、河本らの行政処分が発令される。

「村岡長太郎関東軍司令官は依願予備役、河本大作陸軍歩兵大佐は停職、斎藤恒《さいとうひさし》前関東軍参謀長は譴責、水町竹三満州独立守備隊司令官は譴責」

そして、七月二日。田中は昭和天皇に辞表を提出する。

田中内閣の終焉である。

一九二九年（昭和四）九月二十九日、田中義一は失意の中、狭心症の発作を起こし急死する。享年六十六。全身全霊をかけて奉仕した昭和天皇に首を切られ、心的ショックから回復できずに自殺したという噂がある。


さて、張作霖爆殺事件のあらましは以上のようなものだが、定説を覆す面白い説がある。張作霖の爆殺はスターリンの命令によるソ連の謀略であったというのだ。

張作霖は満州国の治安安定化のために、日本にとって最も頼りになる人物であった。張作霖政権を育成援助し、満州における日本の権益を守らせていた。一方、ソ連は満州の共産化工作をおこなっていた。張作霖配下の郭松齢《かくしょうれい》はソ連に買収され、ソ連の資金援助で反乱を起こすが、張作霖を支援した関東軍によって平定される。反ソ連的な姿勢をとる張作霖は、ソ連側にとっては重大な脅威であった。張作霖を殺す理由はソ連側にありこそすれ日本側にはない。

爆殺の実行犯も伝わっている。

レーニンの後任の座をめぐり、スターリンと激しい権力闘争を繰り広げ、政争に敗北後、国外追放されたトロツキーは、亡命地のメキシコで殺害される。自宅の書斎でピッケルを頭蓋骨に打ち込まれるという惨殺であった。

この殺害犯に指示したソ連特務機関の要員がいる。

ナウム・エイチンゴン――。

彼こそが張作霖の爆殺を計画し、日本軍の仕業に見せかけた事件の黒幕である。

河本は、満鉄線が走っている陸橋の橋脚から十五メートル手前の線路際を爆破地点とし、その地点より二百メートル南方の畑の中にある守備隊の監視小屋に点火装置を設け、爆破地点に置いた火薬の入った土嚢から小屋まで電線を引き、張作霖の乗った車両が通過するタイミングに合わせて爆発させたと主張している。

ところが、現場の写真に写るのは、屋根だけが見事に飛ばされた貴賓車である。この写真は一九二八年（昭和三）六月十三日号の『アサヒグラフ』に掲載されているが、違和感を感じないだろうか。

線路上に置いた火薬を爆発させたのである。

それなのに線路はおろか、客車の底面や横部分が破壊された跡形はまるでないうえ、脱線した車両もない。

河本が主張するように、線路際に火薬を置いて爆発させていたら、地面に大きな穴が空いて線路が破壊され、さらに客車の脇腹が爆風で吹き飛ぶなどして、列車は転覆することになるの

ナウム・エイチンゴン
(1899〜1981)

河本大作

ではないか。

不思議なことに、これらの被害は出ていなかった。飛ばされたのは客車の屋根のみである。斎藤恒関東軍参謀長は河本の証言を否定し、爆発物は橋脚上部、もしくは列車内部にあったのではないかと報告している。さらに斎藤は列車が現場に近づくと、時速十キロ程度にスピードを落としたことに疑問を投げかけている。

ところが、この報告書はなぜか闇に葬られる。

それればかりか、疑問を呈した斎藤は、一九二八年（昭和三）八月十日付で中将に昇格しながらも参謀長を解任され、東京湾要塞司令官を経て、翌年夏、予備役に編入されている。

まるで口封じのようである。

斎藤が参謀長を解任されるおよそ一カ月前の七月三日。北京駐在の英国公使ランプリンは、外相宛に次のように打電している。

「（張作霖に殺意を抱く者は）ソビエトのエージェント、蔣介石の国民党軍、張作霖の背信的な部下など多岐にわたっており、爆殺事件の犯人は日本軍を含めた少なくとも四グループの可能性がある。どの説にも支持者がいて、自分たちの説の正しさを論証しようとしている」

さらに日本政府の態度に疑問を呈しているコメントも見られる。

「一九二九年（昭和四）二月に日本の国会でこの問題についてさんざん質問攻めにあったにも

かかわらず、首相も陸相も日本の無実を示す証拠を出さなかったし、無実を主張することもしなかった」

なぜ自分たちの手によるものではないと日本が弁解しないのか、不思議だったに相違ない。「ソ連が事件を引き起こした可能性は一定の形跡がある」と言及し、「もっともあり得るシナリオはソ連がこの不法行為のお膳立てをし、日本に疑いが向くような場所を選び、張作霖に殺意を持つような人物を作ったということだろう」と英国公使ランプリンは結論づけた。

現場の状況から、爆薬は列車の屋根裏に仕掛けられていたとみなすのが自然である。斎藤参謀長の報告書でもそのように指摘されており、この事件がソ連の謀略であることは、ほぼ間違いはない。

ところが、河本は事件の首謀者は自分だと主張し、日本側も彼を犯人としている。日本とソ連による謀略……。

スターリンの命令を聞いたソ連特務機関要員のエイチンゴンが張作霖爆殺を計画する。張作霖を殺害することによって満州問題を進展させることをめざしていた河本大作が協力した。そしてコミンテルンの計画通り、日本軍が張作霖を爆死させた筋書きが作られた。

河本自身のみならず日本側も、彼がソ連の特務機関の協力者であることが暴露されると都合が悪かった。だからこそ、河本を犯人にしたのだ。

以降、日本軍は中国本土への侵略を続けていく。西園寺公望は、日本陸軍を罠にはめたのである。日本軍を暴走させ、大日本帝国の壊滅へと導き、日本軍を解体する。

張作霖爆殺事件の当事者である河本大作。陸軍を追われる羽目となった後半生はどのようなものであったのか。

停職になった一年後（一九三〇＝昭和五年）に予備役編入になる。恩給の受給資格獲得のためか、この間いったん復職の手続きがとられている。河本の復職には、眞崎甚三郎、荒木貞夫、南次郎、本庄繁、小磯国昭、奈良武次《ならたけじ》、建川美次《たてかわよしつぐ》らが後押ししている。

一九三二年（昭和七）七月から河本は満鉄理事に就任し、表舞台に返り咲く。一九三六年（昭和十一）十月には国策会社満州炭鉱株式会社の理事長となった。満州国独立に合わせたかのような晴れがましい出世であった。さらに一九四二年（昭和十七）には中国山西省太原《たいげん》に本社がある国策会社山西産業の社長に就任、そのまま終戦を現地で迎えた河本は一九四九年（昭和二十四）山西省の中国共産軍に逮捕され、中国の太原監獄に拘禁された。一九五三年（昭和二十八）八月二十五日、獄中死。享年七十であった。

河本は「自分が張作霖を爆殺した」と綴った手記を残している。

実は、この手記は河本の逮捕後、収容所で一緒にいた河本の義弟・平野零児という共産主義者の作家が河本本人から聞き書きしたものである。河本の死後、突然あらわれたものであり、とうてい信頼できる内容ではない。

事件後、田中義一首相は退陣した。昭和天皇自らが引導を渡したのである。

寺崎英成の私物の中から発見された「昭和天皇独白録」。

一九四六年（昭和二十一）三月十八日、二十日、二十二日、四月八日二回の計五回にわたり、GHQが昭和天皇の記憶を聞くことにしたものである。聞き手は、松平慶民《まつだいらよしたみ》宮内大臣、木下道雄侍従次長、松平康昌宗秩寮《やすまさそうちつりょう》総裁、稲田周一内記部長、寺崎英成御用掛の五人であった。

「昭和天皇独白録」にある「張作霖爆死の件」の中で、天皇は自分自身が田中義一首相に、前と話が違っているので辞表を出せと言ったと主張している。これを天皇は若気の至りとしている。

天皇は当時二十七歳であった。ところが、ここで天皇は、統帥権は天皇の権限であるとは述べない。河本が実行犯としても、その調査命令を出すのは統帥権を持つ天皇であり、処分をきめるのも天皇である。そのことを棚に上げて権限のない首相に責任をとらせた。

「軍法会議を開いて尋問すれば、河本は日本の謀略を全部暴露すると言ったので、軍法会議は取止めにした」とも天皇は述べている。

日本の謀略とは、張作霖爆殺にソ連が関わっていることである。

天皇自らが軍法会議を取止めにしたということは、ソ連の謀略に河本が協力したという真相を知っていたのである。天皇は「独白録」でうっかりと真実を口にしていたのである。

田中退陣により、日本陸軍の中国への侵略は止まるはずだったが、逆に日本陸軍の侵略の暴走はより加速していく。

天皇の関心は、気にくわない田中義一内閣を潰すことであって、関東軍の行動を管理することではなく、天皇の統帥する陸軍の綱紀を正すことでもなかった。

西園寺も張作霖爆殺事件に対して、最初は厳正に処理するように言っていたが、関東軍の暴走を止めねばならないと強く主張することはなかった。

西園寺は関東軍の暴走を容認していたのだ。

この点について明確に理解しておかねばならない。

第6章

浜口内閣の成立

ロンドン軍縮会議

一九二九年（昭和四）七月二日、田中義一内閣の全閣僚の辞表を受け取った昭和天皇は、牧野内大臣に善後措置を下問した。牧野は元老西園寺の意見を聴くようにと奉答する。西園寺は参内《さんだい》して牧野と語らい、憲政の常道によって民政党総裁の浜口雄幸《はまぐちおさち》を首相にすることで意見が一致する。

浜口は三菱財閥に近い政治家・仙石貢《せんごくみつぐ》の恩顧を受けており、外務大臣には三菱の当主岩崎久弥《ひさや》の妹雅子を妻にする幣原喜重郎《しではらきじゅうろう》を任命した。大蔵大臣は井上準之助《じゅんのすけ》（日銀出身。金融資本の代表であるJ・P・モルガンと親しい関係にあった）、司法大臣は渡辺千冬《ちふゆ》、陸軍大臣は宇垣一成、海軍大臣は財部彪《たからべたけし》と民政党系で固めた。

浜口内閣は、張作霖爆殺事件の処分問題で調査結果を公表しないことに決定する。この判断が政権に暗い影を落とす。

真相隠蔽と行政処分はすでに天皇が裁可済みであったので、確かに撤回は難しい状況であった。のみならず、新内閣が処分のやり直しと軍紀の粛正をあきらめる態度を世間に示したことにより、予期せぬ事態を招いた。浜口内閣は関東軍の暴走を黙して眺めることとなった。宇垣陸相、幣原外相も想定外の事態であった。

内閣の腰の引け具合は陸軍のみならず、海軍に対しても同様であった。

一九二九年（昭和四）十月七日、イギリスのマクドナルド内閣は、日本、アメリカ、フランス、イタリアに招請状を送り、ロンドンで海軍軍縮会議への参加を要請する。

軍縮に意欲的な浜口内閣は、その緊縮財政方針にてらして、また、金解禁のために必須とされる米英との協調維持のために、軍縮会議の招請状に応じる姿勢を示す。そもそも浜口は日本の経済力が米英との建艦競争に耐え切れないことを熟知していた。

若槻礼次郎前首相を主席全権とし、財部彪海相、松平恒雄駐英大使、永井松三駐ベルギー大使からなる全権団をロンドンへ派遣する。随員として山本五十六海軍大佐がいた。アメリカの全権主席は国務長官のスチムソン、イギリスの全権主席はマクドナルド首相であった。

一九二九年（昭和四）十一月二十六日、閣議は軍縮会議での日本の原則的要求、いわゆる「三大原則」、すなわち「(1)補助艦総括トン数で対米七割保有、(2)大型巡洋艦の対米七割保有、(3)潜水艦現有七万八千トンの確保」を決定する。

これは米国を仮想敵国とする大日本帝国の国防方針に則って作戦計画を立ててきた海軍側の強い要求、「アメリカ艦隊が太平洋を渡って進撃してきた場合、戦闘力は七割程度に落ちる。日本近海で撃破するには、少なくとも敵の七割の兵力は必要である」という方針を容《い》れたものである。

「三大原則」に固執する海軍強硬派の中心人物は、軍令部系統の流れをくむ加藤寛治《ひろはる》軍令部長と末次信正軍令次長、「軍神」東郷平八郎元帥の三人であり、軍事参議官の伏見宮博恭王《ふしみのみやひろやすおう》（一九三二＝昭和七年に海軍軍令部長就任）も彼らに同調していた。財部海相の留守をあずかる山梨勝之進次官以下の海軍省の首脳は、おおむね国際協調を重視し、条約批准に賛成する穏健派であった。

加藤軍令部長は、東郷元帥の「所信」――「一歩たりとも退くことはならぬ。英米が聴従せねば今度は会議に出ぬまでじゃ」――を幣原外相に突きつける。そして、加藤は顧問を全権団に送り込むことを得策と考え、東郷元帥と相談の上、親友の安保清種《あぼきよかず》大将（軍事参議官）をイギリスへと派遣した。言うまでもなく、安保は強硬派に属し、加藤寛治らの「代弁者」となった。

海軍内の対立は「海軍省に行くと軍令部をきちがいと嘲《あざけ》り、軍令部に行くと海軍省を国賊と罵る」という始末になる。

西園寺は、浜口内閣の方針を強く支持し、強硬派に屈さぬよう激励し続ける。「三大原則」が修正すら許さぬ「国是」となることを懸念し、全権出発前に財部海相が御前会議の開催を求めたのに対して断固反対する。また、貴衆両院の一部が「七割は大日本帝国の国是」と声明を出そうとする動きが伝わるや、私設秘書の原田熊雄を通じて近衛文麿に貴族院を抑え込むよう

浜口雄幸

幣原喜重郎

財部彪

井上準之助

加藤寛治

東郷平八郎

伏見宮博恭王

に尽力することを求めた。

一方で、ロンドン出発前に若槻と財部の二人と個別に会い、各々から条約をまとめるつもりであるという言質を取った。

軍縮問題は、帷幄上奏権《いあくじょうそう》を有する軍部が相手である。帷幄上奏とは、軍事に関する事項について、統帥部が行政府や立法府を介さずに直接天皇に伝えることである。西園寺は、軍部が天皇を取り込んで条約成立を妨害する行為に出ないともかぎらないので、牧野内大臣、一木喜徳《いちききとく》郎《ろう》宮内大臣、鈴木貫太郎侍従長らに、海軍強硬派の声に耳を傾けることなく条約成立に協力することを強く求めた。

一九三〇年（昭和五）一月三十一日から軍縮会議がはじまる。そして三月十三日、松平恒雄全権とアメリカ全権ディヴィッド・A・リードが非公式に協議して「松平・リード案」ができる。

内容は次のとおり。

(1)補助艦全体で対米比率六割九分七厘
(2)大型巡洋艦対米比率六割（ただし一九三五＝昭和十年までは七割二分二厘を維持）
(3)潜水艦保有率は日米均勢で五万二千七百トン

「会議を決裂させる覚悟なくしては、もはやこれ以上の譲歩をアメリカに求めることは無意味だ」

若槻はこの案で条約をまとめることにし、幣原外相に電報を送った。

浜口首相は幣原外相からもたらされた若槻案を確認すると、日米妥協案を受け入れることにし、山梨次官に海軍部内の意見調整を命ずる。

海軍では加藤軍令部長と末次信正次官が「三大原則」に固執して一歩も譲らず、意見調整は難航したが、条約賛成派が海軍作成の中間案を出すことでようやく落着する。

三月二十六日に確定した結論は、日米妥協案の(2)、(3)はとうてい容認できず、中間案をもとに再度交渉を重ねるよう希望するというものであった。と同時に、浜口内閣が海軍の要請を容れず、日米妥協案を承認しても海軍はそれに従うとの申し合わせが確認された。強硬派の加藤、末次もそれには反対しなかった。

三月二十七日、浜口は昭和天皇に拝謁すると、軍縮問題の経過と解決に関する所信を述べた。天皇は「世界の平和の為《た》め早く纏《まと》める様《よう》努力せよ」と激励の言葉を浜口にかけた。天皇は軍縮問題について浜口内閣支持の立場であったのだ。浜口はあらためて日米妥協案の線で条約をまとめる決意をした。

三月三十一日、条約反対派の牙城たる軍令部は、浜口内閣による妥協案受諾の上奏を阻止するため、加藤軍令部長による帷幄上奏を企画し、天皇に拝謁を願い出た。加藤に対したのは海軍軍令部長から一九二九年（昭和四）二月に侍従長に就任した鈴木貫太郎である。

「一体七割でなければだめだなどというのは凡将の言うこと」

前海軍軍令部長でもあった鈴木は、このように口火を切った。

「六割でも五割でも与えられた兵力の範囲内でやりくりするのが、軍令部長の腕前である」

鈴木は加藤に思いとどまるように説いた。加藤は三十一日の拝謁をあきらめる。

このとき、鈴木が加藤を天皇に会わようとしなかったことが軍縮反対派の連中のうらみをかい、「君側《くんそく》の奸《かん》」（奸臣《かんしん》）を排除する運動につながっていく。

四月一日、浜口は軍縮案を閣議にかけ、午後三時四十分、天皇に会い、若槻案を奏上し、天皇の裁可後、ロンドンに向けて伝送する。

四月二日、加藤軍令部長は天皇への拝謁がようやくかなうが、すでに後の祭りであった。

加藤は天皇に上奏後、異例の記者会見をおこない、軍令部は軍縮案に反対であるとの声明を出す。軍令部の反対意思と、それが天皇の耳にも達しているとのイメージをマスコミを通じて世間に流布することで、条約反対派が巻き返しをはかったのである。さらに加藤は抗議の意を込めて、条約の成立を阻止し得なかった責任をとって辞任を決心する。ところが、岡田啓介前海相は加藤に自重を求めた。

四月二十二日、ロンドンで海軍軍縮条約が調印される。

条約賛成派は、浜口内閣と与党民政党、海軍穏健派＝海軍省、元老、内大臣、宮内大臣、侍従長などの宮中勢力（昭和天皇）、そして大新聞。

かたや、条約反対派は、海軍強硬派＝軍令部、枢密院、野党政友党、右翼勢力からなる連合戦線であった。

反対派の狙いは条約の批准阻止と浜口内閣の倒閣である。その論法として第一に、「三大原則」の基準に満たない新条約の兵力量では国防上大いに不安があるとし、英米の恫喝に屈して欠陥条約を結んだ軟弱外交の浜口内閣は即刻退陣すべしと迫る。第二に、この条約は軍令部長の同意なしに締結されており、兵力量の決定にあたって軍令部に相談なく上奏したのはルールに違反している。すなわち、浜口内閣は統帥大権を干犯《かんぱん》しているとの非難を浴びせた。

条約反対派の攻撃目標は、内閣だけでなく、天皇の意志をコントロールできる立場にある内大臣、宮内大臣、侍従長などの宮中側近、そして西園寺に向けられた。昭和天皇が内閣を支持して海軍強硬派の言に耳を傾けないのは元老や宮中側近ら天皇補佐に原因がある、との非難が巻き起こる。

「西園寺、牧野、一木、斎藤、若槻の如きは欧化思想者にして議会中心主義を奉じ日本精神の

若槻礼次郎

ロンドン軍縮会議

帰国した若槻全権を熱狂的に迎える群衆

森恪

理解なきものなり」といったイメージが世間に広く流布される。

一九三〇年（昭和五）四月二十三日より第五十八回特別議会がはじまる。政友会幹事長の森《もり》恪《つとむ》を中心に条約成立に反対運動を展開した。

「アメリカを大陸から駆逐し満蒙生命線を保有するには対米七割の海軍力は必須である」

森の決起に犬養毅《いぬかいつよし》政友会総裁が応える。

「新条約では国防に欠陥をきたして国民は枕を高くして寝られない。内閣が軍令部長の反対意見を無視して国防計画を変更したのは統帥権の蹂躙《じゅうりん》である」

政府への舌鋒鋭い質問が飛んだ。

犬養は海軍強硬派の手先として浜口内閣を攻撃したが、一九三二年（昭和七）五月十五日、海軍将校らに襲撃され、射殺された（五・一五事件）。海軍の片棒を担いでいた犬養自身が海軍の連中に殺害されたのだ。運命の皮肉である。

特別議会が開かれてから、およそひと月後の五月二十六日。反対派の声が鳴りやまないなか、ロンドン海軍軍縮会議の全権委員である財部海相が天皇に拝謁した。天皇は「ご苦労じゃった」と財部をねぎらうと、「枢密院においてこの条約が可決されるように充分努力してくれ」と申し渡した。

六月五日、宮内省御用掛として定例の海軍軍事学の講義を担当していた末次軍令部次長が天皇に向かい、「ロンドン海軍軍縮会議の経過並《ならび》に軍令部の主張を有《あり》の儘《まま》御進講」と、条約成立への反対意見を述べた。この進言が天皇の不興を買い、末次は軍令部次長を解任される。

六月七日、伏見宮博恭王が天皇に軍縮および統帥権問題で意見を申したいと求める。伏見宮は強硬派幹部の後ろ盾でもあり、「宮様、神様」とも讃えられた強面《こわもて》の皇族軍人として軍内部で一目置かれる存在であった。「自分はいまきく時期ではないし、ききたくもないと思う」と、天皇は伏見宮との面会を中止するよう命じた。

六月十日、加藤は財部海相に断りなく天皇に拝謁して辞表を上奏する。天皇は財部海相を呼んで「話の筋道が違う。加藤の進退についてお前に一任する」と処分を命じ、辞表を下げ渡す。財部はただちに加藤の軍令部長の職を解いた。

条約の締結により作戦計画の基礎となる海軍の戦時保有兵力量に変更が生じたため、天皇の軍事諮問機関である元帥府、または軍事参議官に意見を諮る必要が生じた。ここで問題となったのは、東郷平八郎元帥の存在である。岡田、財部、新軍令部長になった谷口尚真《たにぐちなおみ》が東郷平八郎の説得にあたったが、東郷は「老いの一徹」で条約の賛成を聞き入れない。

海軍元帥と軍事参議官とは、東郷、伏見宮、岡田、財部、谷口、そして軍令部長を辞任後に軍事参議官に転じた加藤を加えた六名である。条約賛成派は岡田、財部、谷口。条約反対派は東郷、加藤、伏見宮。議長の東郷は評決権と裁決権の二票を行使できると主張し、議長の裁決権で条約反対派が多数を制することになる。

東郷平八郎は国内事情をまったく理解していなかった。当時の工業力では対米六割を保持することすら困難であった。

実際、日米戦争開戦後に米軍は百四隻の空母と三十万機の航空機を短期間で製造し、日本海軍を兵力差で圧倒した。

さらに、東郷は中国の独占支配を主張する。この政策を進めれば、同じく大陸の市場を求める米英と対立するのは明白であった。

東郷は日露戦争での日本海海戦でロシアのバルチック艦隊を撃破し、「軍神」に祀り上げられた。神様となった東郷には誰もが耳に心地よいことのみを語り、東郷自身も謙虚に耳を傾けなくなった。東郷は軍事戦術の進歩を理解せず、猛訓練による精神主義をもとに大艦巨砲至上主義による艦隊決戦主義に固執し、日本海軍の壊滅の要因をつくった。

軍神とは名ばかりの凡将が会議を仕切っていたのだ。

収拾のつかない海軍内部の対立に、牧野が西園寺を訪ねた。

「財部さえ辞めればあとが丸くおさまる」と口を開いた牧野に対して、「責任ある総理大臣が閣員として財部海相を任命した以上」と西園寺は前置きし、「第三者がかれこれ言うべき筋合いではない」とたしなめた。

七月十五日、鈴木貫太郎侍従長は天皇の命令として東郷元帥に軍縮問題に関して達観するよう、申し渡した。東郷の主張は「聖断」で封じられることになる。

七月二十三日、海軍軍事参議官会議は軍縮条約に全員一致で賛成する。

条約が批准された十月二日、財部は辞職した。

翌月の十四日。

浜口は東京駅で狙撃された。陸軍大演習出席のため岡山へ出発する矢先の出来事であった。幸い一命はとりとめたが、大怪我を負う。

浜口の命を狙ったのはテロリストの佐郷屋留雄《さごうやとめお》(別名：佐郷屋嘉昭《よしあき》)。彼は右翼結社愛国社の一員であり、社主の岩田愛之助と共謀して「屈辱的なロンドン軍縮条約を締結し、統帥権を干犯した浜口の暗殺を企てた」と逮捕後に語っている。

事件は条約反対派による報復行為にほかならないが、血盟団《けつめいだん》事件、五・一五事件へと続く右翼暴力団・青年将校による一連のテロ事件の嚆矢《こうし》となる。

明治は薩長のテロリストによって成立した。大正末期から昭和初期。再びテロリストの暗躍する時代を迎えたのだ。

浜口遭難後、暫定人事として党籍のない幣原外相を総理大臣臨時代理に選ぶ。西園寺は、浜口の早期快復に望みをかけて、当面は幣原の臨時代理でしのぐのがよいと考える。

西園寺は、右翼暴力団のテロに対応する政策をまったく提案していない。幣原には右翼暴力団に対応する能力などあるはずがない。西園寺は右翼暴力団、それと結託する軍部の暴走を許したのだ。

浜口内閣は幣原臨時首相代理のまま第五十九回議会に臨んだが、政党内閣が非党員閣僚を首相代理にした議会は非立憲的であり、民政党の議会中心主義に反すると野党政友党から激しく追及された。

また、ロンドン軍縮条約問題でも幣原は標的にされる。そこで幣原が、軍縮条約が天皇によって批准されたことは、国防上なんら欠陥がないことを証明するものであると答弁したため、天皇に責任転嫁するものであるとして議場は収拾不能の大混乱におちいり、議事が一週間以上にわたって中断するという異常事態になる。

議会の運営に苦しんだ民政党内閣は、ついに幣原の臨時首相代理を解き、退院したものの未だ傷の完全に癒えない浜口を登院させ、議会の乗り切りをはからねばならなくなる。腹痛、発熱を冒しての浜口の登院によってなんとか議会を終わらせることができたものの、政府の重要法案は議事の遅延と貴族院の握り潰しによって、いずれも流案の憂き目に遭う。

現職の首相が狙撃されるという異常事態の中で、党利党略、私利私欲にあけくれる政党政治に対し、国民は失望を高めていく。

無理がたたった浜口は、議会終了後に再入院、再手術となり、内閣の維持は困難になる。浜口は辞職を決意し、後継に若槻礼次郎を指名する。

一九三一年（昭和六）四月十三日、浜口首相は辞表を出す。四月十四日、民政党を与党として第二次若槻内閣が成立する。

●コミンテルンに蹂躙された海軍人事

明治憲法第十一条に「天皇ハ陸海軍ヲ統帥ス」、第十二条は「天皇ハ陸海軍ノ編制及常備兵額ヲ定ム」、第十三条は「天皇ハ戦ヲ宣シ和ヲ講シ及諸般ノ條約ヲ締結ス」とある。ロンドン軍縮条約の締結は、天皇が決定することである。

作戦計画を天皇に申し上げる権利（帷幄上奏権《いあくじょうそうけん》）は海軍軍令部に属しており、首相及び内閣は軍縮条約の締結には口を出せない。

これが伊藤博文のでっち上げた明治憲法であり、西園寺は憲法作成を帮助《ほうじょ》した。

ところが、ロンドン軍縮条約の件がイギリスからもたらされた時、西園寺は軍縮条約締結を浜口に勧めている。

西園寺は浜口に権限のないことを誰よりも知っていた。

なのに、なぜ浜口を強硬に後押ししたのか。

軍縮条約の成立によって軍縮反対派を煽ったのだ。テロリズム時代の招来。そして、テロリズムの規模は一気に拡大し、軍部が暴走を始める……。

それは燠火《おきび》であった。西園寺が一息吹けば、たちまちのうちに燃えあがっていく。

幣原は野党から条約問題で追及された際、条約は天皇によって批准され国防上なんら欠陥がないことを証明するものであると述べ、天皇に責任を転嫁する答弁をしたと議場が大混乱に陥ったことは前述した。

天皇が批准を許可したという幣原の答弁は誤りではないが、明治憲法第三条には「天皇ハ神聖ニシテ侵スヘカラス」とある。すなわち、何が生じようと天皇には責任がないと決まっていた。条約を決めるのは天皇であるが、その決定によって生じることに対して天皇に責任はない。ややこしい話だが、ようするに誰も責任を取らない無責任体制であったのだ。無責任体制が大日本帝国の壊滅への道を突き進むことを容易にした。

軍縮条約を実行した浜口雄幸首相が東京駅で襲撃された。

西園寺は自身の野望のため命をかけた浜口に対し、なんの憐憫《れんびん》も示さない。ここに日本の公家集団に属する西園寺の姿が明白に示されている。西園寺にとっては原敬も浜口も「虫けら」

なのだ。「虫けら」がテロリストによって暗殺されても心を動かす必要はない。

ロンドン海軍軍縮条約に参加を決めた原敬、そして条約を批准した浜口雄幸。二人の首相が命を賭して成立した条約は、結局、白紙に戻った。

一九三四年（昭和九）、大角岑生《おおすみみねお》海軍大臣の下で強硬派（艦隊派）が人事を独占し、同年十二月二十九日、ワシントン海軍軍縮条約廃棄を通告している。次いで一九三六年（昭和十一）一月十五日、ロンドン海軍軍縮会議脱退を通告している。

日本海軍は、ついに米英との無制限の海軍の軍拡競争にさらされることになる。米英との無制限の軍備拡張競争に突入することは、「敗戦革命」を推進している西園寺公望にとっては好都合なことであったのだ。

海軍軍縮条約を廃棄することに全力を尽くした加藤寛治。彼はコミンテルンの要員であったに相違ない。ロシア革命時、ウラジオストックに派遣された第五戦隊司令官に任命されている。いくらでもコミンテルンと接触する機会はあった。日米戦争時に海軍のボスとなる米内光政もコミンテルンの要員であった。

日本海軍の中枢はコミンテルンの要員が蔓延していたといってよい。日本海軍そして日本陸軍には数多くの「赤」がいた。彼らは「敗戦革命」の尖兵となった。

第7章

三月事件

「桜会」の結成

一九三〇年（昭和五）九月頃、国家改造を目論む陸軍将校のグループ「桜会」が結成される。発起人は、参謀本部ロシア班長の橋本欣五郎《はしもときんごろう》（砲兵中佐）、陸軍省調査班の坂田義朗《さかたよしろう》（歩兵中佐）、東京警備司令部参謀の樋口季一郎《ひぐちきいちろう》（歩兵中佐）の三人である。

橋本欣五郎は岡山市生まれ。一九二〇年（大正九）陸大（三十二期）卒後、参謀本部付（ロシア班勤務）を経て、一九二三年（大正十二）満州軍特務機関長になり、ソ連の満州里特務機関長ウロンスキーと情報のやり取りをする間柄となり、ウロンスキーから書物には述べられていないロシア革命の細部を学ぶ。一九二五年（大正十四）三月、参謀本部に戻ると少佐に昇進し、一九二七年（昭和二）九月にはトルコ公使館付武官となる。そしてトルコの「国父」として国民から深い敬愛を受けているトルコ初代大統領であったムスタファ・ケマルと親交を結び、ケマルより強い影響を受ける。

橋本欣五郎はトルコで思いがけない出会いをする。

スターリンとの政争に敗れたトロツキーが、一九二九年（昭和四）二月二十二日、イスタンブールにやってくる。トロツキーはケマルの庇護下、イスタンブール南東沖のマルマラ海にあるプリンスイズ（プリンキポ）諸島最大の島であるブユックアダに居住地を与えられる。橋本はトロツキーに会い、ロシア革命の真相を知った。

橋本は一九三〇年（昭和五）六月に帰国し、参謀本部ロシア班長になる（八月、中佐に昇進）。そして、国家改造を志し、そのために武力行使も辞さずとする革命組織の結成に努力する。十月、「桜会」を結成する。

橋本をはじめ「桜会」に参加したメンバーは、「敗戦革命」において様々な役割を果たすことになる。

「桜会」は勧誘の手段として、実にオーソドックスな手法を用いた。酒と女である。当初、会合は東京・九段の偕行社《かいこうしゃ》を利用していたが、資金が潤沢になると新橋の料亭「桝田屋」で美妓を侍《はべ》らして開くようになり、青年将校から「宴会派」と称された。

「桜会」は豊富な資金をもっていた。この資金はどこから入手したのか。

「桜会」の設立目的は、政党を排除し、軍部独裁の天皇制国家社会主義（共産主義）政権を樹立することにあった。これこそコミンテルンの望むものである。

会の設立趣意から言っても、「桜会」はコミンテルンの秘密結社とみなすことができよう。

ところが、「桜会」という名前に盲点がある。

桜は日本人の心に深く根ざした花であり、日本人が好む花を名前に付けたグループが、よもや同胞を裏切っているなどとは誰も思わない。

「桜」は日本国を示しているとみなされる。「桜会」と名付けた橋本は、日本人を騙していた。この日本人を騙す組織を陸軍の連中が支持していたのだ。

「桜会」の動きと呼応するように、北一輝《きたいっき》、大川周明《おおかわしゅうめい》、井上日召《いのうえにっしょう》らを指導者と仰ぎ、国家改造運動が熱を帯び始める。

北一輝が一九二三年（大正十二）に刊行した『日本改造法案大綱』。内容をかいつまんでみよう。

①天皇によって指導された軍人によるクーデターをおこない、三年間憲法を停止し両院を解散して全国に戒厳令を発布。
②男子普通選挙を実施し、国家改造をおこなうための議会と内閣を設置する。
③華族や貴族院を廃止する。
④一定の限度額（一家で三百万円）を設けて私有財産の規模を制限し、財産の規模が一定以上となれば国有化の対象とする。
⑤労働者による争議・ストライキを禁止し、労使交渉については新設される労働省が管轄。労働者は会社の経営に対して発言を認める。

橋本欣五郎

北一輝

大川周明

井上日召

⑥植民地である朝鮮、台湾でも経済、社会の改革を実行すべきであるが、朝鮮の独立は認めない。

⑦将来に獲得する領土（オーストラリア、シベリアなど）についても市民権を保障する（オーストラリアとシベリアを確保するためにイギリス、ロシアと開戦することは国家の権利）。

⑧日本国民は国家改造後に世界の王者になるべきである。

北は最後に「日本国民は国家改造後に世界の王者になるべき」と記し、『日本改造法案大綱』を執筆した理由について、左翼に対して右翼の立場より日本の国家改造を説いたと主張している。

ところが、読者諸氏はお気づきであろうか。

北は、私有財産の所有を制限し、超過した場合は国家に納めることを語っている。私有地も同じだ。限度を時価十万円とし、それを超過する土地は国家に納付する。

私有財産を国家の所有とするなど、まさに共産主義にほかならない。

北一輝の主張は、天皇制による社会体制を謳《うた》いながら、その実、左翼に属する思想であった。左翼の原理を右翼の原理だと言いくるめて「敗戦革命」の道を進んでいたのだ。

そういえば、日米戦争敗北後、ＧＨＱがおこなった日本統治策、「言論の自由、基本的人権の尊重、華族制廃止、農地改革、普通選挙、私有財産への一定の制限（累進課税の強化）、財閥解体、皇室財産削減等」は、北一輝の唱えた『日本改造法案大綱』と似ていないであろうか。

三百六十万の日本人の死によって成立した「敗戦革命」の結果、北一輝の国家改造が実現することになったといえる。

話を「桜会」に戻そう。

橋本が宇垣陸相を担ぎ、軍部政権樹立を目論んだクーデターが起きる。

陸相の宇垣一成は長州閥に身をゆだねて、長州閥のような顔をして陸軍の階段を上ることに成功した。長州閥だった田中首相の引きによって陸相になった宇垣は田中の死後、反旗をひるがえした。

軍の要職につくのは陸軍大学校の卒業者に限る。ならば派閥を粉砕するには、長州出身者を陸軍大学校に入学させないことが近道だと宇垣は考えた。長州出身者は秀才であろうと、すべて落第させ、長州閥の勢力を削いだ。

宇垣は陸相を一九二四年（大正十三）以来通算、四期以上続けたが、本来、強欲な性格であり、傲慢無礼な態度に陸軍内部で人気が下降した。そこで宇垣グループは勢力拡大のため、宇垣政権の成立を狙ったのである。

一九三〇年（昭和五）十一月十四日の浜口首相の狙撃事件後、外務大臣幣原喜重郎が首相代理として議会に臨んだが、議会運営は滞りがちであった。

国家主義運動家の大川周明は、一九三一年（昭和六）二月十一日、宇垣に「昭和維新の建策書」を提出する。大川は小磯国昭少将軍務局長より、「宇垣一成は政治的野心あり」の心証を得ていた。そこで大川は桜会と謀議することにする。

ただし、眞崎甚三郎第一師団長、そして、永田鉄山軍事課長と岡村寧次補任課長は反対した。

この謀議計画は、一九三一年（昭和六）三月二十日の労働法案上程の日に、大川周明の計画による一万人の動員をもって、八方から議会に対するデモをおこない、政友会及び民政党の本部、そして首相官邸を爆破する。軍隊には非常呼集をかけ、国会議事堂を警護すると称してこれを包囲し、内外一切の交通を遮断する。この情勢において各大臣を脅して辞表を出させ、陸軍大臣宇垣一成に組閣の大命が降下するように準備するというものである。

この時に使う爆弾は、橋本欣五郎が千葉の陸軍歩兵学校に交渉して、演習用の擬砲弾として神奈川の程ケ谷曹達《ソーダ》（日本火薬）に注文し、その中から三百発ばかりを、大川周明腹心の右翼活動家・清水行之助《こうのすけ》に渡す予定であった。

ところが、決行の三日前。

宇垣は変心した。民政党の一派閥が浜口の後継総理に宇垣を担ごうと画策しており、合法的に政権取得の可能性が出たため、尻込みしたのである。永田軍事課長と岡村寧次補任課長も時期尚早と強く反対した。

　こうして事件は未発に終わる。陸軍中枢幹部が賛同したクーデター計画であり、陸軍当局は計画の参加者を不問にするほかなかった。

　内乱罪が成立しないことから、罪を免れた革新将校らは再びクーデター計画を立てることになる。

　そして、彼らは知らず知らずのうちにコミンテルンに利用されていった。

「三月事件」を契機にして、「十月事件」「満州事変」「五・一五事件」「二・二六事件」へと陸軍は暴走をはじめる。事件はその原点になっていた。

西園寺公望は陸軍の暴走にほくそ笑んだ。

　事件からおよそ六年後の一九三七年（昭和十二）一月。広田弘毅内閣の退陣後、宇垣は重臣層から推薦され、組閣の大命を受けるが、陸相を得ることができず、組閣できなかった。宇垣は事件以後、陸軍幹部の信望を失い、不信の目で見られていた。「敗戦革命」を推進していた軍部の連中は宇垣を信用していなかったのだ。

　宇垣は知らぬ間に「三月事件」というコミンテルンの謀略を潰していたのである。西園寺公望、木戸幸一が共産主義者であること、そして天皇の支持を受けた「赤」の軍中枢が「敗戦革命」を推進していたことを、宇垣は知るよしもなかった。

テロ首謀者助命の真相

一九三一年（昭和六）四月、宇垣は陸相を辞任し、南次郎が後任になる。そして、宇垣は六月、朝鮮総督に任ぜられる。

南次郎陸相は同年八月の陸軍定期異動により、満蒙問題が急変することを見据えた人事配置をした。

重要な人事を何人か挙げてみる。

軍事参議官・関東軍司令官　菱刈隆《ひしかりたかし》
航空本部長・台湾軍司令官　渡辺錠太郎《わたなべじょうたろう》
台湾軍司令官・第一師団長　眞崎甚三郎
関東軍司令官・第十師団長　本庄繁《ほんじょうしげる》
教育総監本部長・第六師団長　荒木貞夫

一九三一年（昭和六）八月四日、軍司令官師団長会議がひらかれ、そこで南陸相が訓示する。「門外無責任の者がみだりに軍縮をさけんで国軍に不利な宣伝をしていることに対し警告せねばならない。そして、満蒙は日本の『生存発展上』きわめて重要であるにもかかわらず、その情勢が帝国にとって好ましくない傾向にあり、この時にあたり軍務に奉ずる者は、本分を全うする用意をすべし」

という刺激的な内容であり、その内容は新聞で報道される。

八月二十一日、若槻首相は、南陸相と最近の軍部の言動、及び「三月事件」を取り上げ、軍紀の維持につき一層の努力を望むと述べる。これに対して南陸相は「元来、民政党は新聞を操作して何かにつけ陸軍無用論をやり陸軍を圧迫する。やはり新聞や政党が悪い」と逆襲する。

宮中側近は、もはや猶予はゆるされないと判断し、天皇から直接に軍部に注意を与えることにする。

九月十日午前に海相、十一日午後に陸相に「御下問」の予定が決まり、天皇みずから奈良武次《ならたけじ》侍従武官長にその話を伝えることになる。奈良は、その日のうちに陸相に会い、陸軍部内の軍紀問題について密談する。南は天皇を安心させるような返事をし、奈良を安堵させたに違いない。まさに八百長をやっていたのだ。

九月十一日、南陸相は天皇に会う。

南は軍人軍属の政治演説については軍律で取り締まる方針を示し、外交に関しては外務大臣の管掌するところであり、軍部が差しでがましい態度に出ることは慎むべきであると述べる。天皇に対する南陸相の返事は見事なものであり、事前に打ち合わせされていた。

天皇が陸海相に下問しても陸海相は八百長の返事をするばかりで、何の成果も生まれない。

本来なら「三月事件」の首謀者である橋本欣五郎中佐は死刑になるはずである。

「私の身はどうなってもかまいません。部下だけは助けていただきたい」

西園寺のもとに橋本から手紙が届いた。

橋本の男気に心を打たれて、西園寺は不問に付したと伝わるが、真相は別にある。

西園寺は橋本が「敗戦革命」実現に向けて尽力していたことを知っていたに違いない。橋本は同志だったのだ。よもや、殺すわけにはいくまい。

一九四四年（昭和十九）七月二十二日、東條英機が退陣後、後継指名された小磯内閣。閣僚名簿には「三月事件」の関係者が、ずらりと並んでいる。首相の小磯を筆頭に、杉山元《はじめ》陸相、二宮治重《はるしげ》文相、建川翼賛壮年団長、橋本翼賛壮年団本部長ら、いずれも「三月事件」に参画していた面々である。

小磯を首相に任命したのは共産主義者の木戸幸一である。

「三月事件」の関係者は「敗戦革命」を実行し続けていたのである。

第8章

満州事変

満州国とコミンテルン要員

「三月事件」決行中止後、大川周明は、「満州事変」を推進するため東京・内幸町の東拓ビルの四階に満州問題研究所をつくる。ここに甘粕正彦《あまかすまさひこ》（関東大震災時に大杉栄夫妻を殺害した元憲兵大尉）、河本大作（張作霖爆殺事件の首謀者とされる）らが集まる。

満州事変、そしてその後に成立した満州国は、「敗戦革命」を推し進める原動力となった。もちろん、満州国成立に尽力した人々の中にコミンテルンの要員がいたことは言うまでもない。大川周明は、天皇制軍部独裁国家の成立を支持し、次に満州国の成立に賛同している。

大川自身はコミンテルンの手先になっていることに気づいていたのか。

大川のとった行動は彼の思想とは関係なく、「敗戦革命」を推進していた。そういった意味でもコミンテルンの要員たちは巧妙である。

大川は敗戦後、東京裁判で民間人として唯一Ａ級戦犯の容疑で起訴されたが、「進行麻痺」という病名によって裁判の審理から除外された。この病名をつけたのが東大精神科教授の内村祐之《ゆうし》であり、この診断に基づいてウェッブ裁判長は大川を審理から除外すると宣言する。大川を「進行麻痺」と診断した内村祐之は、無教会主義を主張した内村鑑三の長男である。キリスト教人脈が大川の問題に手を貸していたのだ。

奇妙な話だが、大川はマラリア療法の効果があって東京裁判結審のころには全治していたと、内村が述べている。

「進行麻痺」は中年男性に見られる病状で、痴呆を示す症状とともに手足が痙攣《けいれん》、体が麻痺する。梅毒が病因ともされるので、梅毒治癒に効果のあるマラリア療法は間違ってはいない。

それでも、内村が嘘をついているようにしか見えないのだ。裁判前に病にかかり、裁判中に完治する。私には東京裁判で大川を審理から除外しなければならない理由があったとしか思えない。

大川に口を割られては困ること——。

「敗戦革命」について具体的に述べられることを、何者かが恐れたのだろう。

東京裁判の究極の目的は「敗戦革命」の実態を隠すことにあったのだ。もしかすると、この時に大川は自身が手先になっていたことに気づいたのかもしれない。

大川と接触した「三月事件」の首謀者である橋本欣五郎。彼はクーデター失敗後も参謀本部ロシア班長として満州問題の処理を担当していた。

橋本は軍事クーデターを起こすことをあきらめてはいない。橋本の盟友として活躍するのが、「三月事件」にも関与した建川美次《たてかわよしつぐ》少将である。

橋本はクーデターを決行すべく、資金の提供者に会った。

提供者の名は藤田勇。

報知新聞記者を経て二十七歳で東京毎日新聞社長に就任した。当時の報知には優秀な記者がいた。『銭形平次捕物控』の著作がある野村胡堂、料理に造詣の深かった『料理事典』の著者・本山荻舟《もとやまてきしゅう》、文人旅館「緑風荘」の主人でもあった柳原緑風、日本社会党の第二代委員長になる鈴木茂三郎《もさぶろう》ら、錚々たる顔ぶれである。

橋本の手記に藤田とのつながりを示す記事がある。

一九三一年（昭和六）七月頃、関東軍参謀の花谷正《はなやただし》少佐が上京し、橋本と会う。花谷は満州で事件を起こし、軍を出動させると打ち明けた。

関東軍とは、日露戦争の結果、中国から奪取した関東州（遼東半島）の権益を守るために置かれた関東総督府の守備隊で、のちに満州にいる日本軍を関東軍と総称するようになる。

満州浪人に武器弾薬を与えて日本領事館、関東軍守備隊、日本人居留民会、大和ホテル、鴨緑江鉄橋などを爆破させ、日本領事館員を多数殺害する計画であった。このため満州浪人を訓練する費用やその報酬が五万円という次第であった。五万円は今日の三千万円以上に相当する。

橋本は本案遂行の援助を確約したが、この資金を提供したのが藤田なのである。

藤田は二カ月後に勃発する「満州事変」や、再び橋本が決起する「十月事件」という二件のクーデターで将校らに資金を提供している。

藤田勇は貴族院研究会の黒幕的存在でもあった。研究会は華族議員を中心とする貴族院内の最大会派。藤田は会派を裏で支えていた。公卿出身の西園寺が共産主義者であったことを考えれば、研究会がコミンテルンの手先であった可能性も高く、その会派に資金提供をしていた藤田も必然、コミンテルンのメンバーであった。本人が積極的にかかわっていたか、もしくは無意識であったかは、大した問題ではないだろう。結果として、藤田はコミンテルンを支援していたのだ。

大正時代、藤田は親交のあった後藤新平《ごとうしんぺい》のために日ソ交渉の裏方を務めている。藤田はこの交渉に際して、ソ連を訪れて国賓待遇を受け、そのうえ功労章とロマノフ王朝所有だった巨大なダイヤモンドを贈られている。やはり、藤田はコミンテルンの要員だったようだ。

余談だが、藤田勇が仲介役をして後援した後藤新平。彼もコミンテルンの一員だったようだ。後藤に関しては、「大風呂敷」と呼ばれた奇抜なアイデアによって、関東大震災後の東京復興に尽力した市長とのイメージが強い。そのため、彼の経歴はあまり着目されることはないが、ソ連との深いつながりが感じられる。まず、満鉄の初代総裁であり、東京市長就任前は外相としてシベリア出兵を推進していた。そして、日ソの国交回復にも関与した。

また、後藤の家系には共産主義者が多いのも特徴だ。昭和初期に日本共産党中央委員長を務めた佐野学。佐野は後藤新平の娘婿で医師の佐野彪太《さのひょうた》の弟であり、満鉄東亜経済調査局嘱託社員となっている。

後藤のもう一人の娘・愛子の伴侶である鶴見祐輔《つるみゆうすけ》。衆議院議員として名を馳せたが、鶴見もコミンテルンの要員であったようだ。鶴見は米国留学時代に共産主義者の都留重人《つるしげと》に師事し、生涯の師と仰いでいる。鶴見は著述家としても成功しており、著作の中には義父の事績を綴った『後藤新平』などもある。

一九三一年（昭和六）八月四日、第二次若槻内閣の陸軍大臣・南次郎大将は、軍司令官・師団長会議で訓示した。

「満蒙はわが国の国際、政治、経済の見地から密接な関係がある。支那の最近の情勢は遺憾ながら帝国にとり不利に傾きつつある。……かかる情勢にかんがみ私は諸君に軍の教育、訓練の義務を陛下の御目的に沿いうる如く熱心かつ誠実に遂行せられんことを望む。……国防に関心のない者が軍備縮小を鼓吹したり国家国軍に不利な言論が宣伝されたりするが、これを是正する努力をされたい」

満蒙問題に関する南の積極的な態度は、軍人の政治関与であると議会で問題になった。尾崎《おざき》

甘粕正彦

建川美次

後藤新平

鶴見祐輔

行雄《ゆきお》ら六名の議員が「陸相は師団長にたいし政治宣伝を命令する意思ありや」と非難し、陸軍刑法第百三条違反として攻撃する。陸軍刑法第百三条とは「政治に関し上書、建白其他の請願を為し又は演説若は文書を以て意見を公にしたる者は三年以下の禁錮に処す」という厳しい規定である。

六十二年間の議員生活を送り、政党政治の擁護に努め、のちに「憲政の神様」と謳われる尾崎行雄。彼は陸軍の暴走を議会がコントロールできると信じていた。

しかし、政党政治はとうに腐敗していた。

汚職、収賄、利権追及に熱中している議員は、国民の支持を失っていた。

国民の後ろ盾もなく、公正な議員も見当たらない。議会制度を否定し天皇制軍部独裁政権樹立を目指す陸軍中枢の思惑を阻止することは、「神様」尾崎であっても困難であったのは当然のことである。一九三一年（昭和六）十二月十三日に若槻内閣の後に犬養毅内閣が成立するが「五・一五事件」で犬養首相が射殺されることによって議会主義は消えることになる。

南陸相の訓示があった師団長・軍司令官会議の終了後、橋本は朝鮮軍司令官に随行した神田正種《まさたね》参謀を新橋の料亭・桝田屋に二昼夜にわたって招き、「満州事変」の際には朝鮮軍が独断で出兵することを強請し、同意を取り付けた。招宴後、二次会が新橋「湖月」で開催される。

出席者は、以下の通り。

陸軍次官＝杉山元、参謀次長＝二宮治重、軍務局長＝小磯国昭
参謀本部第一部長＝建川美次、同第二部長＝橋本虎之助
軍事課長＝永田鉄山、参謀本部支那課支那班長＝根本博
朝鮮軍参謀＝神田正種、関東軍司令官＝本庄繁
台湾軍司令官＝眞崎甚三郎、朝鮮軍司令官＝林銑十郎《はやしせんじゅうろう》大将

この会合では、「満州事変」についての総意は得られなかった。

「満州事変」の計画は、関東軍の参謀板垣征四郎大佐、石原莞爾中佐と奉天《ほうてん》特務機関長土肥原《どいはら》賢二《けんじ》大佐らを中心に進められ、爆破工作の実行責任者は今田新太郎大尉にまかされた。爆破予定は九月二十八日とされ、爆音と同時に日本軍兵舎に据え付けられた二八センチ榴弾砲《りゅうだんほう》（東京の陸軍兵器廠から運び出され神戸港から大連に運ばれた。かつて乃木希典大将が旅順要塞を攻めあぐねた時に威力を発揮した二八センチ榴弾砲と同じ攻城重砲であった）で中国軍北大営を砲撃し、在奉天部隊が夜襲を仕掛ける算段であった。

当初、「満州事変」は満州浪人を使って事件を惹起させ、軍を出動させる予定だったため、

いわゆる素性の定かでない者にも資金が渡った。思わぬ収入を得たものの中には、外務省に情報を売る輩《やから》もあらわれた。

九月十五日、林久次郎《きゅうじろう》奉天総領事は幣原外相に機密情報を送る。

「関東軍が軍隊の集結をおこない、弾薬資材を持ち出し、近く軍事行動をおこす形勢である」

幣原外相はこの件を閣議に諮り、南陸相は調査を約束した。金谷範三《かなやはんぞう》参謀総長と協議し、その上で少壮将校の信望が厚いといわれている参謀本部第一部長の建川美次少将に「親展書」を持たせて関東軍に派遣し、天皇の軍紀問題についての経過を話して自重を求めようとした。

こうして「満州事変」を実現させる計画は外務省、陸相の知るところとなった。

橋本はすぐさま、「事ばれたり　直ちに決行すべし」との暗号電を関東軍の板垣に発する。大川周明は「満州事変」の計画が露見したと耳にすると、門下の中島信一を建川より一足先に満州に向かわせた。

橋本は「建川奉天着前に決行すべし」と暗号電を板垣に発する。ところが、現地部隊は行動を起こさない。橋本は「内地は心配に及ばず　決行すべし」の暗号電報を三度発するが、やはり、決行しない。橋本は不安になり、大川を訪ねて酒を酌み交わし、善後策を練る。大雨が降ったので料亭に泊まるが、その間に板垣から「決行」の電報がとどいていた。参謀本部に帰ると、神田朝鮮軍参謀に「出兵すべき」と電報を発した。この時、神田は兵を出している。

建川は背広姿で身分を隠し、朝鮮経由で奉天（瀋陽）に向かう。九月十八日午後七時五分奉天駅に到着すると、出迎えの人々と料亭に向かった。建川はいたって悠長な態度であった。それもそのはずで、彼は関東軍の謀略計画を支持する一人である。

一九三一年（昭和六）九月十八日、午後十時三十分、今田大尉の指揮で柳条湖《りゅうじょうこ》の満鉄線が爆破された。ただちに奉天守備隊長の島本正一中佐に状況がもたらされる。島本は事情を何も知らない。ただただ「支那側の不法攻撃」と聞いて出動した。

「事変決行」の暗号電報が参謀本部ロシア班に入ったのは、午後十一時ごろであったという。ロシア班では小原重孝《おばらしげたか》大尉、田中弥《わたる》大尉、天野勇中尉らが連日連夜、待機していた。

参謀本部への公式入電は翌日の午前一時七分。陸相、参謀総長は深い眠りについていた。

暗号には、「十八日夜十時半ごろ、奉天北方、北大営西側において支那軍隊は満鉄線を破壊し、わが守備兵を襲い、駆けつけたる我が守備隊の一部と衝突せり。そして奉天独立守備隊第二大隊は現地に向い出動中なり」とある。

事件直後、奉天総領事の森島守人《もりしまもりと》は本庄関東軍司令官宛てに自重を申し入れたが、参謀らによって握り潰され、司令官に届くことはなかった。

西園寺は満蒙問題が国内で高まるなか、外務省の重要外交文書にとりわけ目を配っていた。慣行で西園寺のもとにも外交文書が届いている。事件勃発の知らせはもちろんのこと、事件が近々に起こりうることも耳に入っていた。西園寺同様、宮中側近も関東軍の謀略を知っていた。若槻礼次郎首相は九月十九日の閣議で、不拡大方針を力説する。関東軍の謀略であることを知っていた南陸相は「中国軍の攻撃」と弁明する。

閣議決定に基づき参謀総長の金谷大将は関東軍に対し、軍事行動の停止に等しい訓令および朝鮮軍独断出兵の停止を電令する。橋本は「参謀本部による軍事行動停上の命令は閣議における体面上のこと。本心は軍事行動を停止するものではない」と現地部隊を煽るような電報を打ち、関東軍の行動に拍車がかかる。

関東軍は満州において事変が起きた場合、朝鮮軍の満州への出動を決めていた。林銑十郎朝鮮軍司令官は「柳条湖事件」が勃発直後、満州への出動命令を出し、十九日の夕方に早くも鴨緑江岸まで進出する。そして、一個大隊が状況偵察のために国境を越え、航空機も満州に向かった。

九月十九日午前九時三十分、奈良武次侍従武官長は事件について奏上する。午前九時四十五分、南陸相が事件の状況、奉天域占領を天皇に報告する。その直後、閣議が開かれる。午後一時三十五分若槻首相は天皇に会い、政府は今日の事件については、事態は現在以上に拡大せしめないよう努めるとの方針を決定したと報告する。午後三時三十分、金谷参謀総長が拝謁し、朝鮮軍の独断派兵について恐懼《きょうく》の意を表す。

奉天入城する日本陸軍

柳条湖の満鉄線爆破現場

夜、西園寺の私設秘書の原田熊雄が一木宮相、鈴木侍従長、木戸内大臣に若槻首相の事情を伝えた。若槻は今回の事態収拾に元老や宮中側近の後援を要請していた。

窮地に立つ若槻に対して、西園寺ら宮中側近はにべもない。

あくまで内閣が問題解決にあたるべきだとの意見だった。

宮中側近はなんの権限をもたない首相に責任をとらせようとしていた。軍の停止命令は統帥権を握る天皇にしか出せず、首相は予算などで軍と駆け引きはできたものの、作戦中止の権限はまったくない。若槻首相は事態の収拾には天皇の力を借りるしかないと考え、その旨を伝えていた。

若槻礼次郎は帝国大学法科大学を首席で卒業後大蔵省に入り、第一次西園寺内閣で大蔵次官になり、政治家として活動してきた。いたって常識家で事務に堪能、類まれなバランス感覚をもっていたが、ややもすると双方の顔を立てるために「優柔不断」といった誹謗を受けることもあった。二回も首相を務めるほどの頭脳明晰な政治家であっても、宮中側近の思惑には気づかなかった。

金谷参謀総長は九月十九日より二十二日まで毎日にわたり、天皇に拝謁した。金谷は陸相が恐懼していると天皇に伝えるが、具体的にどうするかとなると、「善後処置について研究する」と答えるのみであり、うやむやにして越境を既定事実化しようとする態度が明白であった。奈良侍従武官長は参謀総長に「陛下は首相の承認なく許されない」と忠告している。同席した鈴木侍従長もこの言に賛成した。

九月十九、二十一、二十二日と閣議が開かれる。

若槻は陸相に朝鮮軍の満州派兵を詰め寄った。国境を越えての派兵は天皇の許可が必要であった。陸相は鴨緑江近くに駐留させているが、一部の兵はすでに渡河しており、やむを得ないと開き直る。

九月二十二日、西園寺は京都を訪れた原田熊雄と面会した。

そして「内閣が辞意をもらしても、陛下はお許しにならないこと。また、陛下の許可なく軍を動かした陸軍を決して許さないこと。また、黙っておいでになるのもよろしくない。陸相あるいは参謀総長には考えておくと態度を保留しておかれ、後日、何らかの……」処置が必要と激しい怒りを示した。鈴木侍従長と牧野内大臣に伝えるように原田に命じると、西園寺の怒りは、その夜のうちに木戸に伝えられた。

西園寺は事件が起きた際、京都の別荘・清風荘に滞在していた。陸軍の不穏な状態をみれば、東京の駿河台邸で緊急事態に備えていてもよいはずである。ところが、西園寺はあえて東京から離れて京都にいた。

原田には激しい口調を見せながらも、西園寺は「満州事変」勃発に同意していた。陸軍の暴走は大日本帝国の滅亡につながる――というわけだ。

二十二日、若槻は出兵を認めないものの、すでに出兵してしまった事実があり、戦費の支出を決定する。結局、弱腰の政府は独断出兵を許したのだ。閣議はしぶしぶ既成の出兵を追認してしまう。

同日付の奈良侍従武官長の日記によれば、「午後四時二十分、金谷参謀総長拝謁、朝鮮軍より混成旅団派遣の追認、御允許《ごいんきょ》を奉聞し、陛下より此度は致方《いたしかた》なきも将来、充分注意せよとの御諚《ごじょう》を拝す」とある。

天皇は元老西園寺からの「断じて許してはならぬ」という進言を聞くどころか、「しょうがないね、今後は注意すればよろしい」と、大甘な返答をしている。

これにて朝鮮出兵問題は一件落着した。

天皇は後日、統帥権に違反した参謀総長、軍司令官について軽微な処分でよいと述べているが、それだけではすまない。不可思議なことに「満州事変」に関係した軍将官らは処分されるどころか、その後に出世していた。

関東軍司令官だった本庄繁は、軍事参議官、侍従武官長、一九三三年（昭和八）には大将、一九三五年（昭和十）、満州事変の功績で男爵を受ける。

朝鮮軍司令官だった林銑十郎は「越境将軍」と称され、教育総監に転じ、一九三二年（昭和七）四月には大将に昇進。一九三四年（昭和九）一月には陸相に就任、一九三七年（昭和十二）一月二十九日組閣の大命を受け、首相に就任している。

本庄繁と林銑十郎。二人はコミンテルンの要員ではなかったであろう。ただし、満州事変の背後にいた橋本の正体を知っていてもおかしくはない。出世のために行動し、口をつぐんだのかもしれない。

その後、天皇の推奨を受け、一九三二年（昭和七）一月三日、日本軍は錦州《チンチヨウ》を攻撃占領、つまりは全満州を占領することになる。

錦州の攻撃は満州事変を決定的に拡大するものであった。政府の決定は「事変不拡大」であり、輔弼者《ほひつしや》たちは錦州への事変拡大を進言していない。ところが、天皇は「事件の拡大に同意するも可なり」と満州事変の決定的拡大を勧めていた。

天皇は「独白録」の「二・二六事件」の項で、「私は田中内閣の苦い経験があるので、事をなすには必ず輔弼の者の進言に俟《ま》ち又その進言に逆わぬ事にしたが、この時（二・二六事件）と終戦の時との二回丈《だ》けは積極的に自分の考《かんがえ》を実行させた」と述べている。天皇は平気で嘘をついている。

一九三〇年（昭和五）二月、コミンテルンは江西省の瑞金《ロイチン》を首都として中華ソビエト共和国創建を決定する。国の中に国を建国する。コミンテルンの常套手段である。

中華民族が一つにならなければならない国家存亡の時に、このような暴挙は許すまじと、蔣介石は「紅軍」を殲滅《せんめつ》すべく包囲掃討作戦をはじめる。十万の国民党軍兵士を投入するが、殲滅することはできなかった。

一九三一年（昭和六）四月、第二次掃討作戦が前回の倍の二十万の兵士を投入し開始される。かなりのダメージを紅軍に与えたものの、壊滅には至らなかった。

三カ月後の七月。三十万の兵士を擁する第三次掃討作戦が発動。紅軍の陣頭指揮に当たる毛沢東も苦戦する。

戦闘は九月に入っても続き、蔣介石はさらに二十万の兵士を増強し、五十万人体制で紅軍を殲滅しようと意気込んでいた。

その矢先である。

紅軍の壊滅寸前に満州事変が起こった。

日本軍が紅軍の危機を救ったのである。

満州事変勃発の第一報を聞き、毛沢東は小躍りした。

一九三一年（昭和六）十一月七日、中華ソビエト共和国が予定どおり、江西省の瑞金に建国され、臨時政府の主席に毛沢東が選ばれる。

蔣介石は中共という内憂をかかえ、日本軍との戦いに専念できない。抗日に専念すれば、毛沢東にスキを突かれる。

まずは国内の安定が第一と、一九三二年（昭和七）六月、蔣介石は第四次中共掃討作戦を再開する。ところが、第四次掃討作戦も内蒙古熱河省に侵攻した日本軍への対応に追われて失敗する。

日本軍は満州事変より中国本土の侵略を続け、蔣介石の対中共掃討作戦を頓挫させ、毛沢東を救った。結果、中国本土を中共に支配させることに協力したことを明白に知っておかねばならない。もちろん、日本軍の戦線拡大をスターリンも喜んでいた。

満州における謀略の拡大

関東軍は、特務機関を使って吉林、ハルピンなどで爆撃事件をひきおこし、在留領事館から居留民保護のために出兵要請をさせるという手段で軍の派遣地域を拡大する。そして嫩江《ドンコウ》鉄橋修理保護を名目に北はチチハルまで占領する。

さらに前述のとおり、政府の基本方針「軍事行動の不拡大」を嘲笑《あざわら》うように、関東軍の軍事行動は満鉄の沿線にとどまらず満州全体に及ぶようになる。

日本軍の満州での軍事行動は、国際連盟における中国の提訴によって国際問題になっていく。中国は国際連盟で緊急理事会の開催を求め、日本軍の撤退を要求する。

一九三一年（昭和六）十月六日の朝、西園寺は原田熊雄に会った。原田の日記には、西園寺がこう語ったとある。


「どうも陸軍の若い士官の結社の状況から見て、また自分の所に来る投書や情報に鑑みて見ると、いかにも巧妙であり、また未だ嘗《かつ》てない種々な事柄を発見するが、自分は、或《あるい》は陸軍の中に赤が入っていはしないか、と思う。世界の歴史を見ると、帝室の亡びる時、——帝室を覆《くつがえ》そうとして、即ち革命の前提にいろいろな手段をとるが、實《じつ》にそれによく似ている事柄がある。たとえば近衛の勤番の兵隊が御所の中を廻っている時に、陛下の御部屋に遅くまで灯がついている。これは陛下が政務御多端の折から非常に御勉強のことだと思って畏れ入っていると、豈《あに》図《はか》らんや皇后様等をお相手に麻雀をやっておられたとか、或はまた、陛下の幕僚長である参謀総長や陸軍大臣が御前に出た時に、また来たか、というような嫌な顔をされたとか、或は今度のこの結社の行動には皇族方も御賛成である、所謂血判をしておられるとかいうことを以て、在郷軍人あたりは宣伝している。こういうような種がすべて陸軍側から出ているのを見ても、

どうしてもこれは極左が動かしているように感ずる」(『原田日記』二巻、八八頁)

簡潔に述べると、西園寺は「三月事件」や「満州事変」といった陸軍のクーデター事件は、「赤」もしくは「極左」という、革命的左翼集団が動かしていると語ったのだ。

なんとも大胆な発言ではないか。

西園寺は、事件の中心人物である橋本の行動を把握しながらも阻止するわけでもなく、放置していたのだ。すなわち、陰ながら支援していたといってもよい。

それなのに――。

西園寺はコミンテルンの仕業と断罪しているのである。まさに自分や周りに目が向けられぬよう、あえて真実を語る高等テクニック。よもや、「赤」が犯人と指弾した本人が「赤」とは誰も思わない。

田中上奏文

大陸への進出で改めて思い出す人物がいる。

話は前後するが、一九二五年(大正十四)に誕生した二十六代の首相、田中義一である。

田中義一首相が一九二七年（昭和二）、昭和天皇に上奏したといわれる秘密文書である。

この中に「支那を征服せんと欲せば、まず満蒙を征服せざるべからず。世界を征服せんと欲せば、必ずまず支那を征服せざるべからず」との一節がある。

一九二九年（昭和四）十二月に中国で刊行された雑誌「時事月報」に掲載され、ただちに中国全土に流布した。

一九三一年（昭和六）の「満州事変」勃発によって、日本の世界征服計画はまさしく現実のものとして信じられ、フランクリン・ルーズヴェルト米大統領は、「侵略国家」大日本帝国に対して力で抑止する政策を推し進めることになる。

また、アメリカの国務長官コーデル・ハルも「日本の東洋支配は、一九三一年（昭和六）の満州侵略と満州国の樹立で実現した」と、「田中上奏文」を既成事実のようにみなしている。

ところが、このアメリカの見解を百八十度転回する証拠があらわれる。

二〇〇五年（平成十七）春、モスクワのロシア・テレビラジオ局（RTR）が制作した番組「世界の諜報戦争」が放映される。本シリーズの「ロシア対日本」と題したドキュメンタリーの中で、「田中上奏文」は日本の国際的信用を失墜させ、日本を孤立させる目的でソ連の諜報機関GRU《ゲーエルウー》（国家政治局。KGB《カーゲーベー》〔ソ連国家保安委員会〕の前身）が偽造し、全世界に流布させたことを明らかにしたのだ。

現在、「田中上奏文」は偽書であるとの見方は定着している。当時も偽物であることなど、関係者各位は知っていたに相違ない。

しかし、誰もそのことを声高に指摘しなかったのである。

なぜなのか。

日本の共産主義化をめざす勢力にとって、否定する意味がなかったからだ。かえって、大日本帝国の滅亡に一役買う怪文書は好都合であった。

第9章

十月事件

クーデター計画

陸軍による国家改造計画は「三月事件」の失敗を契機にして、実行手段の異なる二つの集団を生むことになった。

一つは、合法的手段によって政権を掌握して政治力によって革新を断行しようとする集団（統制派）、もう一つは、あくまでも直接行動によって革新を邁進しようとする過激急進派（皇道派）。この二グループに分かれたのである。前者の中心は永田鉄山、後者の中心は橋本欣五郎であった。

橋本は、中央会員三百名、地方の同調者千五百名になる「桜会」をバックにして、再び「軍部独裁政権」の樹立のための「クーデター計画」を企んだ。

決行計画は、一夜にして政府機能を撲滅し、これに代わる政権受理者に大命降下を要請する。このため閣議中の首相以下各大臣を急襲し斬撃《ざんげき》、陸軍省と参謀本部を包囲し、警視庁を占領する。民間部隊は新聞社や放送局を占拠する。参加兵力は歩兵二十三連隊である。決行の日は十月二十四日早暁と予定する。クーデター決行後、東郷平八郎が参内して荒木貞夫首相の就任を奏請し、閑院宮と西園寺公望に急使を派遣する計画とした。

決行日が二十四日早暁とされた理由は、宮中護衛の近衛第一連隊第一大隊長の田中信雄少佐が当夜の宿直であったからだ。田中は決行時に第一大隊全員を率いて宮城《きゆうじよう》（皇居）を占領、皇宮警察を追放、外部との連絡を遮断する役割であった。

成功後の新内閣の閣僚は、次のように決定されていた。

総理大臣兼陸軍大臣　荒木貞夫陸軍中将
大蔵大臣　大川周明
内務大臣　橋本欣五郎陸軍中佐
外務大臣　建川美次陸軍中将
海軍大臣　小林省三郎海軍少佐
警視総監　長勇《ちよういさむ》陸軍少佐

「十月事件」の参加者は、東京・渋谷の道玄坂にある料亭「松尾亭」で血判をしていた。だが北一輝の門下である西田税《にしだみつぎ》率いる外部参加組が、血判を押すのをためらう。

橋本は同じ陸軍部内でも西田税とその背後にいる北一輝を嫌っていた。一方、外部参加組でも軍上層部とつながりが深い大川周明には好感を抱いていた。

計画は実行前に簡単に暴露し、一九三一年（昭和六）十月十六日夜、橋本は荒木中将（当時、教育総監部本部長）と岡村補任課長の訪問を受け、思い止まるように説得を受ける。そして、翌日の未明、憲兵隊によって橋本ら首謀者十二名が検挙され、クーデター計画は水泡に帰す。

陰謀の発覚は、大川、あるいは西田が情報を売ったためなど、諸説がある。

十七日午後三時、関東軍が独立するという情報が陸軍内を駆けめぐる。関東軍は、橋本らの「十月事件」が失敗したので参謀本部を脅迫したのだ。これに対して、長勇は関東軍の独立を阻止するには国家改造を中央部において決行するか、「十月事件」参加者の行動を黙認することであると答えた。

現今の陸軍首脳部は「三月事件」の首謀者であり、自分たちも橋本と共謀した前科がある。処分強行はできない。橋本をはじめ事件に関係した将校の多くは謹慎二十日程度の処分ですんでいる。

その後、橋本は姫路師団の野砲連隊付に左遷される。「桜会」の主要メンバーはドイツ、満州などに左遷され、事実上崩壊する。結成してから一年あまりであった。

「桜会」の首脳部の面々は、コミンテルンの要員であるという橋本の正体には気づいていなかったのではないか。結果、橋本に利用されたのである。

こうして関係者が内々に処分されたため、事件が報道などで表に出ることはなかったが、噂は政界や財界に広がり、人々は強いショックを受けた。

「柳条湖事件」から「十月事件」に至るクーデター騒動は、陸軍の暴走が原因である。若槻首相、幣原外相、井上準之助蔵相は、このような軍部の暴走に対して不満と抵抗を示した。しかし、彼らに有効な抵抗手段はなく、他の閣僚に至ってはだんまりを決め込んだ。

もはや、天皇の権威にすがって陸軍の暴走を食い止めることしか期待できなかった。統帥権をもつ天皇であれば、やめろといえばそれですむ話であった。万一、勅令にそむく連中が出るなら、逮捕して陸軍刑法で処分すればよい。

ところが――。

天皇が陸軍の暴走を抑え込むことは一切なかった。

西園寺や宮中側近も同様である。陸軍の暴走は内閣が解決すべきであるという判断であり、いわゆる立憲政治論を建前に持ち出した。

若槻の憤懣《ふんまん》たるやいかばかりであろうか。

もはや、そのようなお題目で片が付かないことは、西園寺なら当然承知のはずであった。内閣は国家予算の決定で軍に関与するのみで、作戦の遂行などは統帥権を楯に口を挟むことすら許されない。陸海軍の首脳に命令できるのは、天皇のみである。

そのようなことは百も承知のはずなのに、西園寺と宮中側近は権限のない首相に責任をとらせようとしていた。それればかりか、西園寺と宮中側近は軍部より「君側の奸臣」といって攻撃されることを避けようとし、かかわることすら嫌がっているように見える。

では、いったい誰が軍部の暴走を止めることができるのか。

若槻は西園寺に問うた。

西園寺は新首相に軍部の暴走を阻止するように若槻に告げた。

史実のとおり、事件以降も軍部の暴走は続いた。そして、暴走が止まるのは大日本帝国の壊滅の日であった。若槻はよもや思いもしなかった。

西園寺が大日本帝国の壊滅の日、すなわち日本陸海軍の壊滅の日が訪れるのを乞い願っていようとは……。

一九三一年（昭和六）十一月一日、西園寺は上京する。

実は、西園寺が上京する前、娘婿の八郎が顔を出した。

八郎は徳山藩主の毛利元徳《もうりもとのり》の八男として生まれ、毛利宗藩萩藩主の毛利敬親《たかちか》の養子となる。

学習院では大正天皇の同級生であった。一九〇六年（明治三十九）、西園寺の妾である小林菊子の生んだ「新《しん》」と結婚している。このころ、宮内省主馬頭《しゅめのかみ》を務めていた。

「陛下が父上と首相や陸相を一緒に呼び、いろいろお尋ねしたいとの仰せ。また、牧野内大臣からも父上の上京を促された」

八郎を通じて西園寺に上京要請があったのである。

西園寺は若槻首相、幣原外相、安達謙蔵《あだちけんぞう》内相とそれぞれ会見した。

翌日の二日の午後、天皇に拝謁した。

「国際連盟の出方や経済封鎖など気にかかることが多くある。首相や陸相、外務大臣なりを呼んで訊ねてみようと思う」

西園寺は憂いを見せる天皇に対して、直接の責任者を呼んでもそれぞれ意見が違う場合もあると答え、やめたほうがいいと続けた。

そして、非公式に外務大臣を召して訊ねるのが「しかるべき」と述べた。

また、明治天皇の欽定憲法の精神に瑕《きず》をつけないように守ること、それから国際条約を遵守すること、この二点が天皇に尽くす道であり、自分の重大な責任と語った。

ところが、政府は一九三三年（昭和八）三月、国際連盟脱退を表明する。西園寺は拝謁時、天皇に何も心配する必要はないとなだめていた。ひょっとすると、軍部をこのまま暴走させていれば、いずれ軍部が、ひいては大日本帝国が崩壊する。事はうまく進んでおり、なんの懸念もないと告げたのではないだろうか。

「十月事件」は未発に終わったが、大日本帝国敗北への一助となる。

若槻政権の「満州事変」不拡大方針は潰され、内閣は内部分裂をきたし、十二月十一日、総辞職した。政友会の犬養毅が次期首相になるが、「五・一五事件」によって犬養は暗殺され、政党政治は事実上終焉することになる。

関東軍は、十一月十八日にチチハルを占領し、翌一九三二年（昭和七）一月三日、張学良の新拠点である錦州《チンチョウ》を平定する。二月五日にはハルピンを落とし、満州侵略作戦は着々と進められていく。

三月一日、満州国の建国宣言を発して清国最後の皇帝・愛新覚羅溥儀《あいしんかくらふぎ》が執政に就任した。九月十八日に事変が勃発してから、わずか五カ月間ほどの出来事であった。

満州国の成立は国際世論を硬化させた。アメリカのスチムソン国務長官は、「満州での日本の行動は承認せず」と発言した。国際連盟はリットン卿を事変調査に派遣し、一九三三年（昭和八）二月、日本軍の満州からの撤退を勧告した。日本は国際連盟を離脱し、国際的孤立を自らまねくことになる。

「敗戦革命」への道が一歩前進した。

満州国の成立後、建国工作の首謀者であった石原莞爾は陸軍省兵務局へ異動となる。越境を指揮した朝鮮軍参謀の神田正種中佐は陸軍大学研究生となり、満州国建国の中心人物が要職から退けられた。

以後、満州国を牛耳るのは小磯国昭、東條英機、岡村寧次らであり、むしろ事変計画に消極的であった顔ぶれであった。大川周明は、「満州事変と十月事件の成果は利口な秀才軍人にことごとく乗っ取られて、最初の計画とまったく異質なものになった」と述懐している。

●――石原莞爾と最終戦争論

一九四九年(昭和二十四)八月十五日、石原莞爾は肺水腫と膀胱ガンの併発により死亡。享年六十。

満州事変の首謀者であり、希代の作戦家として知られる陸軍の異端児も死の運命からは逃れられなかった。いや、逃れられないどころか、満州領有の謀略を仕掛けたあの日から、死はつねに彼の間近にあった。

石原は、一九三二年(昭和七)八月、陸軍大佐に進級し、関東軍参謀から陸軍兵器本廠付に転出して帰国したのち、ジュネーブでの国際連盟会議に日本代表の随員としてヨーロッパに出張中、持病の膀胱炎が悪化する。翌年、膀胱内の乳頭腫の摘出手術を受けるが、それ以降、膀胱ガン再発の恐怖の中、生きることになった。

生の傍らには死があった。彼は死を通して生を見ていた。

西園寺八郎

愛新覚羅溥儀

石原莞爾

石原の戦争史観として著名な「世界最終戦争論」は、彼の死生観のようなものであったのかもしれない。

「最終戦争論」は、最終戦争を経て世界統一政府が成立し、真の平和が訪れるとある。実は、ソ連のスパイ組織「ゾルゲ機関」の要員であった尾崎秀実《ほつみ》も「世界統一政府論」を主張していた。共産主義者によって統一された世界政府誕生を謳う。

尾崎と石原が説いた世界統一政府が同じものだったとしたら……石原はコミンテルンの要員として「敗戦革命」に協力した売国者であったとみなすことができよう。満州事変により、大日本帝国は一路「敗戦革命」に突入していくことになった。

石原がどちらサイドであっても積極的に関与した事実は変わらない。

一九四六年（昭和二十一）一月、石原は膀胱ガンが悪化したために上京して東大病院に入院。二月、東京逓信病院に転院。東京軍事裁判に関連して連合国検事による臨床尋問を受けるが、最終的に被告人から除外される。八月、退院して帰郷。一九四七年（昭和二十二）、山形・鶴岡市の庄内病院で手術を受ける。五月、東京裁判酒田出張法廷に証人として出廷するが、病状悪化のため、やはり起訴は免れた。

起訴猶予の理由としては、病気の悪化が理由であろう。ただし、死を目前にした石原が「敗戦革命」について洗いざらい口にしようとしていたのなら……。石原の発言をよく思わない何者かが病気を理由に起訴を取りやめたのかもしれない。

第10章

皇道派と統制派

若槻内閣の崩壊

満州事変と十月事件——。

二つのニュースは政党関係者に大きな衝撃を与えた。若槻内閣と与党の民政党は事変の不拡大を唱え、国際連盟での協調外交により、事態の収拾をはかろうとした。しかし、満州事変の勃発以来、世論でも対中国強硬論が広く一般的となり、また不況下で先行きの明るい見通しが立たず、若槻内閣の不支持の声が広がった。

このままでは陸軍を抑えられないと民政党内で動揺が生じ、右翼と軍隊に顔のきく安達謙蔵内相らが政友会との協力内閣を提唱し、迫りくる危機を乗り越えようと動き始めた。

安達には思惑があった。協力内閣によって政局を親軍的方向に推進しようとし、十月事件における首相候補だった荒木貞夫陸軍中将と急接近している。ただし、安達は三月事件、満州事変、十月事件と続く国家改造計画の首謀者・橋本欣五郎がコミンテルンの要員であることを知らなかったようだ。

若槻首相は安達内相と挙国一致内閣の成否について話し合ったが、政友会と連立すれば外交と財政の政策変更を余儀なくされるとして幣原外相と井上蔵相の猛反対に遭う。閣内不統一であり、迫っていた議会を乗り切れないと判断し、若槻内閣は総辞職した。一九三一年（昭和六）十二月十一日のことである。

翌十二日、西園寺は上京した。前日の夕刻には報告のため、秘書の原田熊雄が静岡・興津の別邸「坐漁荘《ざぎょそう》」を訪れていた。

後任首相に野党第一党である政友会総裁の犬養毅を決め、天皇に推薦する腹づもりだった。犬養は前総裁の田中義一没後、革新倶楽部から吸収された外様ながら総裁に就任していた。

西園寺は参内後、犬養に面会した。

「陛下は軍部を懸念されている」

軍部が国政や外交に立ち入ることは、国家のために憂慮すべき事態である。西園寺は軍部の不統制を正し、不介入を守るようにという、天皇の意思を犬養に伝えた。

同日夜、犬養は組閣の大命を受ける。

新首相に立ちはだかるのは軍部である。彼らを抑制することが、天皇の思いであると受けとめた。実行しないわけにはいかないが、当然、命の危険がつきまとう。

西園寺は「敗戦革命」の件を犬養に告げていない。犬養としては、よもや、軍部の壊滅を狙い、あえて彼らを暴走させているなど夢にも思わなかったであろう。

犬養との奇妙な縁を西園寺は思い出した。

そもそも、犬養は「元老廃止論者」であった。立憲主義を第一と考えてきた犬養にとって、議会・選挙・政党と無関係に政治にかかわってくる元老の存在を否定していた。その犬養が元老である西園寺から首相に任命されて喜んでいる。

なんとも皮肉な話だった。

犬養内閣の成立

十三日、犬養は組閣に入った。

大蔵大臣には、首相・蔵相を歴任した高橋是清が就任した。

外相に女婿である駐仏大使の芳沢謙吉、陸相は教育総監部本部長の荒木貞夫中将を任命し、海相に軍縮問題で条約派と艦隊派の中間的立場をとった大角岑生《おおすみみねお》大将が就いた。軍部に近い森恪が書記官長となって内閣入りし、首相と軍部の仲介をした。

犬養内閣は当初の予想通り、陸軍に振り回される船出となった。

関東軍は、東支鉄道（ロシアが中国東北部に建設した路線）の北へは出兵しないという閣議決定を無視してチチハルを占領し、国際連盟理事会で日本代表が攻撃しないと言明した錦州を攻撃し、占領する。さらに満州国建国を推し進める。

「十月事件」で青年将校にかつがれた荒木貞夫が陸相になり、陸軍の暴走はより加速していった。

西園寺は軍隊の暴走を止める気など毛頭なかった。それでも、あくまでも表向きは軍部を牽《けん》制《せい》した。

西園寺の思惑を荒木は気づかなかった。犬養の首班指名の際、天皇が西園寺に話した軍部に関する懸念について、荒木は後日、次のように語っている。

「陛下御自らお命じになれば、何ら問題はなかった」

側近が天皇の親裁《しんさい》を阻んでいると指摘したのである。

荒木に批判された西園寺であるが、内心では笑みがこぼれたであろう。

彼にしてみれば荒木の勘違いはよい隠れ蓑である。

表向きは軍部に反対する清廉な政治家を演出でき、裏では軍部を使嗾《しそう》し、日本の敗戦を目論む。

西園寺にとって、荒木は使いやすい〝コマ〟であったに相違ない。

さて、荒木陸相の誕生は陸軍内部に新たな火種を生む。

荒木陸相の就任は二葉会と一夕会の軍人にとって、長年にわたる願望であった。

荒木は手始めに陸大教官をしていた小畑敏四郎を参謀本部作戦課長に復帰させる。荒木と小

犬養毅

原田熊雄

荒木貞夫

閑院宮載仁親王

大角岑生

畑は同じ対ロシアの専門家として互いに信頼しあっていることは知られていたが、この人事は大きな驚きであった。小畑は張作霖爆殺事件当時すでに中佐となって作戦課長をしており、作戦部長は荒木であったが、小畑の作戦家としての能力を高く評価していた。

次に満州事変から半年が経過し、荒木は関東軍の陣容を一新する必要があると考え、人事異動をおこなう。関東軍司令官は武藤信義、参謀長は橋本虎之助、参謀副長は岡村寧次になる。

そして、作戦指揮部門のトップである参謀総長には閑院宮載仁《かんいんのみやことひと》親王、参謀次長に眞崎甚三郎が就任した。

荒木は「国軍」を「皇軍」と呼び、ここに荒木、眞崎、小畑らを幹部とする皇道派が成立する。ちなみに皇道派に対立する派閥が、永田鉄山が率いた統制派である。

一九三三年（昭和八）六月、陸軍中央は画期的な軍政改革の断行に先だち、最も危険な仮想敵国を想定し、これに対する戦略戦術を議論する秘密会議を開く。ここで参謀本部第二部長の永田と小畑は激しく対立する議論を展開する。

仮想敵国はソ連であるという点で一致する。しかし、このソ連に対してどのような戦略を立てるかが中心問題になる。

関東軍の石原莞爾作戦参謀の戦略にのっとって、満州事変、そして満州国建設をおこなってきたが、いざ成ってみるとそれは大変な難問を背負うことであった。満州国の成立によって、国際連盟を脱退し、国際的に孤立する状態に追い込まれると同時に、警備すべきソ連との国境線が総延長約四千八百キロになったのである。共産ソ連の成立後、スターリン独裁体制下で集団農場の強制化により数百万の農民の死の上に成立した五カ年計画が進展し、五カ年計画の完了の宣言は一九三二年（昭和七）十二月になされた。

クーン・ローブ商会の社長のヤコブ・シフは一九一七年（大正六）のロシア革命に二千万ドルを投じ、ソ連の第一次五カ年計画の策定に加わり、そのための資金をファイナンスしていた。これにより極東ソ連軍は飛躍的に強化され、外蒙古はソ連の勢力圏に入ってしまう。そしてソ連は帝政ロシア時代と同様に不凍港を求めて東進がみられた。この強敵の共産主義国家ソ連の前に日本はどうすべきかの議論がなされる。

小畑は、第一次大戦のさなか、ロシア駐在を命ぜられ、ロシアの対独戦を直接目のあたりにし、さらにロシア革命という内乱を目撃している。そこでこれからの日本の対外政策は対ソ一本にしぼるべきであるという信念を強くもった。小畑は、「あまりに極東ソ連軍が強力になる前に機会をとらえてソ連軍を撃破しておく。そのためいかに抗日の姿勢をみせようとも中国とは事を構えてはならず、ましてや英米とも静謐《せいひつ》（静かにひっそりしている）を第一義にすべきである。ソ連一国を目標とする自衛すら困難と予想されるのに、さらに中国を敵にすることはとんでもないことである。中国を屈服させるべく全面的に戦うことは、日本の国力を極度に消耗させるばかりでなく、それは英米の権益と衝突し、世界を相手とする全面戦争となる恐れがある。短時間に中国を屈服させ、戦争を終結させるなど至難のことである。等しく東洋民族たる中国とは実力によらず、あくまで和協の途を求めるべきである。それよりもソ連がより強大となる以前に、好機を求めてこれを打倒すべきである」と主張した。

ところが永田鉄山は一人だけ小畑の主張にまっこうから反対した。「中国国民政府の抗日作戦はいわば不変の国策であり、対ソ戦が起これば中国が対日参戦してくるのは確実である。だからこそ将来の対ソ戦に備えてまず中国に一撃を加えて、蔣介石政権の基盤を挫《くじ》く必要がある。また、対ソ準備は戦争はしないという建前のもとで兵を訓練しろ」と主張し、北守南進の「対中一撃論」を主張する。

荒木陸相は「支那を叩くといってもこれは決して武力で片づくものではない。しかも支那と戦争になれば英米は黙ってはいない。必ず世界を敵とする大きな戦争になる」と反論する。

小畑と永田の対立が皇道派と統制派（皇道派と統制派という名前は統制派の評論家・高野清八郎が名付けたという）の対立になる。ここでかつてバーデン＝バーデンの密約で同志であった小畑と永田は完全に対立することになる。

その後に第二回の会議が開かれたが永田は公用旅行を理由に欠席、小畑を憤慨させる。

対ソ連に対する作戦という点で、皇道派と統制派は根本的に対立する。皇道派はあくまでも蔣介石政権とは戦争しない。これに対して統制派は蔣介石政権と戦うことにする。

蔣介石政権と戦うことは毛沢東の共産軍を利することになる。毛沢東は日本軍と蔣介石軍との戦いをみておればよい。そして両者が消耗するのを待てばよい。そして統制派はソ連との戦いはしないことにする。これはソ連共産党と中国共産党にとって好都合なことである。

永田をはじめとする統制派はなぜ、ソ連と中共にとって好都合な作戦を主張したのか。永田鉄山はコミンテルンの要員であったのだ。その後、永田鉄山をはじめとする統制派の連中は皇道派つぶしの工作を実行していく。

皇道派は、天皇親政のもとで軍政府の確立を強調した精神主義をとなえる一派であり、荒木貞夫、眞崎甚三郎両大将をリーダーとして、秦真次《はたしんじ》、柳川平助《やながわへいすけ》両中将ら青年将校がこれに属していた。

この皇道派に対抗して生まれた統制派は、皇道派が暴力革命を肯定しているのに対して、軍の統制を保ち、軍の合法的機能を発揮して軍政府の樹立を図ろうとする。「赤」の池田純久《いけだすみひさ》中将が幹事役で、永田鉄山中将、東條英機、今村均《いまむらひとし》両大将、富永恭次《とみながきょうじ》中将らが中心であった。ところが統制派にはソ連のスパイ、コミンテルンの要員になる者、共産主義者、計画経済推進者、国家社会主義者、ひっくるめて「赤」がおり、彼らは昭和天皇の推進する「敗戦革命」の具体的な実行者であった。

一九三三年（昭和八）六月、参謀総長閑院宮は眞崎甚三郎参謀次長を教育総監に転出させる。小畑にとっては有力な共援者の一人を失うことになる。

一九三三年八月一日、永田と小畑は喧嘩両成敗ということで永田は歩兵第一旅団長に、小畑は近衛歩兵第一旅団長に転出させられ、参謀本部を去る。荒木は二人の対立に手を焼いて、腰くだけの処置をした。荒木は、永田と小畑の論争の問題点を理解できていなかったのだ。その上、コミンテルンの要員となっている永田が「敗戦革命」を推進しようとしていることも理解できなかった。「国軍」を「皇軍」と呼び変える姑息なネーミングづくりしかできない無能な男が陸相になっていた。こんな無能な男をかついだ皇道派の連中もあわれといえばあわれであった。しかし、「敗戦革命」を推進している天皇そして西園寺にとっては、無能の馬鹿者が陸相になってくれていることは実に好都合なことであった。

一九三四年（昭和九）一月、荒木陸相は大酒のあげくに肺炎を起こし、陸相を辞任することになる。小畑の後ろ盾はなくなる。

これ以後、統制派の時代がはじまる。

荒木、眞崎の去った後、荒木に代わって一九三四年一月、陸相に就任した林銑十郎は、眞崎嫌いの閑院宮参謀総長のもとで三月、永田鉄山を軍務局長に就任させる。陸軍省に戻ってきた永田は陸軍省を支配していくことになる。永田の軍務局長実現に東條が露骨な運動をおこなっていたので、一応林陸相は、陸軍省軍事調査委員長である東條を久留米の歩兵第二十四旅団長に転出させる。東條は久留米から連日、時には日に三通も永田に手紙を出し、小畑敏四郎、鈴木率道への復讐の決意を述べたという。

コミンテルンの要員である永田中心の統制派の時代がはじまろうとする。それまで、荒木、眞崎など皇道派に属していた林陸相は永田一辺倒になる。軍務局長として近衛文麿の朝食会（「敗戦革命」を推進する売国者の集まり）に出席するなど永田は政治的に動く。永田は全力を注いで「敗戦革命」の推進に尽していく。

これに対して小畑は一九三四年（昭和九）に陸大幹事、一九三五年（昭和十）三月に陸軍大学校長になり、一九三六年（昭和十一）、中将に進み、作戦研究に全精魂を打ち込み、永田を批判していた。小畑は「二・二六事件」後の粛軍人事で予備役に編入される。敗戦後は、東久邇宮内閣に国務大臣として入閣している。

一九三四年八月、永田は、神奈川・国府津に池田純久、田中清、その他数名の腹心を集めて密議を開き、永田が従来指導していた経済国策研究会を通じて昭和神聖会に働きかけ、上奏請願に導き、国家改造に伴って戒厳令を布き、皇族内閣を組織するというクーデター計画を練る。永田は後続内閣の設立によってコミンテルンの要員であることを隠そうとしていたのだ。

この密議の中心は眞崎を追放すること、眞崎に教育総監を退かせるということであった。コミンテルンの要員である永田にとって、眞崎は目の上の瘤《こぶ》であったのだ。

昭和神聖会は、一九三四年（昭和九）七月二十二日に東京・九段の軍人会館で発足した。大本《おおもと》系の救国運動を目的とする団体であり、統管は、出口王仁三郎《でぐちおにさぶろう》、副統管は、内田良平と出口宇知麿《うちまろ》であった。

一九三四年（昭和九）十月、永田は陸軍の主張を政治・経済の分野に浸透させ、完全な国防国家の建設を提唱する「国防の本義と其《その》強化の提唱」という陸軍パンフレットを出版する。永田、東條、富永、武藤ら陸大閥（一夕会）の一部が、亀井貫一郎、麻生久《ひさし》らを通じて「赤」シンパの近衛文麿を担いで革新内閣を実現し、「赤」の集団である革新官僚と連絡をとって革新政策（ソ連型天皇制軍事独裁政権の成立）を実現しようとする。そのために軍内の皇道派の追放、部内秩序を乱す青年将校を弾圧しようとする。

統制派は、皇道派のクーデター計画を予想して、これに対するカウンター・クーデター計画である「政治的非常事変勃発ニ処スル対策要綱」という具体案をつくっていた。これは一九三三年（昭和八）八月から参謀本部第二部第四課第四班に勤めていた「赤」の片倉衷《かたくらただし》少佐が参謀本部幕僚の座長となって作成したものである。この対策要綱は、「二・二六事件」の対応策として利用される。

永田は機密費を使って皇道派の中心人物である「眞崎甚三郎悪玉論」を流布させ、岡田啓介総理大臣は眞崎を軍から追放することを内閣の最高方針とする。

一九三四年（昭和九）十一月、「陸軍士官学校事件」が起きる。村中孝次《たかじ》大尉、磯部浅一《あさいち》一等主計をはじめ青年将校らは、「これは、我々を陥れる辻政信大尉と片倉少佐による策謀であり、背後で永田が暗躍しており、眞崎教育総監の失脚を目論む統制派の陰謀である」と主張する。

青年将校らの政治策動を封じるために、少なくとも眞崎大将の教育総監を退いてもらわねばならないという議論が、「赤」の武藤章中佐や「赤」の池田純久中佐といった統制派の連中の中で起こる。そこで永田軍務局長は陸相林銑十郎大将に眞崎大将の罷免を相談し、林陸相は眞崎大将の転任を断行することにする。そして一九三五年（昭和十）七月十五日の異動で眞崎教育総監が更迭される。眞崎はそれ以後軍事参議官になる。

眞崎教育総監の更迭は永田の陰謀であると伝え聞いた歩兵第四十一連隊付の相沢三郎中佐は、一九三五年（昭和十）七月十九日、有末精三《ありすえせいぞう》中佐の紹介で永田に面会し辞職を迫る。そして八月十二日、相沢は軍務局長室で永田を殺害する（相沢事件）。永田の暗殺によって統制派と皇道派の派閥抗争は一層激化し、皇道派の青年将校たちは、「二・二六事件」を起こすことになる。

「二・二六事件」の後、皇道派は粛清され、その後、永田が筆頭であった統制派を東條英機が継

林銑十郎

東條英機

磯部浅一

承し、石原莞爾らとの対立を深め（石原は予備役となる）、日中戦争、そして「南進」政策を推進し、大東亜戦争へと突き進んでいく。

統制派によるこうした「敗戦革命」を、「敗戦革命」を推進している昭和天皇は支援する。だから統制派は「敗戦革命」を実行できたのだ。

統制派の頭目になった東條英機は、関東軍憲兵隊司令官を経て一九三七年（昭和十二）三月、関東軍参謀長になる。日中全面戦争開始に際して事変拡大論を主張し、参謀長の現職のとき、三個支隊を率い東條兵団の長として内蒙古《ないもうこ》に出動する。そして一九三八年（昭和十三）五月の近衛内閣の改造で板垣征四郎陸相の下で陸軍次官に就任、十二月、航空総監兼航空本部長、一九四〇年（昭和十五）七月、第二次近衛内閣に陸相として入閣。南進政策と国家の総力戦体制の強化を主張し、仏印進駐や南方作戦準備を推進する。そして近衛内閣の総辞職後、首相、陸相、内相を兼任した東條内閣を成立させ、いよいよ対米英蘭戦に突き進む。

東條は必ず敗北する戦争に突っ込み、「敗戦革命」を推進した。「敗戦革命」を推進していた昭和天皇は「敗戦革命」を実行してくれる東條を信頼し、かわいがった。

コミンテルンの「敗戦革命」、スターリンの「スノー作戦」（日本を対米戦争へと誘い込む策謀）、そしてアメリカの「オレンジ計画」（米海軍部内で立案された対日戦争計画）、ロックフェラー財閥の謀略である中国本土の共産化、そして大日本帝国を敗北させること、これらすべてにわたって東條は全面的に協力した。

コミンテルンの「敗戦革命」を推進した点をみると、東條はコミンテルンの要員であったのではないかと考えることができる。「敗戦革命」を実行した東條は、天皇から褒められるべきであり、「敗戦革命」の結果、日本を従属国にしたアメリカ帝国より勲章をもらうべきである。ところが昭和天皇の身代わりとしてA級戦犯にされた。しかも東條は、実行した「敗戦革命」の真相を発言する機会を与えられることなく口封じのために絞首刑にされた。東條は日本国民から売国者と呼ばれるべき愚かな人生を送った馬鹿者であったのだ。

皇道派の追放によって統制派が権力を握った歴史をみたとき、統制派の連中がコミンテルンの要員になっている事実に気づいている日本人がどれだけいただろうか。だが、統制派に弾圧された皇道派の連中はたしかに気づいていた。

小畑敏四郎、眞崎甚三郎ら皇道派の連中は吉田茂と近衛に連絡をとるようになる。一九四五年（昭和二十）二月十四日、近衛文麿が三年四カ月間会っていなかった昭和天皇に上奏文を提出し、「敗戦革命」について天皇に述べている（近衛は天皇自身が「敗戦革命」を推進していたことを十分に認識していなかったので、このままいくと「敗戦革命」によって日本は共産主義国家になると天皇に警告していたのだ）。

三田村武夫は「敗戦革命」が推進されていることを知っていた。また、細川護貞は『細川日記』に、軍の中枢に「赤」のいることを記載していた。しかし、ほとんどの日本人は昭和天皇がコミンテルンの謀略を推進していることについて知らなかった。また、知り得ることのできない状態に追いこまれていたのだ。

敗戦後、昭和天皇が「敗戦革命」を推進していたことを、日本の右翼も左翼も隠し沈黙している。そして近現代史を取り扱っている学者連中も「敗戦革命」について述べようとしない。

第11章

五・一五事件

上海事件

一九三二年（昭和七）一月十八日、上海で日蓮宗の日本人僧侶二名と信徒三名が中国人に殺害される事件が起きる。犯人は三友実業公司タオル製造工場の工員とみなし、有志義勇軍が同工場に押しかけ、物置小屋に放火して半壊させる。

「上海事件」の勃発である。

当時、上海公使館付であった陸軍武官補の田中隆吉《りゆうきち》少佐は、関東軍の依頼で「満州独立」工作から列国の注意をそらすため、「国際都市」上海で事件を起こした謀略であったと敗戦後に主張している。買収した中国人の無頼漢に僧侶を襲撃させ、出動した中国警察と日本青年同志会メンバーとの衝突を仕組んだのだ。

こうして日本海軍陸戦隊と中国軍とが衝突、たちまちにして日本陸軍の増派が決定され、上海派遣軍（司令官・白川義則大将、参謀長・田代皖一郎《かんいちろう》少将、参謀副長・岡村寧次大佐）の組織に発展する。

二月二十五日、白川義則上海派遣軍司令官は出征前に天皇に拝謁する。白川は天皇から進軍限界で停止し、停戦協定の成立をはかるように命じられた。

昭和天皇は「独白録」で述べている。

「上海で戦闘地域をあの程度に食い止め、事件の拡大を防いだのは、白川（義則）大将の功績である。三月三日に停戦したが、あれは奏勅命令に依ったのではなく、私が特に事件の不拡大を命じて置いたからである」

白川は敵である中国第十九路軍を予定線外へ駆逐し、攻撃を停止。三月三日、停戦声明を出した。白川は天皇の勅命に見事に応えた。

天皇は陸軍の作戦に関するトップの参謀総長を飛び越し、直接、現場の指揮官に命じていたのである。

諸外国の関心が上海での戦闘に向いている間に満州国建国工作が進展し、三月一日、「建国宣言」が発せられた。あとはその承認だけとなる。

上海事件を起こしたことによって、日本は侵略国として各国から非難を浴び、状況はさらに悪化していた。

一九三二年（昭和七）四月二十九日——。

上海の虹口《ほんきゆう》公園で開催された天長節の祝賀会の席上、朝鮮人の尹奉吉《ユンポンギル》が投じた爆弾によって、白川義則上海派遣軍司令官、野村吉三郎第三艦隊司令長官、それに重光葵《しげみつまもる》在上海公使らが重傷を負い、白川は五月二十六日に死亡した。野村は右眼を、重光は右足を失った。「上海天長節爆弾事件」である。

天皇は白川が天皇の命令通りに停戦したことが嬉しかったのか、殉職した白川の夫人に歌を贈っている。


をとめらの雛まつる日に戦をばとゞめしいさを思ひてにけり

この歌に関するエピソードがある。

時は過ぎて一九四〇年（昭和十五）。

天皇が白川大将の未亡人に歌を贈った件を、時の外務大臣・松岡洋右が耳にした。部下である駐支大使が現地へ出発する前に、陛下から「軍を抑えよ」という意味の言葉を頂戴したいと申し出た。

しかし、松岡の希望はかなえられなかった。

外務大臣が軍を統帥する権利を有した天皇に「御言葉」を願ったのは不思議ではない。むしろ、部下の士気を高めようとの、至極まっとうな判断である。

惜しむらくは、松岡が何も知らなかったことだ。

上海事件。市内の目抜通りを進む海軍陸戦隊の車輛

上海天朝節爆弾事件。
壇上左端が白川義則

尹奉吉

白川義則

松岡洋右

負傷療養中の重光葵

松岡の願いがかなえられるはずはなかった。天皇は軍の暴走に賛成する一人だったからである。松岡は軍を暴走させて「敗戦革命」を推進している存在に気づいていなかった。


さて、松岡である。

替え玉天皇である大室寅之祐《おおむろとらのすけ》の出身地、山口県熊毛《くまげ》郡。松岡洋右は同地の出身である。松岡はここより衆議院議員選挙に立候補し、当選する。

一九三三年（昭和八）一月、松岡は帝国議会本会議で平和主義的な幣原外交を攻撃する。前年の秋から「満州事変」が国際連盟理事会で審議されるなか、松岡は日本首席全権としてジュネーブの国際連盟総会に出席する。二月二十四日、リットン報告書に反対の一票を投じ、国際連盟議場を退席し、日本は連盟から正式に脱退する。連盟脱退は全世界を敵に回すことと同義であった。一九三五年（昭和十）七月、松岡は第二次近衛内閣で外相になり、十月に発足した大日本大政翼賛会において副総裁になる。

そして、政治家・松岡の頂点。日独伊三国同盟の締結、日ソ中立条約成立の時を迎える。

この時、松岡には秘策があった。

松岡は三国同盟にソ連を加えて四国同盟に格上げし、アメリカと対抗しようと考えていた。日独伊三国軍事同盟が米英の対抗軸となる同盟であったのは明白である。

しかしながら、ソ連に対する態度には、今一つはっきりしないところがあった。すなわち、三国同盟の性格は「親ソ」なのか、あるいは「反ソ」なのか。

少なくとも、同盟を推進した一人である大島浩駐独大使は「反英米＋反ソ」と考えていた。平沼騏一郎首相も同様であり、大方の人々は同盟は防共協定の強化ととらえていた。

ところが……。

日本にとって寝耳の水だった独ソ不可侵条約の締結。

平沼は想定外の出来事に「欧州情勢複雑怪奇」との声明を出し、内閣を投げ出した。

松岡はこの好機に持論である「親ソ」路線を展開しようとした。日本海軍の重鎮である「赤」の米内光政も松岡に賛同した。

ところが、ふたたび想定すらできない事態が起こる。

一九四一年（昭和十六）六月二十二日、ドイツ軍がソ進に侵攻したのである。松岡の秘策は木っ端微塵に砕けた。

その後、松岡は恨み骨髄に徹したのか、親ソの態度を一変させ、ドイツと連携すべく極東ソ連領への進攻を天皇に進言した。

むろん、「敗戦革命」を推進している天皇や宮廷勢力は認めない。そこで近衛は内閣を総辞職させ、第三次近衛内閣の成立時に松岡を追放した。敗戦後、松岡はA級戦犯になるが、裁判には一回出廷しただけで持病の肺結核のため一九四六年（昭和二十一）六月二十七日、東大病院で死去する。享年六十七。

松岡は「敗戦革命」の存在を知らなかったのである。

◉──井上準之助と団琢磨の暗殺──血盟団事件

一九三二年（昭和七）二月九日、井上準之助蔵相は民政党の演説会出席のために東京・本郷追分の駒本小学校を訪ねたところ、校門前で射殺される。三月五日、三井財閥の実力者である団琢磨《だんたくま》が三井本館正面玄関前で銃殺される。

これらの暗殺事件は血盟団によるものであった。

血盟団とは、日蓮宗に帰依した井上日召《にっしょう》が率いる右翼テロリスト集団。井上は国家革新を掲げて、青年たちに「一人一殺」のテロ活動を指導した。

蔵相暗殺後の二月十一日。井上は政財界の反軍的巨頭の暗殺を決める。暗殺の主な標的は次の通りであった。

財界は池田成彬《いけだしげあき》、団琢磨。

政界は犬養毅、井上準之助、幣原喜重郎、若槻礼次郎。

重臣は西園寺公望、牧野伸顕、徳川家達《とくがわいえさと》。

およそ二十数人が暗殺対象であった。

ついに東京警視総監は血盟団の周辺調査をする。井上日召は、殺人罪で一九三四年（昭和九）十一月、無期懲役になるが、一九四〇年（昭和十五）十月に出獄した。

血盟団のほかのメンバーたちに対する判決も寛大だった。井上を暗殺した小沼正《おぬましょう》。団を暗殺した菱沼五郎。二人とも無期懲役の判決を受けたが、恩赦で放免される。

西園寺はこれらのテロ事件について、どのように感じていたのか。

『原田日記』には、井上準之助の暗殺については何も触れていないが、団琢磨の暗殺についてては次のように記載されている。


「自分（原田）は、四日夜興津《おきつ》に一泊、翌朝九時三十四分興津発の普通列車で（西園寺）公爵とともに上京した。大船駅で助役が来て『いま号外が出ました。三井の団さんが狙撃されたそうです』と言う。すぐ公爵にお伝えすると、大変に同情されて、『それは實に気の毒な事をされた。とにかく此処からでも電報を打ってもらいたい』と言われたので、横浜で見舞の電報を打った。其所《そこ》には、麹町憲兵分隊長、新井鉄道局長等が迎えに出ていたが、それらに様子を聞いて既に絶命されたことを知った」

団琢磨

池田成彬

捕縛された血盟団事件の実行犯たち

「団男（爵）の事件には、警視庁でも陸海軍でも、徹底的にその根源を衝く考《かんがえ》らしかったが、大分捜査も進み、いろいろな人が挙げられて、ほぼ輪郭が浮かび上がってきたようだった」（一九三二＝昭和七年三月十四日述）

「『血盟団事件に、多少森が関係していると言う者がいるか、どうだろうか』と言われたので、自分は『古い時代には、あの連中の一部に、森から金をもらった者があるかもしれませんが、現在どうということはあるまいと思います。少くも私はきいておりません』と申上げた」（一九三二＝昭和七年四月三十日述）

西園寺と原田は井上準之助と団琢磨の暗殺について、さして気に留めていない。ましてや、西園寺は「森恪《もりつとむ》（三井物産の社員から転身した政治家）が関係している」という的外れなことを述べている。

血盟団のテロリストと軍部の若手将校は、西園寺にとって同類に見えたのだろう。軍部の暴走を期待する西園寺にとって、井上や団がテロで暗殺されることにより、軍部の暴走が進んでいけばよかったのだ。

◉——「五・一五事件」前夜

一九三二年（昭和七）一月の解散・総選挙で与党の政友会が圧勝した。しかし、総選挙後に党内抗争が激化し、派閥間の仲介役だった中橋徳五郎《なかはしとくごろう》内相が辞職し、派閥抗争の調停ができなくなる。

国民からして見れば、このような経過は「政党政治」の醜態としか映らない。政治家の質の低下が「政党政治」の首をしめる原因の一つであった。

不安定な政治情勢の中、世界恐慌による経済不安も続いていた。

高橋是清蔵相は、一年後には日本の財政は破綻すると予想していた。西園寺も財政について神経質になり、軍費抑制に踏み切る。天皇も「満州事変」に関する支出により日本は破産しかねないと侍従武官長らに不安を述べていた。高橋蔵相は日本の現況を説明するべく閑院宮参謀総長、伏見宮軍令部長という陸海軍の現場のトップと面会し、理解を求めた。

しかしながら、政党内閣では現況を打開できないと、挙国一致内閣を待望する声が陸軍の青年将校を中心に上がるようになり、ついには政党を排除する「超然《ちょうぜん》内閣論」が広く叫ばれるようになった。そして、政財官と密接な交流を持ち、何より反政党内閣論者である平沼騏一郎内閣の成立が待望された。

陸軍部内を核として、不穏な空気が醸成されつつあった。

二月十四日、貴族院副議長である近衛文麿が坐漁荘を訪問した。

近衛は、平沼を宮中に入れて側近攻撃の空気を転換するのも一案と意見したが、西園寺は頑として平沼を認めなかった。

政界からは平沼内閣論を中和するような斎藤實《さいとうまこと》内閣論が出てくる。

犬養毅首相暗殺事件

一九三二年（昭和七）五月十五日。快晴の日曜夕刻。海軍士官の三上卓《みかみたく》と黒岩勇、陸軍士官候補生らが官邸にいた犬養首相を襲撃した。

「話せばわかる」と口にする犬養に向かい、引き金を引いた。頭部を撃たれた犬養は翌日未明に死亡する。

古賀清志をリーダーにした陸軍士官学校の生徒は牧野伸顕内大臣邸を襲い、手榴弾を投げ込むが、牧野は不在であった。陸軍の中村義雄が陸軍士官学校の生徒を連れて政友会本部に手榴弾を投げたが不発であった。血盟団残党の奥田秀夫は三菱銀行に手榴弾一個を投げて逃亡した。

さらに橘孝三郎率いる愛郷塾《あいきょうじゅく》のメンバーが東京の変電所を襲うが、変電所を破壊する知識がなく、被害は軽微で済んだ。

犬養首相の暗殺によって一九二四年（大正十三）六月に護憲三派内閣（加藤高明《たかあき》内閣）が成立して政党政治が終わりを告げた。

なぜ、犬養は殺されたのか。

彼が軍部の暴走の結果生まれた「満州国」の承認をためらったからに尽きる。

犬養の謀殺はそれだけではない。

首相を殺した連中を賛美する空気があったのである。

海軍の重鎮二人の言動からもよくわかる。

「この士官たちの志は十分わかっているから、彼らのこころざしを国民に知らせてほしい」と犬養首相の暗殺者を美化したのが東郷平八郎なら、「君たちはじつに気の毒だった。僕がやらねばならないことを君たちがやってくれた。本当にあいすまない」と執行猶予になった被告に対して涙ぐんだのが加藤寛治である。

結果的には、血盟団事件と同様に極めて甘い判決が下っている。

犬養首相を暗殺した首謀者の三上卓は反乱罪で禁固十五年、黒岩勇は禁固十三年。変電所を襲撃した橘孝三郎が無期懲役。残りの全員もすべて有期刑。死刑のないこうした判決を受けた者は皆、恩赦で釈放される。テロリストたちは次々と野に放たれ、新たなテロ事件を生んでいく。

斎藤實内閣の成立

「五・一五事件」の報が伝わると、静岡・興津の坐漁荘にいる西園寺は私設秘書の原田熊雄を上京させた。

高橋是清蔵相が臨時兼任首相に就き、内閣は総辞職した。内大臣からの要請があり、西園寺は十九日に上京する。東京へ向かう特急列車の車内に荒木派の有力軍人である憲兵司令官の秦真次中将が乗りこんできて事件について説明している。弁明だったのか、これからもテロが頻発するとの脅迫だったのか、詳細は不明である。

厳重な警備の中、東京・駿河台の自邸に入った西園寺は鈴木貫太郎侍従長の訪問を受けた。侍従長の用件は「天皇の希望」七カ条の伝達であった。

一、首相は人格の立派なるもの。

二、現在の政治の弊を改善し、陸海軍の軍紀を振粛するは、一に首相の人格如何に依る。

三、協力内閣、単独内閣等は敢えて問うところにあらず。

四、ファッショに近きものは絶対に不可なり。

五、憲法は擁護せざるべからず。然らざれば明治天皇に相済まず。

六、外交は国際平和を基礎とし、国際関係の円滑に努むること。

七、事務官と政務官の区別を明らかにし、振粛を実行すべし。

西園寺は八十二歳という高齢をおして、五月二十日より二十二日まで政官界の連中と次々に面会する。

二十日、高橋臨時首相、倉富勇三郎《くらとみゆうざぶろう》枢密院議長、牧野内大臣。
二十一日、若槻前首相、近衛文麿貴族院副議長、山本権兵衛《やまもとごんのひょうえ》元首相、清浦奎吾《きようらけいご》元首相、上原勇作元帥、荒木貞夫陸相。
二十二日、大角岑生海相、東郷平八郎、牧野内大臣。

西園寺は関係各位に配慮した。最後に牧野に会った後、天皇に拝謁し、海軍の斎藤實大将を後継首相に推薦した。

斎藤實は、第一次、第二次西園寺内閣で海相を務め、海相在任期間八年間にわたった。二度の朝鮮総督、ジュネーブ軍縮会議全権、枢密院顧問官などの政治的経歴はあるものの、あくまで海軍出自を背景とした実力者にすぎなかった。

そのような斎藤を推した理由は、国際的な視野を持つ海軍の手で陸軍の暴走を抑制し、日本の国際的孤立の道を防ごうとすることを期待した——これが西園寺の〝表向き〟の理由である。

当たり前のことであるが、犬養毅にできなかったことを斎藤實にできるはずがない。犬養毅の暗殺された理由は軍隊の暴走にあり、軍隊を制止できるのは統帥権を持った天皇しかいない。本来できないことを斎藤實に期待するのはまったく無意味なことであった。

一九三二年（昭和七）五月二十六日、斎藤實内閣が成立する。ほかの閣僚人事は次の通りである。

海相は岡田啓介、内相は山本達雄、逓信相は南弘《みなみひろし》、商工相は中島久万吉《なかじまくまきち》、鉄道相は三土忠造《みつちちゅうぞう》、文相は鳩山一郎、拓殖相は永井柳太郎、外相は内田康哉《うちだやすや》、司法相は小山松吉《こやままつきち》、農相は後藤文夫が就任する。

財政緊迫の理由で軍事行動の抑制を主張する高橋蔵相と、軍事行動の拡大を主張する荒木陸相は閣内で対立関係にあった。「五・一五事件」の犯人に陸軍関係者がいたことで荒木は辞意を表明していたが、高橋とともに留任した。

九月十五日、斎藤内閣は陸軍の圧力に屈する形で満州国を承認する。

斎藤首相の希望により満鉄総裁から外相に就任した内田康哉は、「国を焦土にしても満蒙の権益を手放すことはできない」と援護射撃のような答弁をした。

第12章

国際連盟脱退

熱河侵略戦

一九三二年（昭和七）後半、中国の熱河省《ねっか》では、関東軍と満州から逃れた張学良との間でにらみ合いが続いていた。

熱河《ルーホー》は、察哈爾《チャハル》、綏遠《スイエン》とともに内モンゴル（蒙古）の一部で清朝時代は直隷省《ちょくれい》（のちに河北省）に属していた。中華民国は一九一四年（大正三）、熱河省を行政上の特別区とした。したがって熱河省は満蒙エリアの「蒙」に属し、満州には属していなかった。その後、張作霖が万里の長城の外の東北一帯に勢力を伸ばし、熱河省も支配下に組み込まれた。

関東軍は満州国建国以前から、熱河省を新国家の領土に入れるつもりだった。

熱河省は奉天省と河北省の中間に位置しており、中華民国、満州国のいずれに帰属するかは、極めて重大な問題であった。

また、熱河省には〝裏マネー〟が秘蔵されていた。

阿片《アヘン》である。

熱河省は阿片の原料となるケシの特産地であった。阿片は中国通貨「元」以上の価値があり、大陸での取引すべてに用いられた。阿片を手に入れれば、関東軍は機密費を入手できたようなものだった。

他にも、鉱物資源が埋蔵されているなど、関東軍にとっては喉から手が出るほどほしい地域である。


一九三三年（昭和八）一月一日夜、万里の長城の東端の山海関《さんかいかん》にあった日本守備隊の分遣所へ手榴弾が投げ込まれた。最初は関東軍の自作自演だったが、中国軍の反撃で日本の守備隊に死傷者が出たこともあり、関東軍が山海関を占領した。いわゆる「山海関事件」、関東軍の華北分離工作の発端となった謀略事件である。

この事件が熱河省侵攻の始まりとなった。

天皇は日本軍の関内（万里の長城の内側）への侵入に反対という条件付きで侵攻作戦を認めたが、アメリカをはじめ諸外国から日本の侵略行為を非難する声が上がったため、国際情勢を鑑み、熱河作戦の中止も検討された。

しかし、三月二十七日、日本は国際連盟より脱退した。熱河作戦は続行となり、五月三十一日の塘沽《タンクー》停戦協定が成立する。中国東北部の三省（東三省）に興安省と奉天省を加えた五省が満州国の領土となった。

西園寺はすでに二月の段階で、統帥権を握る天皇に作戦中止の進言もせず、熱河問題については手遅れという見解を秘書の原田に語っている。

そして、陸軍の暴走に憂いの表情を浮かべた裏で、ほくそ笑んだのだ。

熱河作戦を危険視していた幣原元外相や牧野内大臣からしてみれば、西園寺が熱河作戦を陰で支援したとは思いもよらぬ出来事であった。

神兵隊事件

一九三三年（昭和八）七月十一日、朝早く木戸から原田に電話がかかってきた。

「大日本神兵隊」によるクーデター未遂の知らせである。主犯格は愛国勤労党の天野辰夫、大日本生産党の鈴木善一《ぜんいち》。陸海軍の青年将校も参加しており、皇道派首領の荒木貞夫暗殺計画があったことから、陸軍統制派も深く関与した模様。首相のほか、政財界の要人を暗殺し、戒厳令を布いて天皇親政の内閣の誕生を目論んだものの、決行日前日に逮捕されている。

およそ、七年後。一九四〇年（昭和十五）八月二日。

「神兵隊事件」の公判証人としての出廷要請である。

事件の被告たちが「四人（眞崎大将、徳富猪一郎〔貴族院議員。東京日日・大阪毎日新聞社長〕、白鳥大使、原田熊雄）の証人出廷を希望しており、望みがかなえば裁決を受ける」と申し出ているという。

司法次官の三宅正太郎は、七年にわたる公判に決着をつけるためと原田に懇願した。

ちなみに被告たちの原田に対する喚問は、原田の雇い主である西園寺公望に関する件であった。

こうして原田は八月六日、午前九時半より十一時半まで大審院の法廷に出席している。

「西園寺閣下には忠誠心がなく、国家に対して不誠実である」

被告たちは気勢を上げた。

西園寺が関東大震災の時、宮中に参内しなかったこと。

大正天皇が病気の時、葉山に見舞いに行かなかったこと。

皇太子の誕生を祝いに行かなかったこと。

原田にとっては付き合いきれない水準の低い指摘ばかりであり、西園寺への罵倒にすらなっていなかった。

まともな指摘だったのは、西園寺の親英主義的な態度についてである。現況の政局不安は親英主義の内治、外交にあるというものだが、原田は何も知らないと返答している。

仮に西園寺が親英主義者であるなら、彼らは日本が英国と戦争することについて頑強に反対したはず。ところが……である。

「神兵隊事件」の被告らは、西園寺の真の狙いを予想すらできなかったのだ。神兵隊事件の発覚後もクーデター計画は頻発したが、西園寺はなんの手立ても講じていない。軍の暴走を切望している西園寺にとり、クーデターは大歓迎であったのだ。実行者たちはそのことを知らず西園寺の掌の上に乗せられていたのである。

近衛文麿の渡米

近衛文麿は木戸内大臣秘書官と原田にアメリカ行きを告げる。留学していた長男・文隆《ふみたか》の卒業式参列が表向きの用件である。

一九三四年（昭和九）五月四日夜、住友別邸で送別会が開催され、近衛は五月十七日に横浜からアメリカに向けて出発した。

実は、近衛には秘密の任務があった。アメリカ行きの話が首相や外相に伝わると、非公式ではあるが、アメリカの高官たちと会談してきてほしいと打診されたのである。もちろん、近衛は了承した。

政府軍部中枢の思惑としては、会談の相手はトップ・オブ・トップが望ましい。前年末に就任したばかりの米大統領が、どのような人物かを探る必要があった。

フランクリン・D・ルーズヴェルト、アメリカ第三十二代の大統領である。

彼が就任した一九三三年、アメリカの景気はどん底であった。事態打開の手立てが、ニューディール政策。ルーズヴェルトは事業を起こし、失業者を救っていった……これが新大統領の〝表〟の顔である。

彼には〝裏〟の顔があった。

ルーズヴェルトは就任するや、ソビエト連邦を承認し、一九三三年十一月に開始されていた第二次五カ年計画への協力を表明する。

ルーズヴェルト大統領の使命は、ソ連邦の擁護、レーニンの「敗戦革命」の実行であった。そのために政権中枢にソ連のスパイをおいていた。

二つの顔を持つ新しい大統領。

このような使命を背負わされている大統領と、日本の中枢部とは相容れるはずもなかった。

帝人事件と斎藤内閣の崩壊

一九三四年（昭和九）四月二十五日、枢密院議長の倉富勇三郎が体調不良で辞表を提出した。倉富は後任に平沼騏一郎副議長を推薦している。

天皇は右傾化を懸念しており、西園寺はその意向を受けて平沼の議長就任に反対する。

結局、新枢密院議長には西園寺の推挙により、一木喜徳郎が任命された。この一件で、平沼は反政府的態度を一段と強めるようになる。

一九三四年（昭和九）四月十八日、台湾銀行の島田茂頭取、帝人の高木復亨《なおみち》社長、さらに河合良成《よしなり》、永野護《まもる》らの財界人が検事局に召喚される。五月十九日に大蔵省の黒田英雄次官が召喚収容され、二十日には大野龍太特別銀行課長など三名、二十一日には大久保偵次銀行局長が相次いで収監される。「帝人事件」である。

西園寺は秘書の原田を高橋蔵相のもとに遣わした。

高橋の見解は「平沼が倒閣のために若い検事（黒田検事）を煽っている」という見立てであったが、事が大きくなりすぎたため、内閣は辞職せざるを得ないと結論づけていた。

一九三四年（昭和九）七月三日、斎藤内閣が総辞職する。枢密院議長就任を阻止された平沼の意趣返しは成功した。

新首相の任命となれば、またぞろ西園寺の出番である。

陰謀劇の当事者であった平沼は、加藤寛治海軍大将を指名した。

木戸、牧野、鈴木といった宮廷側近は、岡田啓介を推薦し、斎藤前首相も岡田を支持した。

岡田啓介は海軍出身。連合艦隊司令長官、横須賀鎮守府司令官を務め、田中義一内閣では海相に就任、ロンドン軍縮条約の締結に奔走していた。

前陸相の宇垣一成の名前も挙がったが、西園寺は後継首相に岡田啓介を選んだ。

西園寺は再び平沼の企みを阻止したが、それ以上の追及はしていない。原田から斎藤内閣の辞任の経過も当然耳にしていた。平沼の行動は国家に対する反逆ともいえた。しかし、阻みはしたが、首を取ることまではしなかった。軍の暴走を期待する西園寺にとって、平沼らの謀略は歓迎するところであったからだ。

岡田啓介内閣の登場

一九三四年（昭和九）七月四日、西園寺は原田熊雄を伴って上京した。内大臣、宮内大臣、侍従長、「重臣」である高橋是清、清浦奎吾、若槻礼次郎、斎藤實、枢密院議長の一木喜徳郎と後継首相について相談し、岡田啓介海軍大将を天皇に推薦する。

実は、斎藤が辞任前に次期首相候補の名前を挙げていたと、西園寺は原田から聞いていた。その名が岡田である。

岡田啓介は、ロンドン軍縮会議で対立していた海軍部内をまとめて条約締結を推進した。そのような実績が首相指名の理由の一つであった。翌年には軍縮交渉が控えている当面の事情もある。

岡田で何度目になるのか、次期首相を天皇に推薦し、西園寺は夕刻、汽車で御殿場に帰った。西園寺はこうした首相の任命をはじめ、日本の議会制度に深くかかわってきたことから、「議会主義の守り本尊である」といわれることがある。

しかしながら、これはとんでもない嘘である。

仮に、西園寺が議会主義者であるなら、首相には議会の第一党である多数党の総裁を選んでいたはずだ。多数党から首相を選出する慣例は犬養毅の暗殺で終わっている。犬養暗殺後に首相になった斎藤實の前職は海軍大臣。政党とは何ら関係なく、西園寺の意向により時局の沈静化を目的として選ばれている。首相になった岡田啓介も斎藤内閣で海相を務めた海軍軍人であり、政党とは無縁である。

西園寺が議会主義者だという主張はまったくの嘘であることを知っておかねばならない。西園寺にとっては議会などどうでもよかったのである。西園寺は組閣に際して「どうも現在の政党の実質が悪いのだから、あまり政党には重きを置く必要はない」と原田に述べている。西園寺は政党を育てることに何の関心ももっていなかったのだ。

話はややそれるが、岡田啓介の長女と結婚した迫水久常《さこみずひさつね》。彼は首相秘書官を務め、一九三六年（昭和十一）、「二・二六事件」で反乱軍の占領する首相官邸から岡田を救出するのに貢献し、大蔵省理財局金融課長、企画院第一部第一課長、大蔵省総務局長、大蔵省銀行保険局長を歴任する。そして、敗戦寸前の鈴木貫太郎内閣で書記官長を務めた。一般的には「革新官僚」といわれるが、実は「敗戦革命」に協力した「赤」の官僚の一人であった。おそらく岡田啓介も娘婿から「敗戦革命」について聞かされていたのであろう。

◉東京興国神命党＝少年血盟団の「西園寺公望暗殺計画」

三月事件、十月事件、五・一五事件と革新的将校によるテロ事件が続発する。西園寺も彼らの標的の一人であった。ただし、西園寺が普段起居する静岡・興津の坐漁荘は東京より離れており、これまで平穏であった。

一九三四年（昭和九）十二月五日、午前九時二十分に坐漁荘の正門前に一人の少年が姿を現わした。

「西園寺公に会わせてくれ」

警衛中の巡査が立ちはだかると、面会を強要した。警官詰所に連行、逮捕し、少年の衣服を検《あらた》めた。懐には短刀と斬奸状《ざんかんじょう》が入っていた。

少年は「東京興国神命党」と名乗る団体に属しており、新聞記事で「血盟団事件」、「五・一五事件」の公判概況を知り、これに刺激された。仲間七人で、西園寺、牧野、鈴木政友会総裁、若槻民政党総裁、三井八郎右衛門《はちろうえもん》（三井財閥）、岩崎小弥太《こやた》（三菱財閥）を「暗殺目標」とし、一人一殺を決行すべく、匕首《あいくち》を買って準備したという。

西園寺を狙った少年の名は五十嵐軍太。

彼は「少年血盟団」の首領格で、二日前から興津に来て機をうかがっていた。「西園寺公を倒せば、その場で潔く自刃する決意であった」と自白した。

計画はずさんであったが、少年たちの一途な真剣さは憂うべきものであった。

軍人や右翼暴力団ばかりでなく少年までが暴走を始めた。革命軍人の暴走が、人として守らねばならない箍《たが》を外したのだ。

軍の暴走は、最終的に対米英蘭戦争に突っ込ませて大日本帝国を壊滅、そして「敗戦革命」を実現させる。

暗い目をした少年に思いをはせながら、西園寺は自らの陰謀が実現しつつあるのを感じていた。

●――ワシントン軍縮条約廃棄通告

一九三四年（昭和九）十月。

ロンドンで予備会議の始まるワシントン海軍軍縮条約改定問題は、岡田内閣の直面する最大の問題であった。

ところが、兵力量の決定は軍令部総長と大臣との協議の上で裁可を仰ぐことが前年に決まり、統帥事項に属すると認められていた。さらに、大角岑生海軍大臣の下、ワシントン条約に反対の立場をとる「艦隊派」の勢力が高級人事を独占しており、条約からの離脱で意思統一がはかられていた。岡田内閣は改定前に条約からの離脱を迫られることになる。

九月七日の閣議で、ワシントン海軍軍縮条約について廃棄通告が決定される。

天皇は条約の廃棄に対して抵抗の意を示す。軍部は天皇の態度の背後に、西園寺をはじめとする元老や重臣などによる海軍の軍拡路線を抑えようとする〝策動〟があるのではないかと疑惑を抱いた。

大角海軍大臣は、「勅命で海軍の希望を阻みでもすれば、一大事になる」と西園寺に伝えた。西園寺は天皇による統制を期待する発言をしたが、牧野や木戸は西園寺の提案を聞き流し、宮内大臣に上奏しないように念押しした。

西園寺は以後、積極的な発言をせず、結局、天皇もワシントン海軍軍縮条約の廃棄を認めた。ワシントン海軍軍縮条約の廃棄により、日本海軍は巨大な生産力をもつアメリカ海軍と軍備拡張競争を続けることになる。艦隊派の連中は大日本帝国の壊滅を強く推進した集団であったのだ。彼らは西園寺に騙されたのである。

条約からの離脱反対は、西園寺のポーズであった。

軍縮条約からの離脱が対米戦争を招くことになると西園寺が真に憂えるなら、条約廃棄に反対する「勅命」を天皇に願ったはずである。軍を統括する統帥権は天皇にあり、いくらでも反対の勅命を出すことができたはずだ。実際、艦隊派の連中は天皇の勅命を恐れていた。

ところが、勅命は出なかった。

なぜなのか。

もう、言わずともわかる。

それが「敗戦革命」への近道だったからである。日本軍の暴走を期待する西園寺にとって、軍縮条約の廃棄は歓迎すべき出来事であった。

●天皇機関説事件

「天皇機関説は国体に対する緩慢なる謀叛であり、美濃部《みのべ》達吉《たつきち》は学匪《がくひ》である」

一九三五年（昭和十）二月十八日、貴族院本会議で男爵議員の菊池武夫（予備役陸軍中将）が、同じく勅選議員の美濃部達吉（東京帝大名誉教授）の憲法学説を攻撃する弾劾演説をする。これ

ワシントン軍縮会議の全権大使。左から幣原喜重郎・加藤友三郎・徳川家達

迫水久常

美濃部達吉

を機に在郷軍人会、国家主義者、右翼暴力団、政友会など貴衆両院の右翼議員、軍部が「天皇機関説排撃運動」を展開する。

大日本帝国憲法の発布当時から、天皇の地位については論争がある。

天皇は国家の最高機関だが、天皇の大権は国家により制約されるので、天皇はそれを意識して政治に関与すべきであるという、枢密院議長・一木喜徳郎や美濃部達吉らの学説。

一方、統治権は神聖不可侵の天皇にあり、それは無制限であるとする東大の憲法学者・穂積《ほづみ》八束《やつか》や日露開戦を提唱した上杉慎吉《しんきち》の学説。

これら二つの学説が対立していた。

実は、官僚の間では天皇機関説が公認学説であり、西園寺はもちろん、天皇自らが天皇機関説を支持していた。

ところが、この天皇機関説を攻撃し、岡田内閣を追いつめ、天皇制独裁軍事国家を成立させる道筋をつけようとする運動が始まる。

天皇を神として崇《あが》め、統帥権をはじめとする権限をもって大陸を支配しようと目論む軍部・右翼には、天皇の大権が制約されるのははなはだ都合が悪かったからである。

一九三五年(昭和十)四月九日、美濃部の著書『憲法撮要《さつよう》』が発売禁止処分を受ける。八月三日、岡田内閣は陸軍などの天皇機関説排撃派をなだめるために、天皇機関説は国体に反するという「国体明徴《めいちょう》に関する声明」を発表する。

それでも美濃部は「学説を曲げるわけにはいかない」と断固とした態度を取り続けたが、不敬罪の告発を受けるに至り、九月八日、起訴猶予と引き換えに貴族院議員を辞任した。

その後も天皇機関説排撃運動は尾を引いて、岡田内閣は十月十四日、天皇機関説を排除するという第二の「国体明徴声明」を発表する。

西園寺は一連のこの運動は、平沼を中心にした右翼の陰謀であるとみなしていた。美濃部を罰すれば、天皇機関説派である枢密院議長の一木喜徳郎を追い落とせる。そして、副議長である自分が議長の後釜に座る。そんな平沼の企みが見え隠れしていた。

どちらにせよ、西園寺にとって軍部の暴走の促進されることは好都合であった。

牧野内大臣の辞任

牧野伸顕内大臣と一木枢密院議長の辞意表明は、直接には健康状態の悪化を理由にしたものであったが、その背後には政治テロの危険を含む右派勢力からの圧迫があった。

「君側の奸臣」とみなされた牧野を殺害対象としたテロ計画は、一九三二年（昭和七）より一九三六年（昭和十一）までの間に九件もあった（司法省刑事局「右翼思想犯罪事件の総合的研究」）。

牧野は日記に「神経痛」を三度記載している。一九三四年（昭和九）十月三十一日、木戸幸一内大臣秘書官長を通じて辞意を表明する。西園寺は現職に留まるように激励する。

一木は十二指腸潰瘍を患っており、夫人が亡くなったこともあり、一九三五年（昭和十）四月八日、木戸を通じて西園寺に辞意を表明する。一木は後任に平沼副議長の昇格を希望していたが西園寺はこれに強く反対し、一木に留任するように説得した。

西園寺は気弱になる二人をどうにか押しとどめたものの、一九三五年十一月になって、牧野と一木の同時更迭論が再燃する。

「今、辞めれば美濃部に対する攻撃で辞めたと思われる」

二人の辞任問題について、西園寺は両者の留任を熱望した。

結局、十二月二十日、牧野は正式に辞表を提出し、十二月二十六日、斎藤實が後任の内大臣に就任する。一方、一木は辞任を引き延ばしたが、平沼一派の攻撃が続き、一九三六年（昭和十一）三月に枢密院議長を辞任した。

さて、宮廷勢力を支えていた二人の辞任問題。

実は、牧野の辞任劇には裏があった。

辞任を積極的に推したのは、木戸幸一内大臣秘書官長であった。つまり、牧野は身内に〝刺された〟のである。

牧野は、国際的にも協調外交の維持が最優先事項と考え、中国大陸で列強の利権を無視する軍事行動を続ける軍部を統制することを重要な政治課題と認識していた。そのため、現行の内閣制度では軍部を抑制できない状況を打破すべく、国家意思を調整する機関を設置しようと考え、御前会議や重臣会議の開催を考えていた。

しかし、西園寺が木戸とともに牧野に立ちはだかった。

「互いに死ぬまでやろう」と励ましていた西園寺だったが、敵は味方のふりをしていたのである。

牧野は、西園寺と木戸のこうした思惑に気がつかなかった。二人にとって、牧野が邪魔になり、追放を決めたのである。

戯言のような辞任理由もある。

駐日英大使のハリファックス卿は、貞明皇后（大正天皇の后《きさき》）の異性関係について本国に報告している。牧野の内大臣辞任について、牧野と貞明皇后との間に肉体関係があったことを軍部が非難した、というのである。

内大臣を辞任した牧野伸顕。

それ以後、公式の役職には就くことなく、娘婿の吉田茂を中心に成立する「ヨハンセン・グループ」の一員として暗躍していく。

表舞台からの引退にあたり、ここであらためて牧野のプロフィールを紹介しておこう。

牧野伸顕は一八六一年（文久元）十月二十二日、薩摩国鹿児島城下加治屋《かじや》町に生まれる。明治維新の立役者の一人である大久保利通の次男。

一八七一年（明治四）十一月、岩倉遣欧使節団に随行。十一歳であった。牧野は翌年に西フィラデルフィア中学校（マントア・アカデミー）に入学する。この学校は宗教色の強い学校であった。

一八七四年（明治七）秋、帰国。その後、東京開成学校に入学、一八七六年（明治九）より東京帝大文学部和漢文科に入学する。一八七八年（明治十一）五月八日、父・大久保利通が暗殺され、十二月十七日、母・満寿子が病没する。そして一八七九年（明治十二）、大学を中退後、十二月十一日より外務省御用掛になっている。

さて、牧野のアメリカ滞在時期は史料によって異なっている。各人の記憶違いであろうか。『天皇の陰謀』の著書で知られる数学者・物理学者のディビッド・バーガミニは、「牧野伸顕も当時九歳でこの五十四人の少年の一人であった。牧野は合衆国にいた八年間をまるで苦い薬を飲む時のように従順かつ勇敢に耐え抜いた。そのためか、日本の人名辞典に以来提出して来た例年の記載事項からは、この間の出来事についての言及が必ず省かれている」と記している(『天皇の陰謀』)。

一八八四年(明治十七)十月よりマントア・アカデミーに入学した薩摩の同郷人である三島弥太郎。彼は家族宛ての手紙(一八八四年十月二十日付)で、「この学校には今日までよい人物ばかり入学しています。松方(幸次郎のいとこで当地で死にました)、大久保利和、牧野某(大久保の弟で、当地で初めて英語を学び、三年半ほどおられました)、村田某(村田新八の息子の由)などです」と記している(『三島弥太郎の手紙』)。

公式記録では、牧野は米国に二年間滞在している。ところが、バーガミニは八年間米国に滞在していたと述べ、三島は三年半滞在したと述べている。

この滞在年の食い違い。何か理由があるにちがいない。

牧野は回顧録で、「米国の滞在中の印象は子供時分でもあり特段ないが、フィラデルフィアの町はクエーカー教の平和主義的な雰囲気が強く、アメリカはとても平和で、ピューリタン主義の国という印象を受けた」と記している。

おそらく、牧野は三島が記した通り、マントア・アカデミーに三年半通学し、その後、四年半にわたってクエーカー教徒になるための勉学に勤しんだと愚考する。

フィラデルフィアには、クエーカー教徒によって創立されたハヴァフォード大学やスウォースモア大学がある。牧野は、これらクエーカー教徒の大学に進学し、在学中にクエーカー教徒になっていた。

そして、クエーカー教徒であることを隠蔽すべく、米国の滞在期間を「二年」にして、帰国後は開成学校に進学していたという経歴をでっち上げた。

一九〇六年（明治三十九）一月七日、第一次西園寺内閣が成立する。牧野は文部大臣に就任する。前職はオーストリア公使だった。

文部大臣になった牧野は、第一高等学校、現在の東京大学教養学部の校長にクエーカー教徒の教育家である新渡戸稲造を任命する。新渡戸は後藤新平に随行してオーストリアに行ったおり、オーストリア公使をしていた牧野に面会していた。

一高の校長になった新渡戸は、牧野の期待に応えて全国から集まってくる優秀な青年を信徒とし、クエーカー人脈を構築した。彼らは日本の国家権力の中枢に入り込み、大日本帝国の解体、そして敗戦後、米帝国の従属化政策に邁進した。

クエーカー教徒であった牧野伸顕。

大日本帝国の解体という大きな目的では、共産主義者の西園寺公望と通じていた。ただし、互いの思想は結局、相容れなかったのだ。かくして、牧野は公職から追放された。

◉――華北分離工作

一九三五年（昭和十）五月から六月にかけて、現地紛争の発生を機に支那駐屯軍および関東軍は、中国北部の五省（河北、山東、山西、察哈爾《チヤハル》、綏遠《スイエン》）を国民政府の支配から切り離すという「華北分離工作」に乗り出す。

一九三五年五月二十九日、支那駐屯軍酒井隆参謀長は国民政府北平軍事委員会委員長何応欽《かおうきん》に対して軍事的な圧迫をかけ、日本側の要求を呑ませた。六月十四日、支那駐屯軍司令官の梅《うめ》津美治郎《づよしじろう》と何応欽との間で「梅津・何応欽協定」が締結される。

この協定により、河北省全域から国民党勢力の一掃を実現した。

続く六月二十七日、「土肥原・秦徳純《しんとくじゅん》協定」が成立する。奉天特務機関長土肥原賢二少将と秦徳純察哈爾《チヤハル》省主席代理との間で合意した協定で、関東軍の軍事的圧力の下、察哈爾省から宋《そう》哲元《てつげん》軍を放逐する。

六月一日、広田弘毅《ひろたこうき》外相の代理として参謀本部を訪れた桑島主計《くわしまかずえ》東亜局長に対して、陸軍側はこう回答した。――こうした紛争は「軍司令の職権内の統帥事項」に属し、外務省の外交交渉による解決を認めず、関東軍と支那駐屯軍による「現地解決主義」の方針を採用する――。

岡田首相も、華北分離工作について容認する。

ところが、陸軍に下問していただけないものかと、天皇の介入を期待する声が外務省から上がった。天皇自身も御前会議の開催を提言していた。

西園寺は、御前会議の開催について、意見一致すれば開催すべきだが、事前に意見調整ができない限りは開催したところで意味はないと、暗に反対の立場を取った。

西園寺はあきらめたような言葉を吐いている。

「将来の政局、又現在の何等《なんら》か手を打つべきや等の問題は、考えれば考える程難しい問題で、是《これ》と云って策はないと思う……」(『木戸日記』一九三五＝昭和十年六月二十日)

西園寺は、日本軍の中国大陸侵略の暴走を阻止する方法はないと述べたのである。表立って、日中の全面戦争の突入を阻止する者はいなくなった。またもや、西園寺は陸軍の暴走を阻止できる天皇の力を行使するように奏上しなかったのである。

かくして、華北分離工作は日中全面戦争へとつながる火種になった。

眞崎教育総監の罷免

眞崎甚三郎教育総監は荒木貞夫陸相辞任後、皇道派の最高首脳として統制派と対峙したが、一九三五年（昭和十）七月、教育総監を罷免された。

突然の更迭人事は、陸軍大臣の裏切りである。

林銑十郎陸相は東京湾要塞司令官などの閑職にあったが、眞崎の手心人事で陸軍大学校長に栄転した経緯もあり、眞崎と顔を合わせるたび、感謝の言葉を述べていた。

眞崎は林の態度にこれまで裏切りなど微塵も感じずにいた。

それが……林との蜜月が突如、終わりを迎える。

林は内閣の後ろ盾もあり、眞崎の意向を公然と無視するようになったのだ。眞崎からしてみれば、林など無能の大臣である。実力もない林が眞崎や皇道派を無視するようになったのには、背後で糸を引く存在がいる。

統制派――。

林は統制派の領袖である永田鉄山軍務局長の手先になり、眞崎潰しに手を貸したのだ。

驚くべきことに、眞崎の更迭には天皇も口添えしていた。

「（眞崎は）参謀次長時代の熱河作戦、北支への進出などにおいて、朕の意向に反した」

また天皇は、関係者の多くが眞崎や荒木らの派閥を非難しているともいう。

天皇に嫌われる理由には思い当たる節もあった。

眞崎の悪口を天皇に吹き込んでいた人間の存在だ。

閑院宮載仁親王《かんいんのみやことひと》である。

眞崎は参謀次長として、参謀本部長の閑院宮載仁親王に代わって参謀本部を取り仕切っていた。皇族のトップなど所詮はお飾りであり、周囲も承知していたはず。しかし、これが閑院宮載仁親王にとっては面白くなかった。閑院宮は天皇に告げ口をした。天皇の眞崎嫌いは、当然の結果である。

二・二六事件後、眞崎は東京憲兵隊に召喚され、軍法会議で起訴となり、代々木の衛戍《えいじゅ》刑務所に収監された。それも一年二カ月間にもわたり、収監された。

長い投獄生活を余儀なくされたのは、勅命であったからである。

眞崎は知らなかったのだ。正確に言えば、嫌われていたことはわかっていたが、よもや、自分が邪魔な存在だったとは気がつかなかった。

皇道派の中心人物であった眞崎は、天皇の推進する「敗戦革命」にとっては厄介な存在だったのだ。そして、「朕の意向に反した」ため、眞崎は排斥されたのである。

一九三二年（昭和七）の上海事変の際、眞崎は停戦協定を結ぶと同時に撤兵を命じた。時の首相・犬養毅も即時撤兵して戦線の拡大を阻止した英断を強く支持している。

しかしながら、「敗戦革命」を推進する勢力にとって、眞崎は邪魔者でしかなかった。眞崎の収監後の一九三七年（昭和十二）七月七日、「盧溝橋《ろこうきょう》事件」によって日中戦争は全面戦争へと移行した。

中国で蒋介石軍との戦いに突入したことにより、眞崎はもはや邪魔者でなくなったのか、無罪釈放されている。一九三七年（昭和十二）九月二十五日に出た眞崎の無罪判決でも、「証拠不十分」とあり、眞崎が収監された理由は、事件とは関係なかったと読み解くことさえできる。

さて、眞崎の解放は用済みになったからであるが、近衛文麿の尽力があったことも記しておきたい。


二・二六事件後、岡田内閣が総辞職し、近衛に組閣の大命が下るが、近衛は体調不良を理由に拝辞した。健康上の理由は表面的なもので、その実、近衛と近かった眞崎や荒木といった皇道派の粛清人事が内閣の課題となることから気が進まなかったとみられる。

眞崎は釈放後、弟で事件後に予備役に編入されていた海軍少将眞崎勝次《かつじ》を伴い、近衛のもとへ挨拶に出向いている。

眞崎甚三郎の弟、勝次。

一九四二年（昭和十七）四月、佐賀県より衆議院議員に選出され、議員八十数名よりなる「八日会」という組織をつくっている。

この勝次と近衛をめぐるエピソードがある。

第二次近衛内閣成立時、元警視総監であった宮田満夫が勝次のもとを訪れ、「近衛に軍内部の陰謀について知っていることを話してほしい」と頼んでいる。

その折、勝次は次のように話した。

「組閣の際に陸軍軍務局の悪党数人を追放しなければ、結局、悪党に弄《もてあそ》ばれるだけだ」

勝次の進言を実行するのは難しいとの返答に、「それなら組閣しても何にもならない」と宮田は続けている。

勝次は日中戦争勃発当時に、悪党の存在に気づいていたようだ。「本事変は何ら理由のない戦いで一日も早く切り揚げないと結局世界戦争になり、日本は滅びる」と話している。さらに話すだけではなく上奏を試みるべく、当時の内大臣・牧野伸顕にその旨を依頼している。

勝次の上奏文は思わぬ人、秋月左都夫《あきづきさとお》との親交につながった。

秋月は、スウェーデン公使、ベルギー公使、オーストリア特命公使を歴任し、パリ講和会議の全権顧問である。また、秋月の妻・園子と牧野伸顕の妻・峰子はともに三島通庸《みちつね》の娘であり、牧野系列の人物であった。

勝次は牧野に渡した上奏文の写しを秋月に見せ、軍内部で起きている陰謀や悪党の存在を洗いざらい伝えた。それ以後、勝次は秋月と親しく付き合い、その縁で秋月の義理の甥にあたる吉田茂とも顔見知りになった。

一九四一年（昭和十六）、第三次近衛内閣発足以後、勝次たちは吉田茂の邸に集まって事変の収拾策を研究するようになる。近衛は皇道派の眞崎派が正しかったことを話し、真崎甚三郎を首相にすることを周辺に主張するようになる。

ところが、眞崎についての悪評は各所に行きわたっており、眞崎のような人物を推挙する近衛に対する風当たりが強まる。このこともあり、近衛は大東亜戦争中の三年四カ月にわたり、天皇への拝謁がかなわなかった。

一九四五年（昭和二十）二月十四日、近衛は天皇に上奏文を提出することになる。もちろん、上奏文の内容は、眞崎兄弟や吉田茂との研究の成果である。

永田鉄山軍務局長の暗殺

一九三五年（昭和十）八月の人事で相沢三郎は台湾歩兵第一連隊付予備隊に飛ばされることになる。完全な島流しであった。

八月二日、皇道派総帥の眞崎罷免に関する怪文書がまかれる。永田鉄山軍務局長が軍政を壟《ろう》断《だん》し、陸相を操縦し、私欲を満たすことに専念し、眞崎教育総監を罷免したと相沢は信じたのである。

台湾に赴任する前に国軍のために元凶を斬る――。

相沢は赴任していた広島・福山から上京した。

八月十二日の午前九時、相沢三郎は赴任の挨拶で訪れた陸軍省内で、永田鉄山を刺殺した。

八月十六日、西園寺は原田に面会した。原田は永田局長刺殺事件の顚末の報告に坐漁荘を訪れた。

少し硬い表情をした原田を前に、西園寺はひとりごとを述べた。

「こんなようなことがしばしば起こると、結局やはり、フランスやロシアの通った道を通らなければならんか」

これまで国内においては身の危険を考慮する必要はまったくなかった。

しかし、フランス革命でルイ十六世とマリー・アントワネットがギロチンにかかったこと、ロシア革命ではロマノフ王朝のニコライ二世一家が銃殺されたこともある。

心しておかねばならない。

暴徒だけでなく、我々の真意を知った者が刃を向けてこないとは言えない。

敵は内にいるやもしれない……。

西園寺は陸軍内部が派閥争いで殺し合いを演じていることを、我が身に顧みた。

第13章

二・二六事件

筒抜けの二・二六事件

一九三六年（昭和十一）二月二十六日、皇道派の陸軍青年将校に率いられた下士官兵約千四百八十余名が、岡田啓介首相、高橋是清蔵相、鈴木貫太郎侍従長、斎藤實宮内大臣、渡辺錠太郎教育総監、牧野伸顕前内大臣を襲撃した。

その結果、高橋蔵相、斎藤内大臣、渡辺教育総監が殺害され、鈴木侍従長は重傷を負い、岡田首相と牧野前内大臣はかろうじて難を逃れる。襲撃部隊はさらに朝日新聞社を襲い、首相官邸、陸相公邸、警察庁などを占拠する。

後世、「二・二六事件」と呼ばれる陸軍史上最大のクーデター事件。

「元老、重臣、軍閥、財閥、官僚、政党が国体を破壊する元凶であり、今こそ国体を破壊する不義の臣下を殺し、天皇を取り巻く悪臣を斬り捨てる」

青年将校は「昭和維新」を唱えて、国家改造に走ったのである。

だが、彼らに具体的な構想があったわけではない。当時の政権中枢にいた人々を排除することで政治腐敗の現状を打破し、青年将校らが信奉する皇道派の将軍たちを担いで、軍部による国家改造を断行するくらいのものでしかなかった。

元老は「誅戮《ちゅうりく》」の筆頭に挙げられており、西園寺は言うまでもなく、彼らの標的であった。

しかしながら、前日の二十五日。西園寺の襲撃計画は実行部隊である豊橋陸軍教導学校の青年将校の中から兵力使用をめぐる反対意見が出たために、西園寺のいる静岡・興津の坐漁荘襲撃は中止された。

西園寺は襲撃の対象とされたが、他方では蹶起《けっき》した当事者やその周辺から時局収拾を期待されていた。蹶起直前の二月二十二日は、「元老内閣をつくったらどうか」という声まで上がっていた。

西園寺内閣成立を唱えたのは、久原房之介《くはらふさのすけ》。

事業の成功により久原財閥を形成するまでに至ったが、第一次世界大戦後に経営難に陥り、義兄である鮎川義介《あゆかわよしすけ》に事業を譲って政界に転じ、田中義一内閣では逓信大臣を務めた男である。

久原は「二・二六事件」に際して右翼思想家の亀川哲也に資金五千円を与え、事件後に亀川を隠匿したかどで検挙された（一九三八＝昭和十三年五月、無罪放免）。

西園寺内閣を構想した者はほかにもいた。

東郷平八郎に傾倒し、『東郷元帥詳伝』を著わして「軍神」の偶像をでっち上げた元海軍軍人であり、宮内省御用掛の小笠原長生《おがさわらながなり》。

小笠原は、蹶起した青年将校の意思を生かした強力な内閣を成立させる必要があると考え、西園寺内閣を構想している。さらに閣僚人事についても述べている。海相に末次信正、陸相に眞崎甚三郎、内相に平沼騏一郎という皇道派内閣のプランである。

西園寺は殺害対象の筆頭でありながらも、なぜか事件の外にいる印象がして仕方がない。まるで、事件の勃発を知っていたかのような余裕すら感じる。

事件後、東京陸軍軍法会議に送致された人物の中に石原広一郎《いしはらひろいちろう》という男がいる。石原は青年将校らに渡した金が襲撃に用いられたとして、反乱幇助罪・反乱幇助予備罪で起訴されている。この石原広一郎の起訴と処分の見直しについて、西園寺の私設秘書の原田は、寺内寿一《てらうちひさいち》陸軍大臣と再三にわたってやり取りしていた。

原田は、西園寺のもう一人の秘書であった中川《なかがわ》小十郎《こじゅうろう》が石原を通じて反乱計画の情報を事前に入手していた可能性がある、と一九三七年（昭和十二）四月に証言した（昭和十一年、二・二六反乱事件不起訴『三二〇条告知記録』第六四巻「聴取書　正四位男爵原田熊雄」）。

西園寺の側近は事件の勃発を知っていた……。

ややこしい話ではあるが、日記からすると、西園寺の秘書である中川小十郎が事件の詳細をつかんでおり、事件後に同僚がそのことを告げ口しているのである。

その後、中川秘書に情報を漏らしたといわれた石原は無罪放免され、中川も従来通り西園寺のところに出入りし、秘書役を務めている。

久原房之助

小笠原長生

裏側で何があったのか詳細は不明だが、西園寺が中川から石原を通じて「二・二六事件」について、あらかじめ耳にしていたことは疑いない。

このような記述もある。

寺内は「鵜沢総明《うざわふさあき》（法学博士、衆議院議員〔立憲政友会〕、貴族院議員、明治大学総長）の話によると」と前置きし、「西園寺は二十五日に既に二十六日の事変を知っておられたそうだ」と述べたという。三月二十三日付の「原田日記」である（『原田日記』五巻、三六頁）。

不思議なことに、原田が事件を知っていたことはまず間違いないのだが、そのことは日記には綴られていない。都合の悪い事実は記載しないことにしていたのであろう。

蹶起軍の反乱が生じた第一報が宮中に伝わったのは午前五時半頃。

昭和天皇の第一声は「とうとうやったか」であった。「とうとう」という言葉に秘められている期待、待ちに待っていた事件が生じたのである。

天皇はただちに暴徒の鎮圧を命じる。木戸内大臣秘書官長も暴徒鎮圧を積極的に進言する。絶好の機会であった。

事件勃発の気配は、実のところ、西園寺をはじめ多くの方面が察知していた。何より憲兵隊は参加将校の情報を十分につかんでいた。事件勃発の一カ月ほど前から皇道派を中心にした関係者の電話盗聴をおこなっていたからだ。二月二十五日の事件前日までに、眞崎、斎藤、西田税、中野正剛、小笠原長生、内閣調査局の鈴木貞一大佐、山下奉文、北一輝、村上啓作陸軍省軍事課長などが盗聴されている。

「二・二六事件」が勃発する十六日前の二月十日、東京憲兵隊警務課長から旭川憲兵隊長に転任したばかりの森本五郎少佐が私用で上京した際、東京憲兵隊長である坂本俊馬にこう洩らしている。

「青年将校がだいぶ動いていてあぶないらしいですぞ。ともかく、歩一（歩兵第一連隊）では山口大尉、歩三では安藤大尉が周番司令をつとめるときに注意することですな」

蹶起が最初に組織的に決定されたのは、この二月十日の夜、歩三の将校集会場での謀議によってであった。森本五郎少佐は「二・二六事件」の中心に動いている村中孝次と親しかったと言われている（村中孝次は「十一月事件」で検挙され、停職処分にされている。その当時、村中孝次大尉は歩兵第二十六連隊大隊副官であった。その後、村中は皇道派の立場寄りの文書を頒布したため免官処分になる）。

まさに「二・二六事件」に関する最新情報は筒抜けになっていた。

坂本大佐の調べによると、山口と安藤の両名が周番司令を勤めるのは二十二日（土）から二十九日（土）までと判明する。夜間は連隊長が不在のため、周番司令は「夜の連隊長」とも呼ばれる。連隊単位で配置され、各部隊長が一週間単位で輪番でつとめる。土曜日の正午から次の土曜日まで部隊に泊まり込む第一線戦闘部隊の要である。

「二・二六事件」が勃発する一週間前の二月十五日、憲兵司令部庁舎一階にある麹町分隊の特高課小坂慶助軍曹は、三菱本社秘書室に呼び出される。日頃から情報交換し合っていた元警視庁丸の内署特高主任だった秘書室員である中村喜三郎より、

「昨晩、赤坂の料亭・鳥末で第一師団の青年将校四名が食事をしていた。その一人の栗原中尉が二十六日朝、重臣を襲撃する話をしていた」

と伝えられる。四名とは歩兵第一連隊栗原安秀中尉、歩兵第三連隊安藤輝三大尉、磯部浅一元一等主計、村中孝次元陸軍歩兵大尉である。

憲兵隊は「二・二六事件」関係の青年将校のブラックリスト、そしてかれらの集まる料亭を知っており、青年将校の尾行もおこなっていた。

蹶起を待望していた者たち

なぜ、憲兵隊は青年将校たちを事前に拘束しなかったのか。事前に参加する青年将校を拘束

戒厳本部

国会議事堂付近に派遣された戦車隊

昨早暁一部青年將校等
各所に重臣を襲撃
內府、首相、教育總監は卽死
藏相と侍從長は重傷

【二月二十六日午後八時十五分陸軍省發表】本日午前五時頃一部青年將校等は左記個所を襲撃せり

△首相官邸（岡田首相卽死）△齋藤內大臣私邸（內大臣卽死）△渡邊教育總監私邸（教育總監卽死）△牧野前內大臣宿舍湯河原伊藤屋旅館（牧野伯爵不明）△鈴木侍從長官邸（侍從長重傷）△高橋大藏大臣私邸（大藏大臣負傷）△東京朝日新聞社

これら將校等の蹶起せる目的はその趣意書によれば內外重大危急の際元老、重臣、財閥、軍閥、官僚、政黨等の國體破壞の元兇を芟除し以て大義を正し、國體を擁護、開顯せんとするにあり、右に關し在京部隊に非常警備の處置を講ぜしめられたり

人心に動搖なし

首相代理に後藤內相

二十六日午後後藤內相は左の如く首相臨時代理を仰せ付けられた
午後六時內閣より發表された

事件を報道する新聞

アドバルーンで帝都上空に掲げられた勅命

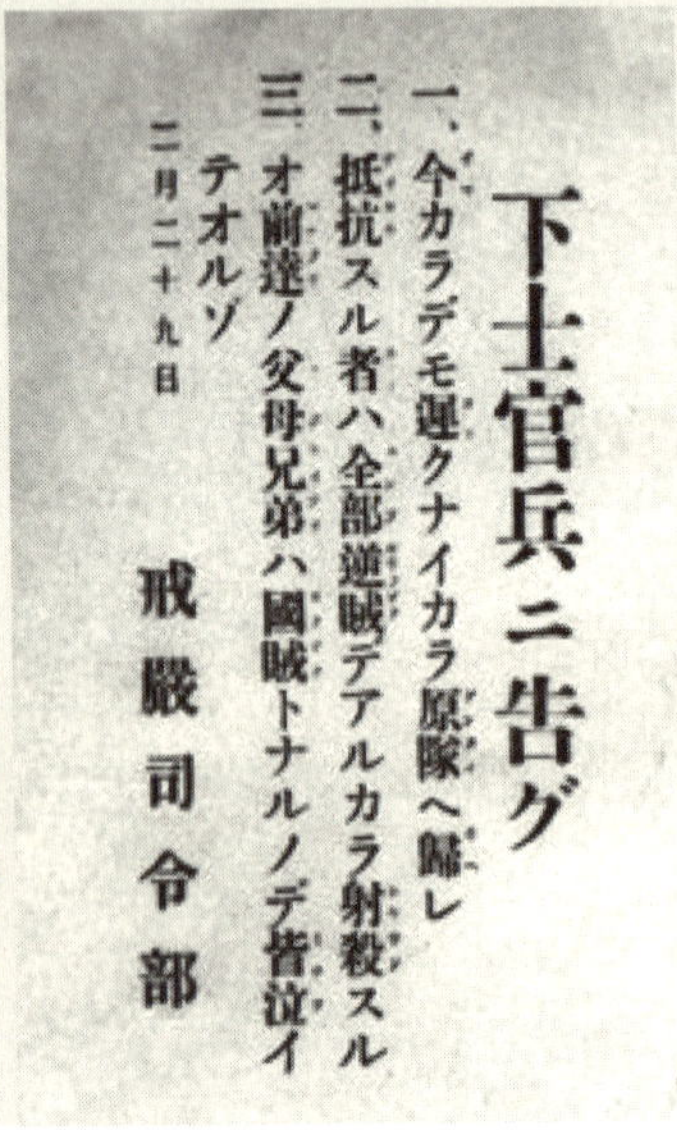

下士官兵ニ告グ

一、今カラデモ遅クナイカラ原隊ヘ歸レ
二、抵抗スル者ハ全部逆賊デアルカラ射殺スル
三、オ前達ノ父母兄弟ハ國賊トナルノデ皆泣イテオルゾ

二月二十九日　戒嚴司令部

叛乱兵に投降を促すビラ

していれば「二・二六事件」は起こらなかった。

天皇は「二・二六事件」の起こることを待っていた。

西園寺と木戸幸一も同様に「二・二六事件」の起こることを待っていた。

「二・二六事件」に参加した青年将校は皇道派に属している。皇道派は対ソ戦に備えて、中国大陸で蔣介石軍と戦うことに反対していた。皇道派が陸軍内で勢力を伸ばす限り、蔣介石との全面戦争への突入は難しい。そこでクーデター事件を発生させて皇道派を追放し、統制派が陸軍の権力を握ることによって国民党軍と戦争をおこない、毛沢東率いる共産軍を後援する。また、国民党軍との抗争によって、日本軍はソ連に対して戦いを仕掛ける余裕がなくなり、ソ連共産党にも好都合となる。

西園寺らは事件によって〝一石二鳥〟を狙ったのだ。

皇道派の粛清により、「敗戦革命」の成立に、また一歩近づいた。

悲劇だったのは、蹶起した青年将校たちである。

彼らは天皇陛下のために立ち上がった。少なくとも、そう思っていた。

ところが、戒厳令を布かれて鎮圧された。

青年将校の思いは、天皇によって否定された。

青年将校は気づいていなかった。天皇をかついでいるのは公家集団であり、決して軍人ではない。公家集団に代わって軍人にかつがれることを天皇はかたくなに拒むのである。このことを理解せず、天皇をいただき軍事政権をつくろうとした。失敗は火を見るより明らかだった。

九月二十五日、反乱幇助の罪により禁固十三年を求刑されていた眞崎甚三郎陸軍大将に急転直下、無罪の判決がなされた。これにより軍法会議は、青年将校ら十九名の処刑を終え、すべての審理が終了する。

「二・二六事件」の背景には、腐敗堕落の政界、財界、軍閥権力層に対して革新の銃口を向け、反省を促す純粋な青年将校の動機があった。

しかし、動機は軍閥の権力闘争に利用され、純粋な青年将校は死刑宣告を受けた。

彼らを利用した連中は、より私利私欲の道を推進していき、国民はより悲惨な状態に追い込まれていく。

「二・二六事件」において、昭和天皇を信奉する青年将校が殺された、しかし、反乱軍は決して天皇の弑逆《しぎゃく》は試みていない。後年、昭和天皇が対米英蘭戦争に突入することに反対しても天皇を殺しに行く軍人はいない。皇国史観で教育を受けた軍人の中で天皇を殺そうとする者は皆無であった。

第14章

広田弘毅と吉田茂

●広田内閣誕生

一九三六（昭和十一）年二月二十七日夕刻、岡田啓介は秘書官らの努力によって弔問客にまぎれて首相官邸から脱出する。岡田は翌日に参内し、全閣僚の辞表を提出した。湯浅倉平《ゆあさくらへい》宮内大臣、木戸幸一内大臣秘書官長、一木喜徳郎枢密院議長、広幡忠隆《ひろはたただたか》侍従次長の四人が後継首相の選考手続きを協議する。天皇が下問を求めていると侍従次長から私設秘書の原田に連絡があった。

三月二日、西園寺は厳重な警戒態勢の中を上京し、宮内省に到着する。西園寺は次期首相について一木と湯浅、そして木戸と相談する。

一木は平沼騏一郎、木戸は近衛文麿を推していた。

西園寺の平沼嫌いは、相も変わらず、次期首相に近衛を奉推することに決めた。四日、西園寺は近衛と宮内省で面会する。近衛は軍部の受けもよく、政財界の信用もあった。また、四十六歳と若くもある。衆目一致の登用であった。

しかし、近衛は健康上の理由で固辞した。

組閣の大命を拝辞した近衛が宮中を去った夕刻、一木、湯浅、広幡の三人が食卓を囲んだ。

「二・二六事件」が起きてから一週間余りが過ぎたというのに、新内閣の目途が立たない。三人の間に重い空気が流れた。

そんな空気を破るかのように、寡黙な一木が口を開いた。

「広田さんなら？」

一木は堰を切ったように続けた。

「ソ連大使の経験もあるから、ソビエトとの関係もうまく築ける」

枢密院議長の突然の申し出だった。

「二・二六事件」で蹶起した青年将校は、ソ連との戦争を懸念していた。最前線に赴任する将校たちも多くいた。緊張を強いられる第一線にありながら、日本の装備はソ連に比べて格段に劣っており、対ソ戦に対する立ち遅れに、将校たちは強い焦燥感を持っていた。

そのようななか、ソ連との調整役を期待できる人物の首班指名は、青年将校の危機意識に応えることにもなり、一挙両得の新首相候補であった。

湯浅、木戸の同意を受け、西園寺も賛成した。

三月五日、西園寺は軍部両大臣を個別に招いて、軍部寄りの後継首相を出す意思はないことを確認し、軍部内の情勢を聴取した上で広田弘毅を後継首相に推薦する。

広田弘毅は外交官領事官試験に合格、外交官補に任命される。同期に吉田茂がいる。一九三三年（昭和八）、斎藤内閣の外務大臣に就任した。妻は頭山満《とうやまみつる》率いる玄洋社同人の月成功太郎《つきなりこうたろう》の次女である。

三月五日、広田は組閣の大命を受け、ただちに吉田茂を参謀として組閣に着手し、早くも翌日、その顔ぶれを発表した。

当時の一流メンバーを揃え、広田の理念である「議会政治尊重」が前面に出た政党と官僚の混合内閣であり、世論の評判もよかった。

しかし、この人選に陸軍が難癖をつける。

六日、午後二時四十分に陸相候補の寺内寿一が組閣本部に乗り込んで、入閣辞退を広田に申し出た。寺内寿一は辞退の申し出とともに陸軍の要求を公表する。

「新内閣は……依然として自由主義的色彩を帯び現状維持、または消極政策により妥協退嬰《たいえい》を事とするごときものであってはならない。積極政策により国政を一新することは全軍一致の要望であって妥協退嬰は時局を収拾する所以にあらず……」

軍を主軸とする国防国家体制の確立を急げと、まず〝お題目〟を述べてから具体的な要求を突きつけた。

外務大臣・吉田茂は重臣の牧野伸顕の女婿である、商工大臣・中島知久平《なかじまちくへい》や内相・川崎卓吉《かわさきたくきち》は政党色が強すぎる、司法大臣・小原直《おはらなおし》は天皇機関説に対する態度が甘い、拓務大臣・下村宏は自由主義の朝日新聞副社長である、などの理由を楯にして、陸軍は〝不同意〟との意思を表明してきた。

八日午後、寺内は海相候補の永野修身《ながのおさみ》大将と連れ立って組閣本部に顔を出す。ここで、寺内は非常時局打破の国策樹立に関する要望書を提出する。

対外政策として、東亜における帝国の指導権の確立。ソ連の極東に対する進出を断念させること。中国を欧米依存より脱却させ、反日満の態度を親日に転向させること。また対内政策としては軍備の充実、国民生活の安定、国体明徴、経済機構の統制、情報宣伝の統制強化を進めること、などである。

「東亜における帝国の指導権の確立」とは、東アジアをすべて占領すること。「ソ連の極東に対する進出を断念させる」とは、ソ連と戦争して勝つこと。「中国を欧米依存より脱却させ、対反日満の態度を親日に転向させる」とは、中国を占領して反日の民衆を親日に転向させること。このような出来もしないことを、よくぞ要求したものである。陸軍は理性的判断力を失ったとみなしても仕方があるまい。

寺内はさらに昭和十二年度から二十年度まで陸軍予算として八億円を要求する。これに対して広田は、ただちに同意はできないが「軍備の充実については努力する」と答えてしまう。

それでも、陸軍は承知しなかった。「政党よりの入閣者は一名」でなくては了承しないと、広田に詰め寄った。広田としても政友会・民政党両党に対して二名の入閣を約束しており、ここばかりは譲れない。己の理念もあった。

広田は反撃に出た。

軍部が組閣を阻止したということを明朝の新聞に発表すると、今度は広田が寺内に詰め寄った。

一触即発の駆け引きだった。

広田は組閣断念に追い込まれながらも、ようやく親任式を迎える。

広田首相は外相兼任、司法相・林頼三郎《はやしらいさぶろう》、拓務相・永田秀次郎、内務相・潮恵之輔《うしおしげのすけ》（文相兼任）、商工相・川崎卓吉、農林相・島田俊雄、逓信相・頼母木桂吉《たのもぎけいきち》。

吉田茂の作った閣僚名簿から変更がなかったのは、陸相・寺内寿一、海相・永野修身、蔵相・馬場鍈一《ばばえいいち》だけであった。

難航した挙げ句、誕生した広田内閣の手始めの仕事は「粛軍」となった。組閣を阻んだ陸軍への意趣返しのようにも見えるが、粛軍は新陸軍大臣も望んでいた。

さらに言うならば、寺内陸相を突き上げる統制派の若手将校による人事刷新であった。林銑十郎、眞崎甚三郎、荒木貞夫、阿部信行、西義一《にしよしかず》、植田謙吉、寺内寿一の大将が予備役編入願を出し、陸相・川島義之、侍従武官長・本庄繁、関東軍司令官・南次郎も辞表を出した。しかし大将が全部退任しては後任に困ることから、西が教育総監、植田が関東軍司令官、寺内が陸軍大臣になることにし、他の七大将が退任した。

陸軍部内における下剋上の気風が、ここに来て突風のように吹き荒れていたのである。

陸軍は三月および八月の異動で、「二・二六事件」の責任者および派閥の頭目とみられる第四師団長・建川美次、近衛師団長・橋本虎之助、第一師団長・長堀丈夫、台湾軍司令官・柳川平助、陸軍大学校長・小畑敏四郎、朝鮮憲兵隊司令官・持永浅治、豊予要塞司令官・平野助九郎、野戦重砲兵第二連隊長・橋本欣五郎、第九師団長・山岡重厚を予備役に追い込んだ。

こうして陸軍中枢は統制派の若手将校が牛耳ることになる。「二・二六事件」というクーデターを逆手に取ったクーデターといってもよい。

「統制派」のリーダーといわれた永田鉄山。永田が陸軍省軍務課長時代に書いた「皇政維新法案大綱」は、統制派若手将校への革命の檄文《げきぶん》である。

天皇主権によって、一切の政党を禁止し、既成の言論機関を閉止し、全国に戒厳令を布告し、憲法を停止し、両院を解散し、資本の私有を禁止して無償で国有とする、という檄文の内容は、共産主義とまるで変わらない赤化思想であった。

一九三六年（昭和十一）六月に決定された「国政刷新要綱案」と「国政刷新要綱案別冊」がある。どちらも陸軍省の秘密資料だ。

本要綱案策定に当たる根本方針

一、国体の精華に基づき、一君万民、挙国一体各々その所を得て、以て皇謨《こうぼ》〔天子が国をおさめるはかりごと〕を翼賛し、天業の恢弘《かいこう》〔広くひろめる〕を期す。

二、国運の進展に即応する綜合国力の増進を目的とし、広義国防の完璧を期す。

三、功利主義、個人主義、自由主義の弊害を是正一洗し、道義立国の大精神に則り、国家公共のため、犠牲心の発揮を基調とす。

而して、更始一新の実現を為すによりては、因縁情実を排し、且つ社会に大なる不安動揺を与うることなく、緩急序を履《ふ》むものとす。

文面に共産主義をじかに示すような文字はないが、共産主義の思想がちりばめられているのがわかる。国を共産国家に少しずつ近づけ、思想統制を実行しようとしている。陸軍内部は共産主義者によって支配されていたのだ。

陸軍省兵務課の課長（後に局長）であり、陸軍内部の思想傾向と外部との関係に深い知識をもっていた田中隆吉は、「武藤章軍務局長を中心とする政治軍人の背後には共産主義者の理論指導があり、軍閥政治軍人は共産主義者の巧妙にして精緻なる祖国敗戦謀略に躍らされた」と述べている。

「赤」の武藤章は軍務局長になるや、左翼の転向者をブレーンとして重用している。陸軍省の部局にも転向共産主義者が召集将校として起用された。「赤」の転向者は、満鉄をはじめ国内外の重要機関に入り込み、日本の共産主義化の推進に参加していった。また、武藤は朝日新聞社記者の尾崎秀実《ほつみ》に軍の機密情報を積極的に流していた。

新陸相の寺内寿一は、こうした事態にまるで気づいていない。彼は青年将校の意図を推進する〝ロボット大臣〟と化していたのだ。

寺内寿一は凡庸にしてわがままな性格であり、しょせんお坊ちゃんにすぎず、将帥の器ではない。陸士第十一期生で陸大を出ているが、中将昇進まで中央の要職を占めたことはなく、地方の旅団長、朝鮮軍参謀長、独立守備隊司令官を勤め、予備役になるところを長州閥の余光と親（寺内正毅総理大臣）の七光りで、第五師団長、ついで第四師団長に任じられ、ついには台湾軍司令官に栄転する。

一九三五年（昭和十）十二月、軍事参議官として中央部に戻り、大将候補者となったところに「二・二六事件」が生じた。事件で一人の大将が殺され、七人の大将が現役から追われ、寺内は〝棚からぼた餅〟で陸相の椅子につくことになる。軍政家的な素質もなく、偶然の運命から陸相に任じられたラッキーボーイにすぎない。

兵を統率する能力の欠如した男が陸軍を指導することになったが、無能であればこそ、「敗戦革命」を推進している西園寺たちにとっては好都合なことであった。

吉田茂の離反

広田弘毅内閣の組閣に協力し、外務大臣に就任予定だった吉田茂。陸軍の横やりで私案が反故《ほご》にされ、吉田自身も外相になれずに終わった。

吉田は軍部の横暴ぶりに怒り、固く誓った。

——軍部を潰してやる。

吉田は広田内閣誕生後、駐英大使としてロンドンへの赴任を命じられた。自身の右腕として、吉田は前スウェーデン公使の白鳥敏夫を参事官にと望んだ。

白鳥敏夫は一九三〇年（昭和五）、外務省情報部長に就任、満州事変で書記官長の森恪《もりつとむ》、陸軍の鈴木貞一中佐と協力して国際連盟脱退を主唱した。

一九三六年（昭和十一）六月二十四日、吉田はロンドンに着任する。現地には吉田をサポートする二等書記官の寺崎太郎がいた。彼はクエーカー教徒である。

ちなみに敗戦後、寺崎太郎は吉田の下で外務事務次官を務める。寺崎の弟で兄と同じクエーカー教徒の寺崎英成はマッカーサーと昭和天皇の間のメッセンジャーとして活動すべく宮内省御用掛に任じられている。

一九三七年（昭和十二）十月十七日、原田熊雄は松平慶民式部長官と会い、吉田駐英大使が日英親善に努力している様子を聞いている。

一九三八年（昭和十三）二月一日、原田は外務省に広田を訪ねた。

「日本政府の外交方針は、イギリスの利益を傷つけるようなことは絶対にしない。イギリス側との親善関係はますます増進していくつもりであるから、万が一戦局がさらに進んでも、イギリスの利益を侵害する気は無論ない」

広田の頭にあるのは、かつての日英同盟のように親密な関係の復活であったのだろうか。日本の外相は、世界情勢、特にユダヤ人・ロスチャイルド閥を頭目とする国際金融マフィアの世界戦略について、あまりにも無知であった。

共産主義国家ソ連を守ること、そして、資本主義国家間を敵対、戦争させ、国力を消耗させた後に共産革命を起こさせるというレーニンの「敗戦革命」。アメリカ帝国にはドイツ帝国と大日本帝国と戦争させ、ヒトラー政権、そしてヒトラーと同盟を結ぶ大日本帝国の壊滅を目指す。

これこそ、ルーズヴェルト大統領の究極の狙いであり、イギリスを巻き添えにすることに少しのためらいもなかった。

もちろん日本国民にとっては不幸なことだったが、「敗戦革命」を推進している面々からすれば、世界情勢、そして国際金融マフィアの世界戦略について疎い人物が首相や外相になっていることは好都合なことであった。

一九三八年（昭和十三）五月十二日、西園寺は吉田からの手紙を受け取った。チェンバレン首相の周囲は、できるだけ早い日支間の紛争の解決を望んでおり、日本政府もこれに応えるべきと、西園寺に口添えを願う内容であった。

西園寺に対して影響力を期待しているとすれば、吉田の判断は誤っている。西園寺は軍部が暴走することを期待しており、日支間の紛争の解決は望んでいない。吉田は、西園寺らが天皇制共産主義国家を目指しているのを知らなかったようだ。

後年、西園寺が吉田の行動について語っている。

「吉田の考えは、我々とちっとも違わんじゃないか」

目的は違えども、目指すところは一緒だったということであろうか。

敗戦後、ＧＨＱの参謀第二部（Ｇ２）民間情報局（ＣＩＳ）は、「吉田茂は、一九四六年（昭

広田弘毅

寺内寿一

田中隆吉

吉田茂

武藤章

植原悦二郎

和二十一）一月四日付の連合国軍最高司令官（SCAP）指令（公職追放令）の付表（公職追放者）のG項第三節に該当する」との秘密メモを作成していた。

G項第三節とは、「日本の侵略計画において政府で積極的かつ主要な役割を演じた者、あるいは演説、著述、行動により自らが軍事的国家主義および侵略の積極的な主唱者となった者」とある。

CISの秘密メモで問題にされたのは、吉田が一九二七年（昭和二）に開かれた「東方会議」のリーダーの一人であったことだ。

「東方会議で日本のアジア膨張主義計画が始まった」と秘密メモは明記している。

当時の首相は田中義一。田中は外相を兼任していたので、事実上外務省を牛耳っていたのは外務政務次官で政友会の有力者、森恪だった。吉田は当時、奉天総領事で、いわゆる「満州経営」に積極的に従事していた。

秘密メモは、田中内閣の外交政策に関与したトップを森恪、吉田茂、植原悦二郎《うえはらえつじろう》（外務参与、政友会衆議院議員）の三人と指摘している。「三人が田中内閣の外交政策を決定し、実行した。三人は親しい友人」とも明記している。

森は東方会議の五年後に病死したが、植原は第一次吉田内閣の国務相などを務め、吉田の盟友であり続ける。

東方会議とは、中国政策に関係した外務省、陸軍、関東軍の中央と出先機関のトップを集めて一九二七年（昭和二）六月二十七日から七月七日まで開かれた会議であり、最終日に、田中首相兼外相は「満蒙特殊権益」の確保を目的とした方針を示した「対支政策要綱」を発表した。CIS秘密メモに「会議をリードした者は、森恪、吉田茂、植原悦二郎」とあり、当時、吉田は対中国タカ派の代表格であった。

翌一九二八年（昭和三）、駐米大使に転出した出淵勝次《でぶちかつじ》の後任の外務事務次官に、奉天総領事であった吉田茂を任命した。CIS秘密メモは、この人事は「異例の抜擢だった」とわざわざ下線を付して指摘している。

さらに、田中内閣で成立した治安維持法の中に死刑条項が設けられたことについて、CIS秘密メモは「吉田が関与した」と記している。治安維持法は、東方会議で決めた拡張主義政策を展開するのに備えて「リベラルの思想を抑圧するのが目的」だった、と記載されている。

つまり、吉田茂はその対アジア強硬姿勢を評価されて昇進した。よって、敗戦後には吉田の戦争責任を問い、公職追放すべきだというのが秘密メモの趣旨なのだ。

この秘密メモは握り潰されて、日の目を見ることなく、吉田茂は一線から退くことなく、それどころか、首相に昇りつめた。吉田は白洲次郎を参謀第二部のチャールズ・ウィロビーのもとに送り、ウィロビーの傘下の民間情報局でCISの文書編集部長であるポール・ラッシュを味方につける。白洲次郎はラッシュに多額の賄賂を贈り、ラッシュは吉田茂の秘密メモをウィロビーに破棄させることに成功した。

吉田茂は救われた。

吉田茂は自叙伝『回想十年』では、「在満一年半の後、帰朝し、昭和三年の暮、出淵（勝次）君の後に、外務次官となった」と述べるのみである。また、「ヨハンセン・グループ」については、まったく触れていない。

回想録や伝記には都合の悪いことは記載しない。このことを十分に理解しておかないと真の歴史はわからないことになる。

第15章

西園寺死す

平沼騏一郎の枢密院議長就任

「二・二六事件」発生直後の時期から一木喜徳郎枢密院議長が、再び辞意を漏らし始めていた。一木は十二指腸潰瘍を患っており、「血便が出た」と弱音を吐いては、辞任を口にしていた。西園寺は一木の申し出を突っぱね、「倒れるまで務めるように」と励ました。

このような経緯で一木は留任したが、今回の辞任は避けられそうもなかった。一木と同じく、体調不良を理由に牧野伸顕内大臣も前年に退いており、今度ばかりは無理も言えなかった。ただし、一木の引退理由が本当に健康上なら仕方はないが、何やらきな臭いのだ。何しろ、一木が推す後任がよくない。またぞろ、平沼の名前が挙がっていた。西園寺が何度も強く拒んだ男である。

一九三六年（昭和十二）三月二日、西園寺は木戸幸一内大臣に会うと、平沼騏一郎副議長の昇格論に反対した。しかし、西園寺は三月十一日に平沼の昇格を、ついに認めている。この経緯についての詳細は残されていない。西園寺にとってはおもしろくない人事だし、これまでも頑なに拒み続けてきた。ここにおいて、妥協した理由は一つしかない。自分たちの革命にとって損か、得かである。

右翼暴力団と密接な関係にある国家主義者が枢密院議長になることは、そう悪くないかもしれない。「二・二六事件」のようなクーデターが再び起き、これまで以上に軍部が暴走するかもしれない。平沼に恩も売れる。

　こうして西園寺が反対し続けていた男に枢密院議長の座が与えられることになる。

軍部大臣現役武官制の復活

　広田内閣の成立から一カ月ほどが経過した頃、陸軍から提起があった。

　軍部大臣現役武官制の復活である。

　文字通り、陸海軍の大臣は現役の大将・中将に限定するという制度であり、一九〇〇年（明治三十三）に施行されたが、一九一三年（大正二）、山本権兵衛内閣の時に廃止されて以降、陸海軍大臣の任命は予備役などの非現役までが可能となっていた。もっとも、現役ではない将官が軍部大臣に就任したことは、それまでに一度もない。

　陸軍の武藤章軍務局長は、「陸海軍大臣を現役に戻さないと、予備役から眞崎のような皇道派の将軍がふたたび陸軍大臣に就任して、二・二六事件のようなクーデターを起こすかもしれぬ」と脅迫するようなセリフを吐き、軍部の反乱を嫌悪する当時の世相を利用して、軍部大臣現役武官制の復活に声を上げる。

寺内寿一陸軍大臣は閣議で、粛軍実行のためにも必要と説明し、二・二六事件に関連して予備役となった将軍たちの陸相就任を阻止する最善の策だと説明する。

実のところ、軍部の暴走を推進する制度改正にほかならず、そのことを理解していた閣僚も当然いたが、クーデター事件への恐怖もあったのか、揃いもそろって「陸軍大臣の顔を立てて」や「粛軍を徹底的にやってもらうためなら」と賛意の態度を表わす始末だった。

西園寺は首相在任当時、陸相が辞職を天皇に申し出て、後任の選出を山県有朋に拒否されて倒閣の憂き目に遭った苦い経験がある。

「どうせ陸軍の要求をのまねばならないのなら、あっさり聞いてしまおう」

西園寺は諦《あきら》めの表情で同意する。

一九三六年（昭和十一）五月十八日に、軍部大臣現役武官制は再制定された。

あまり知られていないが、「天皇機関説」を主唱した美濃部達吉が、前年に軍部大臣文官制を主張していた。この美濃部学説の否定も今回の制度改正の前提にあったことは間違いない。

なぜ、西園寺は美濃部学説を支持しなかったのか。どうして、復活を渋りながらも受け入れたのか。

勅令で軍部大臣文官制の採用は可能だったろう。しかし、支持しなかった。

理由は、もはや言うまでもない。すべては「敗戦革命」のためである。

軍部の暴走を期待する西園寺たちにとって、軍部大臣現役武官制は都合がよかったのだ。制度の復活以降、軍部は〝期待通り〟政治的な発言を強めていき、広田内閣はその軍部の尻馬に乗っていった。

西園寺は制度復活を強く支持することはせず、しかし、胸中では嬉々として受け入れたのである。

日独防共協定調印

広田内閣は「帝国外交方針」を決定した。仮想敵国をアメリカとソ連に定め、そのうえで利害が同じという理由で、ドイツとの提携が打ち出された。この方針は、およそ四年後に締結される日独伊三国軍事同盟の始まりとなった。

満州事変以降、有田八郎外相はソ連の力が強まっていることを憂慮していた。そんな時期に、ドイツからの接触である。世界でも孤立状態にあり、この孤立感を緩和したいとの目論見からも、この提携話はまさに〝渡りに船〟であった。

ドイツ大使館付武官大島浩少将は政府の意向を受けて、ナチス党外交担当のリッペントロップ（一九三八＝昭和十三年二月、外相に就任）と交渉を重ねていた。

一九三六年（昭和十一）十一月二十五日、広田内閣は日独防共協定に調印する。

西園寺は協定締結前に「ドイツに利用されるだけだ」と反対している。ドイツはソ連への牽《けん》制《せい》のために日本と手を携《たずさ》えた。だが地勢的なこともあって日本にさしたるメリットはなく、「日独条約はいくら考えても……」と西園寺が嘆息するのも当然であった。

だいたいにおいて、日本軍はドイツ軍と中国大陸で対峙していたのだ。

一九三一年（昭和六）、蔣介石の国民党軍の中核は、ドイツ軍顧問団によって編成され、ドイツ製武器で装備した三個師団であった。一九三六年（昭和十一）時点には、ドイツの武装輸出の五八パーセントは中国向けになっていた。まさにドイツは敵であったのだ。

だからこそ、西園寺は「よく考えなくちゃならん」とのセリフを吐いた。

結局、ヒトラーと手を組むことで、米英との手切れになると誰も気がつかなかったのだ。

日本はドイツと防共協定を結び、その後、軍事同盟を結ぶ。日本は国際的にも反ソ反共の立場をとっているように見えた。

ここが西園寺たちの狙いだったかもしれない。ため息をついたふりをしながら、最終的には自分たちもドイツを利用したのだ。日独伊軍事同盟を結ぶことによって、天皇と軍部が天皇制共産主義国家を設立しようとしている隠れ蓑にしたのである。世界中が騙されていたのだ。

言うまでもないが、日本がソ連と事を構えることは、敗戦寸前までなかった。

広田内閣の瓦解

一九三六年（昭和十一）十月三十日付『東京朝日新聞』は、陸軍の構想している議会制度改革案を掲載した。

㈠政党内閣制を完全に否定する。
㈡議会での「政党の行動範囲」を法律によって「規定」する。
㈢議会には政府弾劾の如き決議をなす権限を持たせぬ。
㈣貴族院を「経済参謀本部」化する。
㈤選挙権は家長（戸主）又は兵役義務を持った者に制限する。

陸軍の改革意見に政党側は危機感を募らせ、激しく反発した。

一九三七年（昭和十二）一月二十一日、第七十回帝国衆議院本会議にて、ついに政党と陸軍は正面から対立した。

平沼騏一郎

リッペントロップ外相

日独防共協定

議員歴三十年、前衆議院議長であり、議会の長老である立憲政友会の浜田国松代議士。浜田は改革案を非難する演説をおこない、軍を批判した。寺内寿一陸相が答弁に立って反論し、両者の間で「腹切り問答」が起きた。

寺内が浜田の発言に軍を侮辱した言葉があると言ったところ、浜田は毅然として言い返したのである。

「速記録を調べて、私が軍を侮辱した言葉があるなら割腹して君に謝罪しよう。その代わり、なかったら君が割腹せよ」

これに寺内は激怒し、浜田を壇上から睨みつけたため、議場には怒号が飛び交い、大混乱に陥った。

広田は天皇の裁可を仰ぎ、翌日より停会にしたうえで策を見出そうとしたが、陸軍はすっかり態度を硬化させた。寺内は広田に議会の解散を要求した。

陸軍大臣が辞任すれば後任を決めねば、内閣は成立しない。しかしながら、陸軍は軍部大臣現役武官制を盾に後任を出してこない。

広田は打つ手がなくなり、一月二十三日に閣内不統一を理由に内閣総辞職する。

自らが受け入れた制度により、首を締められる結果になったのである。自縄自縛《じじょうじばく》とは、まさにこのことであろう。広田内閣は、わずかに十カ月しか持たずに瓦解する。これは政党が軍門に降《くだ》ったことを意味した。

宇垣内閣の流産

陸軍の暴走によって広田内閣が総辞職した。

西園寺は坐漁荘を訪れた湯浅倉平内大臣に面会した。西園寺は風邪で伏せっており、参内がかなわなかったのだ。湯浅は自身が推す次期首相候補の名前を口にした。

宇垣一成である。

西園寺はかつて、「自分の時代が来る」と大言する宇垣に、自重して時機を待つようにと諭していた。宇垣は、大正末期の陸軍大臣として四個師団の廃止をはじめとする大規模な軍縮で名を挙げており、経済にも明るい陸軍大将である。ただし、軍縮となれば、軍内部の批判が高まるのは必定で、その動向に懸念があった。

それでも、現時点で候補は、宇垣しか見当たらなかった。

西園寺は結局、湯浅案を採り入れ、宇垣を推薦した。

宇垣に組閣の大命が下ったが、予想通り陸軍から反対の声が上がった。とりわけ、中堅幕僚層が反発した。参謀本部戦争指導課長の石原莞爾は「宇垣を忌避すべき」と、陸相官邸に集った同志にとうとうと語った。

寺内も幕僚たちに押しきられ、陸相の依頼があっても受けられないと、組閣阻止の挙に出る。陸軍による宇垣内閣成立の反対運動に対し、政友会・民政党の両党、そして国民の間で陸軍への批判が強まる。

宇垣内閣誕生を国民は歓迎した。軍部・政党の両者を十分に押さえうるものとして希望を抱いたのだ。国民の宇垣内閣への期待は高まり、毎日何千通もの激励電報が組閣本部に届いた。宮中内に大命降下の組閣を阻止するのは大権干犯にあたるという意見が出た。また、宇垣自身も陸相の選任に勅命を望んだ。天皇の優詔《ゆうしょう》（天子の手厚いおことば）に最後の期待をかけた宇垣だったが、湯浅に説得され、宇垣は大命を拝辞した。

昭和天皇が是が非でも宇垣を首相にする意志があれば、いくら反対があっても内閣は成立したはずだ。要するに、昭和天皇は宇垣を首相にすることを望まなかったのである。

「敗戦革命」を推進していたメンバーにとって、軍縮をテーゼにするような首相は邪魔な存在であった。

あくまでも、陸軍には暴走をしてもらわなくてはならない。

宇垣内閣阻止の決定的な要因として、巷間でいわれている軍部大臣現役武官制。広田内閣は宇垣内閣のような「敗戦革命」を阻みかねない内閣の誕生を想定し、軍部大臣現役武官制を復活させたのではないだろうか。もちろん、天皇も西園寺も制度の復活を認めていた。

恐らく、宇垣内閣が制度によって流産することまで見越していただろう。

もちろん、表向きの歴史では、西園寺は宇垣内閣成立を望んでいる。西園寺は「軍縮内閣を求めたが、軍部によって潰された」という歴史をあえて残そうとしたのだ。

騙されてはいけない。軍部を真に暴走させていたのは誰であったのか。

◉林銑十郎内閣の成立

宇垣が組閣を辞退した一九三七年（昭和十二）一月二十九日の夕刻。

西園寺は湯浅内大臣と面会した。先だって、宇垣奏薦の件で会ってから一週間と経っていない。風邪は治りかけていたが、高齢でもあり、参内はとても無理であった。

首相の後任候補として名前が挙がったのは、第一候補は平沼騏一郎、第二候補が林銑十郎であった。平沼は嫌いではあったが、枢密院議長就任の際に割り切ったので、さほど嫌悪感はなかった。

しかし、思いもしないことに平沼が辞退した。

首相は林銑十郎に決まった。

平沼の辞退には裏がある。林への大命降下には、石原莞爾ら陸軍中堅幕僚層の意思が働いており、それを察した平沼が尻込みしたのである。

皇道派の衰退後、陸軍内部は統制派の中堅幕僚が実権を握っている。彼らの思いのままに動く内閣のトップとして白羽の矢が立ったのが、林銑十郎であった。国家の非常時に、凡庸で頼むに足らない人物との評価もあり、なぜ林を推したのか一見不可解に思えるが、そうではない。凡庸無能であったからこそ、統制派は林を首相に立てたのである。

天皇制軍部独裁体制による国家革新を実行するための「操り人形」なら、御しやすい首相がよいに決まっている。

大命を受けた林のもとに組閣参謀が送り込まれた。

名前は十河信二《そごうしんじ》。元南満州鉄道株式会社（満鉄）理事であり、石原大佐を中心とする満州派の一人である。

石原大佐を中心とする「満州組」とも呼ぶべき一団は関東軍参謀長板垣征四郎中将を陸相に推そうとしたが、「赤」の陸軍次官梅津美治郎中将と杉山元《はじめ》教育総監がまだ早いと主張し、全く予想外の中村孝太郎中将を推薦する。陸軍中堅層は板垣の入閣拒否は林が決めたとみなして不満をもつ。そして十河信二は組閣参謀をやめる。これを知った政府、民政両党は恐れをなして一名も入閣させなかった。ところが陸相になっていた中村中将は病のため辞職し、二月九日、杉山教育総監が陸相に就任する。組閣後七日目のことである。大蔵大臣に日本興業銀行総裁の結城豊太郎《ゆうきとよたろう》、海軍大臣に「赤」の米内光政《よないみつまさ》を任命するが、陸軍の中堅層との関係は切れ、「浮き草内閣」と呼ばれる始末となった。

「祭政一致」を主張する非合理的な内閣は、予算が成立した直後に議会を解散した。「政党の粛正」が理由であった。

林は議会を解散して既成政党に打撃を与え、政府の御用政党となる新党の結成に期待をかけた。

この無謀な総選挙が国民の同意を得られるわけがなく、既成政党であった民政党、政友党が圧勝し、林は両党から即時退陣を迫られ、総辞職を決意する。

在任四カ月という、まさに「浮き草内閣」の哀れな末路であった。

西園寺はこのタイミングで元老辞退を申し出た。

よい機会であった。何より、軍部は暴走を続けており、もはや元老としての役割は終わりにしてもよさそうであった。

正直、八十八歳は現役の年齢ではなく、病気がちでもある。元老を退いたとしても、誰も疑いはしない。

西園寺は内大臣の湯浅と宗秩寮総裁の木戸にその旨を伝え、後継内閣首班奉答の役割は元老から内大臣に移ると語った。しかし、西園寺の元老辞退は実現しなかった。

近衛内閣の亡国の選択

林首相は辞職にあたって次期首相の要請のために、大橋八郎書記官長を近衛のもとに派遣した。次期首相には政財界のみならず、軍部にも近衛を推す声があった。大橋は近衛に会うと、林の意向を伝えた。

「杉山がよいと思う」

後継首相の当て馬は近衛であり、本命は杉山元《はじめ》陸相だというのである。

近衛本人は、さほど出馬の意欲もなかったので安堵していたが、西園寺が顔色を変えて怒った。

結局、木戸が近衛の説得役を買って出て、六月一日、湯浅内大臣が西園寺のもとを訪ねて近衛が納得したことを伝えて、組閣の大命が下った。

西園寺も組閣に力を貸し、とりわけ外相候補になった広田には直接電話を入れて、元首相に外相として再出馬を促した。

第一次近衛内閣が一九三七年（昭和十二）六月四日に発足する。

組閣からおよそ一カ月後。早くも近衛の手腕を試される事件が勃発した。

一九三七年七月七日、北京郊外の盧溝橋で日中両軍が衝突した。

「盧溝橋事件」である。一発の銃弾をきっかけに陸軍強硬派に引きずられ、内閣は派兵を決め、日本は中国との戦争という泥沼に足を踏み入れていった。一九三八年（昭和十三）一月十六日、近衛は声明を出す。

「爾後《じご》、国民政府を対手《あいて》とせず」

この方針により、中国との和平交渉は打ち切られることとなった。

「どうも甚だ不吉なことだけれども、明《みん》の亡びる時はちょうど今の日本と同じで、識者がたくさんおっても、みんな黙っていて、いかにも団結がなく、連絡がないということが弱点だった……」

西園寺は大日本帝国の壊滅を求め続け、ついに亡国の予感を抱いたのである。

時は一九四〇年（昭和十五）を迎えていた。

七月二十一日、第二次近衛内閣成立。

九月二十二日、北部仏印進駐。
九月二十七日、日独伊三国軍事同盟締結。
十月十二日、大政翼賛会発足。

近衛は陸軍に振り回され、亡国の選択をした。西園寺は近衛に大日本帝国のとどめを刺す使命を与えるべく、政治の道に引きずり込んだのである。

一九四〇年（昭和十五）十一月二十四日午後九時五十四分、西園寺公望死す。享年九十二。

第16章

西園寺公望の孫・西園寺公一

わかる。

皇室に〝消された男〟

西園寺公一《きんかず》。

家系図を見れば明治、大正、昭和の時代の支配層に属する連中に囲まれていることが明白に

西園寺公一の話に入る前に、祖父・公望に少し触れておこう。

西園寺公望は、三条公美《きんよし》の五男実能《さねよし》を祖に平安時代後期に創立された清華家の一つである徳大寺家に生まれたが、藤原北家道長の叔父閑院公季《きんすえ》の後胤で、三条実行の弟通季《みちすえ》を祖とし、平安末期に創立された清華家の一つ、代々琵琶《びわ》を家業にしていた西園寺家に養子に入った。公望は戊辰戦争で山陰道鎮撫総督《ちんぶそうとく》を務め、山陰、東山、北陸各道に出征した。

一八七一年（明治四）より一八八〇年（明治十三）までフランスに留学しているが、この留学には〝裏〟がある。伊藤博文らが孝明天皇と明治天皇を弑逆《しぎやく》して、山口県熊毛郡田布施《たぶせ》出身の大室寅之祐を明治天皇にすり替えた。明治天皇の遊び相手でもあった公望は、第三章でも詳述したように、身の危険を感じてフランスへと逃亡したのだ。

フランス滞在中に共産主義者となり、ロスチャイルド閥の要員になることによって帰国後の

身分が保証され、ロスチャイルド閥の要員たるグラバーの手先になった五代友厚や伊藤博文とともに、公望は明治新政府の要人となった。

公望は、駐ベルギー公使、賞勲局総裁、貴族院副議長、枢密顧問官などを歴任。第二次伊藤内閣の文部・外務両大臣、第二次松方内閣の外務大臣、第二次伊藤内閣の文部大臣を務め、枢密院議長を経て一九〇三年（明治三十六）、政友会総裁に就任し、一九〇六年（明治三十九）より一九一一年（大正元）まで内閣総理大臣に就任。大正天皇の勅語により、一九一二年（大正二）元老に任命され、一九二四年（大正十三）以後、唯一の元老として第一次近衛内閣まで首相候補選定に主導的役割を果たした。

大日本帝国は日清戦争勝利後に賠償金を清国から入手すると、次の戦争のために英国アームストロング社に最新兵器の製造を注文している。この取引にジャーディン・マセソン商会やマーカス・サミュエル商会といった英国の貿易商社がかかわっており、彼らは三菱、大倉など軍需産業の企業家を通じて日本の政財界へも深く食い込んでいく。

そして――英国の商社の背後にユダヤ人・ロスチャイルド閥がいた。

一七九八年、ユダヤ人のネイサン・ロスチャイルドはドイツのフランクフルトから英国に渡り、一八一一年、ロンドン屈指の大銀行「N・M・ロスチャイルド&サンズ」を設立する。以来、およそ二百年もの間、ロスチャイルド閥は国際金融マフィアの筆頭として世界に君臨している。

日本とロスチャイルドのかかわり。その始まりは幕末まで遡《さかのぼ》る。

坂本龍馬と懇意にしていたといった逸話もあって、歴史の教科書にも登場する英国の武器商人であるトーマス・グラバー。彼の肩書はジャーディン・マセソン商会の代理人であり、すなわち、ロスチャイルド閥の要員であった。

討幕運動に参加した志士は欧米列強から資金提供を受けるため、その証としてヤソ秘密結社という組織を結成した。志士はキリスト教徒になることによって討幕運動を後援したグラバーをはじめ、駐日英国公使のハリー・パークスや、英国公使館の通訳だったアーネスト・サトウの手先になったのだ。

西郷隆盛も横浜で受洗しているが、「立場もあるので他言は一切無用」と口にしたといわれている。西郷はキリスト教の観念に近い「敬天愛人」という四字成句をモットーにしており、信者であったことがよくわかる。

公望はフランス滞在中に共産主義者になったが、帰国後は伊藤博文に寵愛され、政界へと進出した。西園寺の後見となった伊藤はグラバーの手引きで英国留学している。必然、伊藤はロスチャイルド閥の要員となったのであろう。伊藤との関係を考えるなら、公望がロスチャイルド閥の一員に加えられたことは想像するにたやすい。

さて、本題の公一である。

公一は、一九〇六年（明治三十九）十一月一日、父・八郎、母・新の長男として誕生する。母の新は一人娘であり、祖父の実子は母しかいなかった。新はフランス系のミッションスクール英和女学校に入り、日本女子大学を卒業している。父の八郎は毛利家十四代当主・元徳の八男。高等学校卒業後、ドイツのボン大学に留学しているが、学習院では大正天皇の同級生である。侍従、式部次長などを歴任していた。

公一の両親の婚姻は伊藤博文による、公家と長州閥の政略結婚であったといわれる。

公一は学習院初等科を卒業後、東京高師付属中学に入学（一九二一＝大正十年）。公一は摂政宮や秩父宮のお供に声をかけられている。宮たちにとって、気の置けない友であったようだ。ただし、ある時点から公一は皇族にとって〝消された存在〟になった。

公一自身は秩父宮との交遊を語っているが、一緒に登山やスキーに行ったはずの秩父宮の日記には、公一の名前が出てこないのだ。

秩父宮が頻繁にスキーや登山に出かけていたことは、『雍仁親王実記』からもわかる。

一九二三年（大正十二）一月六日（二十二歳）、スキーのために夜行列車で赤倉へ。お供は、西園寺八郎式部次長、二荒芳徳《ふたらよしのり》、鹿子木員信《かこのぎかずのぶ》、土屋正直東宮侍従、堂脇光男《どうわきみつお》少尉、山口嘉七《やまぐちかしち》法学士。

同年三月十日、夜汽車でスキーのため五色温泉へ。お供は、西園寺八郎式部次長、坊城《ぼうじょう》俊良《としよし》主猟官、鹿子木員信博士、山口嘉七、久野五十男ら。三月十一日、豪雨の中をスキーにより五色より鉢森山登山。

同年七月二十三日、北アルプス登山のため出発。随行者、槙、小暮、竹本、渡辺、早川。

同年十二月二十八日、夜行列車で赤倉スキー場へ。随行者、高松宮、末弘博士、山口、前田、渡辺、中川、坊城、槙、伊集院、曾根田。

一九二四年（大正十三）一月十九日、夜行列車にて、五色温泉へスキーに出発（細川、黒木、坊城、槙、山口、伊集院随行）。二月二十日、五色より高倉山へ。

同年二月十六日、夜行列車にて山形県板谷スキー場へ出発。（黒井大将、槙、山口、伊集院随行）二月二十七日、板谷駅より西園寺八郎・坊城俊良ら栂森山《つがもりやま》に登山。

同年四月五日、夜行列車で板谷スキー場へ。随行者、細川、坊城、槙、山口。四月六日、五色温泉スキー場で練習。（黒井悌次郎海軍大将参加）栂森山登山。

同年五月五日、立山登山のため出発。（随行者、細川、坊城、岡部長量、大畠亮吉、三田幸

夫、ほかに槙は三日夜先発）

一九二四年（大正十三）八月十九日、東宮（裕仁）と共に磐梯山登山。同行者、西園寺不二男《ふじお》（西園寺八郎の次男・中学二年生）。

同年十二月二十八日、夜行列車で五色温泉スキー場へ。随行者、細川、二荒、槙、伊集院。十二月二十九日、鉢盛山登山。

また、父・八郎と弟の不二男が同行している記載も見られる。おそらく、公一も同行しているのだろう。秩父宮の弟宮である高松宮の日記にある次の記載だ。

『高松宮日記』一九二三年（大正十二）一月六日

「朝スケート、三連隊ノ将校数名、二荒、西園寺長男、次男一緒ニスベル」

「西園寺長男」とはもちろん西園寺公一である。だが日記公刊にあたって公一の名前はあえて伏せられたのである。後年の「ゾルゲ事件」での検挙が影響していることは、まず間違いない。この件はここでは置いておくとして、引き続き公一の少年時代を追ってみる。

一九二四年（大正十三）中学卒後、英国に留学、三年目にオックスフォード大学入学試験に合格する。公一は、オックスフォード留学時代にマルクス主義の勉強をしている。公一は「学問として認知し、初めてマルクス主義を勉強する。……マルクス主義について最初に学んだのも大学だよ。ただ、ここであくまでも批判するためにとりあげているわけでその影響を受けて学生運動をするような者はいなかった。マルクス主義も学問として認め、批判であれ検討するだけの余裕はあったということさ」と記載している（『西園寺公一回顧録』七四頁）。

公一がオックスフォード大学に在学していた頃、秩父宮もオックスフォード大学に留学していた（秩父宮は第一学期終了後、大正天皇の病状が悪化したために帰国している）。

公一は大学卒業後フランス、ドイツ、米国を回って帰国する（一九三一＝昭和六年六月）。公一は帰国後、祖父の私設秘書であった原田熊雄の勧めで東大大学院に行き、南原繁《なんばらしげる》法学部教授の研究室に出入りし、共産主義者の矢部貞治《やべていじ》の直接指導を受ける。そして半年間、高野山南院で過ごし、静岡県相良町の知人の別荘で一年間暮らしたという。

ところが、『木戸幸一日記』に次のような記載がある。

昭和七年七月一〇日「夜は和田一家、八重子、子供等を招き会食す。西園寺公一君も来られ、夕食を共にす」

同八月一日「午後は程ヶ谷に至り西園寺公一、橋本（實斐《さねあや》）伯とプレーした」
同八月三日「午後、自動車にて吉川君と程ヶ谷に至り、西園寺公一君、孝澄も逗子から来て昼食を共にしたる後、ゴルフを為す」
昭和八年三月二五日「朝から和田、西園寺公一、孝澄と共に朝霞に至りゴルフを為し、午後はモンテス、宮本、浅見、安田のエキスビションマッチを見る」
同六月三日「一一時半頃出かけて、和田と西園寺公一君と共に朝霞に至りゴルフを為す」
同六月一〇日「午前八時、原田邸の朝餐会に出席す。近衛、岡部、寺島軍務局長、西園寺、住友の久保（無二夫）の諸君と会食し、寺島氏より海軍部内の最近の情勢につき聴く」
同七月二六日「午前八時より朝霞に至り、原田、吉川、西園寺公一の三君とゴルフを為す」
同九月一六日「右の電話を聞きて、それより程ヶ谷に行き西園寺公一君、孝澄とゴルフを為す」
同十二月二六日「松平次長と西園寺公一君の件につき相談す」
昭和九年一月二〇日「原田来庁、西園寺公一君の就職につき懇談す」

同三月一六日「大東館に帰り、折柄来合わせたる西園寺公一君、住友の久保氏と共に昼食を済せ、久保、原田両君と同行、一時四〇分発急行にて帰京す」

同十一月一日「原田邸に至り朝餐会に出席す。満州国実業部大臣張燕卿氏を主賓とし、松平、酒井、大蔵、岩倉、吉川、三島、西園寺公一等参会。食後、張氏より腹蔵なき意見を聴く」

昭和十一年三月一一日「一二時、住友別邸に至り、近衛公、原田、中川、西園寺八郎、公一の諸君と会食し、食後、老公も出席せられ、時局収拾の思出話等に時を過さる。二時半辞去」

実は、公一の『回顧録』には、木戸幸一が一切登場しない。公一は木戸と関係があったことを完全に隠していたのである。

おそらく、共産主義者である公一としては、木戸との関係は秘めた方がよいと判断したのであろう。それは自身のためか、お互いのためかはわからないが、徹底して隠すことにしたのである。もちろん、木戸にも理由はある。それは後述しよう。

公一は一九三四年（昭和九）十一月より二年間にわたり、外務省嘱託になる。『回顧録』には、父や原田の推薦で外務省の嘱託になったと記している。

ところが、『木戸幸一日記』一九三四年（昭和九）一月十日付によると、「原田来庁、西園寺公一君の就職につき懇談す」との記載がある。公一は、外務省嘱託に勤務するにあたって木戸が関係していた。木戸との仲を、ここでも伏せたのだ。

公一は外務省条約局第二課に配属され、一九三五年（昭和十）二月より二カ月間、南太平洋に出張する。日本の統治する南太平洋の島々は国際連盟の委任統治領であり、国際連盟に報告書を提出する義務が生じたのである。

この頃、公一は国際的な調査機関である太平洋問題調査会（IPR）のメンバーであり、三菱石油の牛場《うしば》友彦《ともひこ》とともに近衛文麿のところに出入りするようになったようだ。

一九三六年（昭和十一）八月十五日より二十九日まで、カリフォルニア州ヨセミテ国立公園で開催される第六回太平洋問題調査会に牛場の誘いで公一は書記として参加する。

公一はアメリカに先発隊として出発する牛場と、東京・丸の内の明治生命館地下の「マーブル」というティールームで面会する。その際、公一は朝日新聞の記者を名乗る尾崎秀実《ほつみ》を紹介されている。牛場は尾崎と一高で同期だったと話した。公一も尾崎の名前は知っていた。新進気鋭の中国問題専門家として有名になりつつあったからだ。しかしながら、この時点で尾崎の正体まではわからなかった。

尾崎秀実。

一九三五年（昭和十）に赤軍第四本部長ウリッキーによって正式に登録されたソ連のスパイ。公一は牛場に利用されたのである。

ソ連のスパイである尾崎を太平洋問題調査会に出席させること。

そして、公一と尾崎を行きと帰りの船で相部屋にし、ヨセミテの滞在二週間にわたり起居を共にさせ、両人に親しい関係が生じるようにしたこと。

この段取りはすべて牛場が取り仕切っていた。もちろん、公一は知るよしもない。牛場は尾崎がソ連のスパイであることを知ったうえで協力し、公一と尾崎の仲を取り持ったのであろう。

一九三三年（昭和八）九月以降、ソ連は日本国内に諜報グループを送り込んだ。その中心人物の名は、ゾルゲ。尾崎は上海特派員時代にゾルゲの手足となって働いていた。尾崎はゾルゲと日本で再会し、それ以後、ゾルゲ機関の一員となった。

尾崎は自由に活動した。小説に出てくるスパイのようにこそこそすることもなかった。なぜなら、ゾルゲ機関を陰で支える存在がいたからである。

木戸幸一だ。

木戸は自分たちが目論む「敗戦革命」のために、ゾルゲを泳がしていたのである。そして、スターリンに与える情報量を増やし、なおかつ正確なものにするために、公一を利用することにした。

このあたり、公一も自分の立場をわかっていたに相違ない。木戸や牛場、尾崎にゾルゲといった面々に利用される振りをして、自らの使命を全うしていた。

時は過ぎ、一九四一年（昭和十六）十月十八日。

ゾルゲは検挙された。奇しくも、この二日前、近衛内閣が総辞職した。

日本陸軍中枢は「敗戦革命」が目標にした「南進」を実行した。そして、この「南進」によって対米英蘭戦に突入する道筋をつけた。次に、対米英蘭戦の実行者として東條英機を開戦時の首相にして、大日本帝国の敗北時に戦争責任を取らせることにした。

「敗戦革命」の最終章が始まったことにより、ゾルゲの使命も終わりを告げた。木戸幸一はゾルゲ機関を通してスターリンに情報を伝えていた事実を闇に葬り去ることにしたのだ。

敗戦後、「ゾルゲ事件」の司法関係の資料が公開されることによって「ゾルゲ事件」の全貌を知ることができるようになった。

女癖が悪く、深酒を呑み、オートバイを乗り回していた西洋人ゾルゲは実に目立つ存在であった。このゾルゲが一九三三年（昭和八）九月以来、一九四一年（昭和十六）十月までの約八年間も日本で諜報活動に従事していた。日本の軍部連中をうまく欺《あざむ》く才能を持っていたといわれているが、そうではあるまい。ゾルゲは先に記した通り、脇の甘い男であった。本戸幸一を中心にした天皇制国家権力がゾルゲの活動を見守っていたのだ。

公一はこのトップシークレットを知っていた一人である。だからこそ、公一は木戸との交遊を隠したのだ。

ゾルゲの逮捕は「敗戦革命」の最終章の始まりであった。


では、「敗戦革命」の始まりは、いつであったのだろう。

一九一七年（大正六）、ロシア革命が起こり、レーニンが国家権力を私物化した。この時が幕開けである。

新世界体制の中で、欧州から遠く離れた極東の地にも変化が生まれつつあった。

――次の時代は、世界各国が共産主義国家になる。ロシア革命によってニコライ二世一家は惨殺された。日本で共産革命が生じたら天皇一族は皆殺しにされる。そこで天皇制を残すためには、日本も天皇を戴く共産主義国家を建設しなくてはならない。そのためには共産主義国家の祖国「ソ連」を守る。

こうしてソ連を守るべく、日本の国家機密や軍事機密が流された。そして、大日本帝国は中国本土を侵略し、世界から孤立した。日本への包囲網は狭まり、ついには対米英蘭戦争に突入した。勝てるはずのない戦争ののちに生まれるのが、「敗戦革命」だった。

西園寺公一

秩父宮雍仁親王と勢津子妃

リヒャルト・ゾルゲ

尾崎秀実

近衛文麿と牛場友彦（右）

太平洋問題調査会とクエーカー人脈

西園寺公一は前述のように、一九三六年（昭和十一）、ヨセミテで開催の太平洋問題調査会（ＩＰＲ）の会議に書記として出席している。

会議には、鶴見祐輔（後藤新平の娘・愛子と結婚しており、衆議院議員・民政党。新渡戸稲造門下生であるクエーカー人脈に属する）、那須皓《なすひろし》（東大農学部教授）、高柳賢三（東大教授で英米法が専門）、牛場友彦、山川端夫《やまかわただお》（貴族院議員で元法制局長官）、坂西利八郎《ばんざいりはちろう》（陸軍中将で貴族院議員）、浜野恭平《きょうへい》（日本綿花株式会社）、金井清（南満州鉄道株式会社審査役）、長倉義親（満鉄）、大島堅造（住友銀行）、尾崎秀実（東京朝日新聞）、高橋亀吉（高橋経済研究所）、田村幸策《こうさく》（日本外交協会）、上田貞次郎（東京商科大学学長）、芳沢謙吉《よしざわけんきち》（犬養内閣で外相、勅選議員で交友倶楽部）、書記として近衛文隆（近衛文麿長男）、松方春子（後にライシャワー夫人）、松方伸子、松崎進、山形誠一など、錚々たるメンバーが顔を揃えた。

国際連盟を脱退した日本にとって唯一の国際会議であった。

日本に対する風当たりは厳しいものであったが、大日本帝国を壊滅させる目的を秘めた連中にとっては、同志に巡り合える絶好の機会でもある。

公一は、ヨセミテ会議より帰国後、グラフ雑誌『グラフィック』を発行し、尾崎秀実の論文を積極的に掲載する。公一は尾崎の後援者となったのだ。

一九三八年（昭和十三）六月、尾崎は内閣の嘱託に任命される。尾崎は首相官邸に出勤し、秘書官室下の地階の一室で仕事をするが、秘書官室や書記官長室に自由に出入りができ、書記官長や秘書官から内閣に上がる文書に目を通しては、これらの情報をゾルゲに逐一伝えた。

ソ連のスパイが首相官邸に部屋を与えられ、政府の情報を入手し、敵国に流していた――。

一九五一年（昭和二十六）八月二十二日、北米活動調査委員会で証言したチャールズ・A・ウィロビー少将も、この驚くべき状況について、次のように述べている。

「彼（尾崎）はゾルゲ博士の最も親しい腹心でした。何しろ日本の首相と親交があり、日本の外務省の機密に触れられる男が、一方ではソ連のスパイと確認される者と親しい関係だなんて、もうびっくりさせられるような話です」

公一をはじめゾルゲをバックアップする人物は、各方面にいたのだ。

近衛内閣成立間もない時期。

公一は尾崎とともに、蝋山政道《ろうやままさみち》、平貞蔵《たいらていぞう》、佐々弘雄《さっさひろお》、笠信太郎《りゅうしんたろう》、渡辺佐平《わたなべさへい》、牛場友彦秘書官、岸道三《きしみちぞう》秘書官、風見章《かざみあきら》書記官長といった人々と夕食をともにしながら懇談をしていた。

平貞蔵は満鉄大連本社で岸道三と同僚の間柄、佐々と笠と尾崎は朝日新聞社の同僚、渡辺は岸道三と高等学校以来の友人関係であった。

懇親夕食会は、一九三九年（昭和十四）の初頭より毎月の水曜日に開かれ、後には週一回になった。

この「朝飯会」の人選は尾崎の手に握られていた。近衛内閣のブレーンとなっていた面々は共産主義者だったのである。


西園寺公一は、同盟通信社の岩永祐吉に招かれて上海に行く。上海には同盟通信社上海支局長であり、クエーカー教徒に属する共産主義者の松本重治《まつもとしげはる》がいた。

公一は松本にさっそく宋子文《そうしぶん》との面会の仲介を依頼した。同盟通信社の知人に会いに来たとはあくまで表向きの理由であり、蔣介石の側近である宗子文との面談が真の目的である。近衛・蔣会談実現への下準備であった。

宋子文は、宋靄齢《あいれい》（国民政府財政部長・孔祥煕《こうしょうき》夫人）と宋慶齢《けいれい》（孫文《そんぶん》夫人）の弟であり、宋美齢《びれい》（蔣介石夫人）の兄である。浙江《せっこう》財閥の当主でハーヴァード大学を卒業しており、国民政府の国務院総理や財政部長を歴任していた。中国共産党が支配する以前の中国を私物化した一族である。

松本は親友のイギリス大使館商務官エドモンド・ホール・パッチを通して宋側に面談を要求

し、面談が実現した。

公一は、満州国の承認については触れないことにして、「盧溝橋事件」の解決と国交の全面的な調整に応じるために、近衛が中国に来訪することを希望していると告げた。宋はさっそく蔣介石に伺いを立て、同意を得た。近衛・蔣会談の下準備を終え、公一は帰国したが、その帰り道の東京駅の様子を後年次のように語っていた。

「東京駅が出征する日本兵と彼らを見送る人で埋まっている様子を見て、『時すでに遅し』と、近衛・蔣会談をあきらめた」

いかにも中国での戦争を止めるために公一は上海に行ったように読めるが、まったくの嘘である。近衛は対中戦争の拡大を推進していたのだ。

公一は、近衛が対中戦争の拡大を推進せずに、中国に行って蔣介石と面会すれば戦争をやめることができたのに、軍部の暴走でできなかった、とも述べている。

彼は二重の嘘をついている。公一の文章に騙されてはいけない。

近衛は大日本帝国の壊滅を目指して日中戦争の拡大をはかっていたし、公一は大日本帝国を壊滅させるための工作人の一人であった。

このことをひた隠しにして、公一はもちろん、近衛も日本軍の暴走によって中国への侵略が拡大したと主張している。

まるで、祖父・西園寺公望の手法と同じだ。

西園寺公望は首相を任命するとき、必ず軍の暴走をおさえるように命じた。ところが、「統帥権」は、首相にも内閣にも、もちろん議会にもない。「統帥権」は天皇に直属しており、軍の暴走をおさえる権限は天皇にしかなかった。西園寺公望は何一つ権限のない首相に軍の暴走を止めろと命じ、命令を実行しようとした首相たちはままならず、ある者は暗殺され、ある者は馘首《かくしゅ》された。そして、大日本帝国は壊滅し、軍の暴走によって国が壊滅したのだと陸軍に全責任を負わせ、その責任を取らせるべく、「東京裁判」で七人の戦犯を絞首刑にした。

公一は次のように語っている。

「統帥権は、内閣ではなく、天皇に直属していた。天皇に直結していた軍に、内閣は口を出せない状態だった。軍部が軍隊を動かし、作戦行動をとろうとした場合、天皇の承認さえあればよかったんだ。閣議の承認も総理大臣の承認も必要なかった。ただ、作戦のために予算が必要だった。だから、必要な時だけ、陸軍大臣、海軍大臣は閣議などで報告していたのだ」(『西園寺公一回顧録』一二四頁)

罪深いことに、「統帥権」が天皇にあることを熟知していたのだ。

一九三八年（昭和十三）五月、中華民国の外交官ともいえる亜州司長（アジア局長）の高宗武《こうそうぶ》が来日した。公一は東京・駿河台の自宅に高を招いた。これ以後、公一は汪兆銘《おうちょうめい》政権樹立に協力する。このことは蔣政権との和平の機会をなくすことにつながったが、公一が蔣介石との和平など微塵も考えていなかったのは、これまで述べた通りである。

公一は『中央公論』一九三九年（昭和十四）十月号に「政治上層部の時局認識を質す」という論文を発表し、東亜新秩序建設を主張し、汪兆銘の活動を支援することを主張している。共産主義者である公一は、対中戦争の継続を主張し、「敗戦革命」の推進に協力していた。

大政翼賛会の発足

一九四〇年（昭和十五）七月二十二日に第二次近衛内閣が発足する。近衛内閣を支持する基盤づくりが始められ、尾崎がその中心になった。「近衛新党」をつくる名目で、既存の政党は次々に解散し、九月二十七日の閣議決定にもとづいて、同年十月十二日、近衛を総裁にした「大政翼賛会」が発足する。

一九四〇年九月から公一は外務省嘱託になる。その頃、日独軍事同盟締結論が強まっていた。九月七日、ドイツから交渉のためにリッペントロップ外相の腹心であるハインリッヒ・スターマー公使が来日した。公一はスターマーから高級カメラのライカをプレゼントされた。

地球の裏ともいえる遠隔地にあるドイツと、どうして手を結ぶ必要があるのか。少し考えただけでも、わかりそうなものである。

では、国益の生じない日独軍事同盟をなぜ締結したのか、その理由を知りたくなる――。

海軍部内は条約締結に反対した。それも頑強にだ。一方、日本陸軍は早くから賛成の声を上げた。

日本陸軍とドイツ陸軍は親しい間柄であったからだ。陸軍は創設当初にドイツ式の兵制を採用している。

よって、ドイツに留学していた上級将校も多数いた。明治の文豪・森鷗外の小説ではないが、青年将校たちの中には留学中にドイツ人女性と恋愛関係に落ちる者もいた。

問題なのは、その恋人たちがドイツ側から提供されていたことだ。ドイツ側は親切心からだったかもしれず、その真意はわからないものの、独り身の若い将校に女性をあてがう「ハニートラップ」を仕掛けたのであろう。

スターマーは色仕掛けの甘い罠に引っかかった日本人将校のリストを携えて来日した。そして、ドイツ大使館でのパーティーに出席したその将校の耳元で、関係をもったドイツ人女性の名前をささやく。将校たちはスターマーの命に従うしかなかった。

また、先に公一がライカを贈呈された件を記したが、同じように軍部はもちろんのこと、政財界に対して多大な贈収賄がおこなわれた。

こうして締結した日独軍事同盟により、アメリカやイギリスとの関係修復が難しくなるのは容易に理解できよう。

松岡洋右外相は、日独伊三国にソ連を加えた四国同盟の圧力をもって、米国と外交交渉をしようと考えていたのだという説がある。

反米主義者の松岡は、必ずや対米英蘭戦に向かうことになる日独伊軍事同盟締結を強く主導した。最後まで渋っていた海軍部内でも締結を許容する声がしだいに強まった。天皇をはじめ宮中、そして近衛首相からは日独伊三国同盟の締結に反対する声は上がらなかった。それどころか、締結を推し進める声が皇族たちから上がっていた。天皇と秩父宮のやり取りがある。少し列記してみよう。

『小倉庫次侍従日記』一九三九年（昭和十四）五月九日
「防共協定の問題に付、御軫念《しんねん》と拝す」

同書・一九三九年五月十一日

「秩父宮殿下、明日御対顔の御申入れあり。聖上『困ったな困ったな』と仰せらる。防共協定等、重要案件に付ての為めと御想像ありての故と拝す」

同書・一九三九年五月十二日

「秩父宮殿下、一〇時御参内。約一時間、表御座所《おもてござしょ》に於て御対面あらせらる。殿下より前記事項に触れられたるも、聖上は何も申せざりし旨、大夫に仰せられたり、大夫は職責上、夫《それ》以上伺うことを控え、内大臣へ仰せられ度旨申上、御前を退下せり」

同書・一九三九年八月八日

「懸案の日独伊軍事同盟問題、行悩《ゆきなやみ》の模様なり」

『昭和天皇独白録』

「それから之はこの場限りにし度《た》いが、三国同盟に付て私は秩父宮と喧嘩をして終った。秩父宮はあの頃一週三回位私の処に来て同盟の締結を勧めた。終には私はこの問題に付ては、直接宮には答えぬと云って突放ねて仕舞った」

参謀本部にいた秩父宮は対米英蘭戦に突っ込むことになる三国同盟の締結を強力に推進している。昭和天皇も積極的に反対することなく、最終的に認めた。また、天皇や秩父宮と同じく、木戸も日独伊軍事同盟を結べば対米英蘭戦になることを十分に認識していた。一日も早く中国との国交を正常にするよう述べてはいるものの、具体的な対策を立てていない。次の記載だ。

『木戸幸一日記』一九四〇年（昭和十五）九月二十一日
「一時五五分より二時二五分迄、拝謁、松岡外相より電話あり、今朝来獨乙《ドイツ》側に訓電到着せる旨を申来る。右の趣を言上す。尚、支那事変の解決につき、独伊と軍事同盟を結ぶこととなれば結局は英米と対抗することとなるのは明《あきらか》なり、故に一日も早く支那とは国交調整の要あり。此の際は秀吉が毛利と和して兵を回したると同様、蔣を対手《あいて》とせずにこだわることなく、至急対策樹立の必要ある旨言上す」

日独伊三国同盟の正式調印のために、松岡外相がドイツに赴いた。随員として西園寺公一が同行する。

松岡一行はシベリア鉄道でモスクワに向かい、松岡はソ連外相のモロトフに会うと、不可侵条約締結の提案をおこなう。次に一行はベルリンでヒトラーらナチ幹部と面会。続いて、イタリアでムッソリーニと会い、バチカンで教皇ピウス十二世に拝謁する。一行は、ふたたびモスクワに戻ると、「日ソ中立条約」をまとめた。

公一はモロトフ外相主催のパーティーでスターリンとまみえる。この時、公一は松岡から「日本貴族のボルシェビキ」とスターリンに紹介されている。

一行がモスクワを出発する際には、スターリンが駅まで送りに来ているが、これは極めて異例である。スターリンはわざわざコンパートメントに上ってきて公一と握手している。公一はスターリンから言葉をかけられていた。

公一は松岡に正体がばれていることを知っていたのだろうか。

同盟締結の一年前から対米英蘭戦に向けて時代は加速をつけて動いていった。公一は時代のうねりの中心にいる。


汪兆銘傀儡政権の樹立（一九四〇＝昭和十五年三月三十日）。

大本営政府連絡会議、南進政策決定（一九四〇年七月二十七日）。

日本軍の北部仏印へ進駐（一九四〇年九月二十三日）。

日独伊三国同盟調印（一九四〇年九月二十七日）。

大政翼賛会発会（一九四〇年十月十二日）。

日ソ中立条約調印（一九四一＝昭和十六年四月十三日）。

公一は外務省嘱託を辞めた。いよいよ対米英蘭戦に突入する最終段階に入ったのだ。一九四一年（昭和十六）八月十四日、内閣嘱託になり、首相官邸に入り、「敗戦革命」への道を掃き清めていく。そして首相は近衛から東條に代わる。

近衛内閣の退陣（十月十六日）、尾崎秀実（十月十四日）、ゾルゲ（十月十八日）が検挙され、「ゾルゲ機関」についての調査が本格的に実行される。西園寺公一は一九四二年（昭和十七）三月十六日に検挙され、五月十六日に起訴され、一九四三年（昭和十八）十一月二十九日、懲役一年六カ月、執行猶予二年の有罪判決を受ける。

『木戸幸一日記』に西園寺公一の検挙に関して次のような記載がある。

昭和十七年一月二十九日「三時半、原田君来訪、西園寺公一氏の件につき話あり、暫く静観を勧む」

同・二月十九日「湯沢内相参内、拝謁後面談、選挙対策、西園寺公一氏の件等を聴く」

同・三月十六日「西園寺公一検挙」

同・三月十七日「二時、留岡警視総監来庁、西園寺公一氏国防保安法、軍機保護法関係にて拘引せられたる旨内話あり、驚く」
同・三月十八日「午後一時、甘露寺伯と、同二時、武者小路子と西園寺公一氏の件につき相談す」
同・三月二十日「三時半、官邸にて近衛公と西園寺公一氏の件を中心に懇談す。余は極力自重を希望す」
同・三月二十日「一時半、富田健治氏来訪、西園寺公一氏の件につき懇談す」
同・五月七日「一時半、橋本伯の来訪を求め、武者小路総裁、松平侯と共に尾崎（秀実）事件に関連——西園寺家の問題につき相談す」
同・五月八日「六時より西園寺不二男氏其他を招き、晩餐を共にす」
同・五月十三日「十一時半、岩村法相来庁、ゾルゲの件につき話あり、拝謁、内奏せらる」
同・五月十六日　西園寺公一起訴。
同・五月十八日「正午御陪食、五摂家其他なり、御陪食後、近衛公来室、スパイ問題其たにつき懇談す」
同・五月二十一日「十一時出勤、武者小路宗秩寮総裁来室、西園寺公一の件、福原男爵家の件等を相談す」
同・五月二十二日「一時武者小路子来室、西園寺八郎氏の公一氏の事件に対する決意等につき見透を語り、懇談す」
同・五月二十五日「三時、留岡総監来訪、スパイ団の件の影響等につき情報を聴く。五時、野村盛康氏来邸、西園寺公の件、福原男分家の件につき懇談す」
同・五月三十日「十一時、武者小路子来室、松平候と三人にて西園寺家の問題につき相談す」
同・六月一日「午前九時、鮎川来訪、西園寺公爵家の件につき意見を交換す」
同・十二月五日「午前九時半、野村毛利家総務来邸、西園寺の件につき相談ありたり。十時半、武者小路総裁を其室に訪れ、西園寺公家の件につき相談す」
同・十二月十八日「岩村法相よりゾルゲの件年内に予審終結の筈《はず》云々」
同・十二月二十七日「二時半、西園寺不二男君、夫人同伴来訪、面談」
昭和十八年三月二十二日「二時、武者小路総裁来室、鮎川氏の家其他につき話あり、意見を交換す」
同・十月二十五日「五時、鮎川邸に於ける晩餐会に出席す。近衛公、池田成彬、鈴木貞一、結城豊太郎、井上二郎、伊藤文吉、山下亀三郎の諸君と同席なり」

同・十一月九日「武者小路総裁来室、西園寺公一君の件につき相談す」
同・十一月二十九日　西園寺公一、懲役一年六ケ月、執行猶予二年の有罪判決を受ける。
同・十二月二日「武者小路総裁来室、西園寺八郎氏、宮内省関係及貴族院議員辞任の意向につき相談あり、大体総裁の意見に同意す」

その役割を終えた「ゾルゲ機関」のメンバーの検挙を承認した木戸幸一は、ゾルゲと尾崎秀実を死刑にすることによって彼らの口を封じ、すべてを闇に葬り去ることにした。

しかし、木戸の同志である西園寺公一の身は、なんとしても守らねばならなかった。木戸が十分な配慮をしていたことは、日記を見ただけでも理解できる。一方、公一は『回顧録』に木戸との関係を何も記載していない。木戸との関係は秘密であった。

この両者の差異はなぜか。

ここに日本の近現代史の謎がある。木戸幸一は西園寺公一のことをあえて記載することによって、天皇閥が天皇制共産主義国家を建設するために「敗戦革命」を実行することに努力していた。そのことを後世の人に気づいてもらおうとしたのではないだろうか。

木戸をはじめとする同志の尽力で、西園寺公一は無罪放免となった。

敗戦後、公一は写真雑誌『世界画報』を創刊し、参議院議員を一期のみ務めた。日中友好協会設立に参加、東京市長選に出馬するが落選した。一九五八年（昭和三十三）、日本共産党に入党後、家族とともに中国に渡り、「民間外交」を展開する。

どうして、公一は中国共産党の支配する中国に行ったのか。

中国に移してあった西園寺家の所有する資産の管理のためか。

中国共産党が戦争責任者である昭和天皇を攻撃しないように、天皇家の財産を毛沢東に提供する工作のためか。

理解しがたい公一の行動であった。

一九六六年（昭和四十一）二月、宮本共産党は日本共産党内の中国派を排除するため、公一が日共の秘密党員であることを暴露し、除名している。

西園寺公一は一九九三年（平成二）に逝去した。享年八十七。

共産主義者として日本の国家権力の中枢にあった西園寺公一は、大日本帝国を対米英蘭戦に突入させ、敗北させるために活躍した売国者であったのだ。

戦争中、一般の日本国民は公一が何をしていたのか、ほとんど知らない。宮本共産党が公一を共産党から除名するニュースに接して、はじめて公一が共産党員であったことを知る。「最後の元老」と呼ばれた西園寺公望の孫が共産党員であることに対して、皆が首を傾げた。

よもや、公一が天皇や祖父・西園寺公望の手足となり、天皇制を残すために天皇制共産主義国家を誕生させることを目論んでいたとは、知るよしもなかった。

第17章

太平洋問題調査会幹事・牛場友彦

共産主義者・牛場友彦

牛場友彦は、東京大学卒業後にオックスフォード大学に留学。そこで西園寺公一と出会っている。おそらく、この英国留学中に共産主義者になったと考えられる。帰国後は私立大学で講師をしていたが、国際問題の研究会を共産主義者の松本重治らと運営する頃から、コミンテルンの主要メンバーになったのであろう。その後、太平洋問題調査会（IPR）の幹事になり、一九三五年（昭和十）、近衛文麿のアメリカ行きには秘書として同行している。

これを契機に、近衛を取り巻く共産主義者の一人として「敗戦革命」の推進者になる。一九三六年（昭和十一）、カリフォルニアのヨセミテ国立公園で開催された太平洋問題調査会に幹事として参加、その際、西園寺公一とゾルゲ・スパイ機関の尾崎秀実の仲を取り持ち、のちには、近衛と尾崎の仲介もしている。

近衛文麿の側近として内閣総理大臣秘書官を務め、近衛内閣の「朝食会（朝飯会）」を組織する。また、尾崎を内閣嘱託にしたのも友彦である。

友彦も「敗戦革命」の推進者であった。そして、「敗戦革命」を推進する近衛文麿の監視人でもあった。

尾崎秀実は一九四二年（昭和十七）三月十二日、東京拘置所で検事の玉沢光三郎の尋問にこのように答えている。

「既に申し述べた通り此の人々は独ソ戦の見透《みとおし》としてソ連の敗北、之《これ》に続いて起るスターリン政権の覆滅を予想して居りましたが之に対し私はソ連は軍事的に或《ある》程度敗北を喫するとしても、革命以来培われて来たソ連の社会的統一性は容易に崩れるものではなく、従てスターリン政権の崩壊を招来することは起り得ないと観て居りましたから、朝飯会の席上では甚だ、消極的な態度でありましたが、牛場、松本、岸、平等のソ連崩壊説に反対して、ソ連は軍事的には独逸《ドイツ》には敵はないであろうが、直に内部崩壊を来すと見るのは早計であるとの意見を述べて居ります。比の意見は風見氏を中心とする会合の席上で風見氏にも述べて居ります。

然るに独ソ戦の経過は私の予想通りスモレンスク地区に於て膠着《こうちゃく》状態に陥り、ソ連軍が軍事的にも独逸の進撃を支える状況となって来ました。其処《そこ》で私は朝飯会の席上等でも私の見解の正しさをもっと積極的に主張する様《よう》になりました。八月末頃内閣秘書官邸で牛場秘書官の招待を受けた際、牛場、犬養等の居る処で松本重治を相手として私の所謂《いわゆる》シベリヤ傾斜論をやり、日本がソ連を攻撃することの無意味を強調しました。其の理由として㈠元来シベリヤは独立して立ち得る地域ではなく、欧露に依ってのみ支配さるべきもので、従て日本がシベリヤを領有して見ても欧露に強い政権が出来れば、シベリヤは其の政権に支配されるに至るであろうこと。㈡資源の関係から見ても日本が現在必要とする石油、ゴムの如きはシベリヤにはなく、此の点からすれば日本に取っては寧《むし》ろ南方進出こそ意味があること。㈢現在の日本としてはソ連の内部的崩壊が到来すれば極東ソ連は武力を用いずして支配下に収め得るので、殊更《ことさら》武力を用うるの必要を認めないこと等の諸点を挙げて、ソ連に対する攻撃の無意味なことを強調したのであります。

右のシベリヤ傾斜論は朝飯会の席上でも話して居り、又、満鉄に於ても機会ある毎に調査員等に之を強調し、九月の満州旅行中満鉄関係者との接触の際にも機会を見て話して居ります。其の他個人的接触ある人にも話して居りますが、一々は記憶にありませぬ。

私が斯様《そのよう》な意見を述べたに付ては、牛場秘書官等近衛側近者を通じて私の意見が近衛公に達し、日本の対ソ政策に幾分でも影響を与えることを秘に期待していた訳でありますが、併し、現実に日本の戦争政策を決定するのは政府ではなく、寧《むし》ろ軍部でありますから、私の期待にも自ら限度があった訳であります。以上申《もうしの》述べた私の政治的工作に付ては、ゾルゲにも説明して置きましたからゾルゲも知って居る筈《はず》です。私はソ連防衛の見地から近衛側近者等に対し、多少政治的工作の余地があるのを認めて、其の気持もあって右の如き意見を述べたと言えますが、同人等から私の見解に強く反対されていたのでそれに反発する気分が非常に多分に動いて居た

結果であったことが主たる動機でした」（『現代史資料・ゾルゲ事件』第二巻、二五八頁）

友彦らは尾崎から南進論を聞かされていた。スターリンが最も恐れていた北進論をとらず、日本は南進論をとった。この決定は、共産主義者の尾崎にとってこの上ない朗報であり、友彦も積極的に協力していた。

敗戦後、友彦は「敗戦革命」を推進していたことを隠し、上手に変身して松方三郎や松本重治とともに日本経済復興協会理事になり、日本輸出入銀行幹事、日本不動産銀行顧問、アラスカパルプ副社長などの職を歴任する。

牛場友彦には弟がいた。

名を信彦という。東京府立一中、一高を経て東大法学部卒後、外務省に入省、敗戦までヒトラー政権の支援者として在ドイツ大使館に勤務した。同期の青木盛夫、一期上の内田藤雄、二期上の古内広雄らとともに革新派の外交官として知られており、イギリスを仲介にして日中戦争の収拾にあたろうとした宇垣一成外務大臣の方針に反発し、連判状を叩きつけたメンバーの一人である。

大日本帝国を壊滅させることに尽くした売国外交官の一人であった。

ところが敗戦後、外務省を退官すると、一九五二年（昭和二十七）に新設された通商産業省の三代目通産局長に就任し、一九五四年（昭和二十九）七月まで務める。以後、在ビルマ大使館参事官、外務省経済局長、駐カナダ大使、外務審議官、外務事務次官、駐米大使を歴任した。一九七三年（昭和四十八）十月に新設された日米欧三極委員会委員に就任、一九七七年（昭和五十二）、福田赳夫改造内閣で対外経済担当大臣になる。一九八四年（昭和五十九）、日米諮問委員会（日米賢人会議）の日本代表になる。

戦前は親ナチス主義者となり、大日本帝国の壊滅に力を尽くし、敗戦後は親米主義者に変心する売国者であった。

警察機構が注視した謀略機関

本章の最後に、牛場友彦が幹事をしていた「太平洋問題調査会（ＩＰＲ）」に触れておこう。ハワイにおけるＹＭＣＡの国際連帯運動として、環太平洋（アジア・太平洋）地域内の民間レベルでの相互理解・文化交流の促進を目的に、一九二五年（大正十四）、ホノルルで設立された。発足した年の六月に第一回ＩＰＲ会議が開催されている。

ＩＰＲの組織はホノルルに設置された国際事務局・中央理事会と各参加国に設置された国内

組織から構成される。国際事務局と中央理事会は、ほぼ二、三年おきにIPRの国際会議を開催している。また、一九二八年（昭和三）に中央機関誌『パシフィック・アフェアーズ』を創刊し、アジアに関する知識の普及を進めた。これが表向きの姿である。

当初、運営の中心があったハワイ（YMCA）グループは政治的問題よりも文化・経済問題を討議することに重点を置いていたが、最大の支部として力を持った米国IPRはカーネギー財団などからの寄付金を獲得するために時事・政治問題を積極的に取り上げるように主張して両者は対立した。一九二九年（昭和四）の第三回京都会議の前後から主導権はハワイ・グループから米国IPRに移っていき、一九三三年（昭和八）には国際事務局がニューヨークに移転した。そして、IPR中央事務局長エドワード・C・カーターはロックフェラー財団より六万ドルから九万ドルの助成金を受ける。

この時点で、IPRはロックフェラーに代表されるアメリカ支配階級の謀略機関になったようだ。

一九三三年（昭和八）一月十一日、警視総監藤沼庄平が山本達雄内相および内田康哉《やすや》外相に「太平洋問題調査会ノ行動ニ関スル件」という文書を送っている。ここで日本IPRの活動そのものが従来とは異なってきており、利敵行為、ないしは敵性機関として問題視され始めていると述べている。

京都での太平洋問題調査会の国際大会

牛場信彦

藤沼庄平

藤沼は、ほぼ同一の内容の文書を翌二月二日にも山本、内田に送り、「相当注意ノ必要」を呼びかけている。警視庁がいかに日本IPRの活動に神経質になっていたかがわかる。

さらには、鈴木信太郎長崎県知事が、山本、内田、そして警視庁、北海道、神奈川、宮城、大阪、兵庫、福井、山口、福岡の各長官宛てに送った文書「中国各種情報入手ニ関スル件」がある。予定される第五回バンフ会議に参加するソビエト代表（現実にはソビエトＩＰＲは参加せず）、および米中の対日包囲網形成の思惑に関しても警戒心を怠らぬように注意を呼びかけ、かつまたＩＰＲに対する不信の念を隠さない様子が記されている。

日本の警察機構は、ＩＰＲの正体を知っていたようだ。

ＩＰＲを支配している「カーネギー財団」「ロックフェラー財団」など米国の支配層は、大日本帝国の壊滅を目論んでいた。ＩＰＲは大日本帝国を壊滅させ、中国大陸を中国共産党に支配させることを目指した謀略機関であった。

第18章

木戸幸一の姪と結婚した共産主義者・都留重人

都留重人の岐路《きろ》

——『いくつもの岐路を回顧して』

都留重人《つるしげと》は晩年、このような副題の自伝を執筆している。タイトルにある「岐路」とはなんだったのだろう。

都留は愛知・熱田中学卒後、一九二九年（昭和四）、名古屋の八高文科乙類（第一外国語はドイツ語）に進学すると、「反帝同盟八高班」に入る。一九三〇年（昭和五）十二月二日、都留は八高生三十六名とともに陸軍の中国侵略に抗してストライキを起こし、検挙される。それから三カ月間留置され、起訴猶予で釈放されるが、退学処分を受ける。出所直後、父の信郎は海外留学を勧めた。確かに、日本で受け入れてくれる学校は少ない。都留は父に促されるようにアメリカに留学した。

この留学が都留の最初の岐路となった。

父・信郎はドイツには共産主義者が多いという理由で、当時の流行だったドイツ留学ではなく、アメリカ留学を勧めた。

だが都留はその父の願いを裏切り、マルクス経済学者になったのだ。

都留は留学前に名古屋ＹＭＣＡの紹介で、来日していたウィルバー夫妻から英会話の特訓を受ける。夫妻はアメリカ・フレンド奉仕団より日本に派遣されていた。フレンド奉仕団はアメリカのフィラデルフィアで設立されたクエーカー教徒の団体である。

一九三一年（昭和六）八月二十七日、都留はウィスコンシン州アップルトンにあるローレンス・カレッジに入学するために渡米する。

クリスマス休暇の間、都留はバッファローで開催された「学生伝道有志世界大会」に参加し、報告演説をした。都留にはあずかり知らない話だったが、この演説を聞いたホワイト教授が都留に注目することになった。

ハリー・デクスター・ホワイト。

一九三四年（昭和九）にフランクリン・ルーズヴェルト政権下の財務省入りをし、財務長官ヘンリー・モーゲンソーの考えに最も影響を与える。一九四一年（昭和十六）十一月二十六日、ハル国務長官が日本に「最後通牒」をつきつける。この「ハル・ノート」の草案はホワイトが作成していた。ホワイトは一九四五年（昭和二十）財務次官補に就任するが、ソ連のスパイであったことが、戦争終結後に証明されている。

ハーヴァード出身であったプリストン学長の勧めもあり、一九三三年（昭和八）七月、都留はハーヴァード大学への転学が認められる。ハーヴァード大学に向かう途中、ペンシルバニア州のウィルバー夫妻宅に立ち寄り、一週間滞在している。旧交を温めたのだろうか。

都留は経済学部卒業後、ハーヴァードの大学院で経済学を専攻する。

その頃、ハーヴァードの経営学部で「カール・マルクス」と題するセミナー講義が開設され、都留も参加している。

ロックフェラー財団の資金提供を受けているハーヴァード大学で、ソ連共産党の実践活動がおこなわれていたとは、驚きである。ロックフェラー財団が、世界を共産主義国家にする運動を支援していたのだ。

一九三五年（昭和十）秋、都留はハーバート・ノーマンと出会う。彼はロックフェラー財団から奨学金を受け、ハーヴァード大学にやってきた。都留は研究課題が似ていることもあり、ノーマンとすぐに打ち解けた。ノーマンも親友と認めたようで、兄に出した手紙に都留の名前が出てくる。ノーマンは手紙で、都留を「有能なマルクス主義者」と知らせていた。

一九三八年（昭和十三）より太平洋問題調査会（ＩＰＲ）国際事務局の研究参与になるノーマンと連れ立ち、都留はニューヨークに行き、ＩＰＲのカーター事務局長に会うと、ＩＰＲの要員となる。

前章末にも記したＩＰＲという組織の真の目的。

都留重人

ハリー・デクスター・ホワイト

ハーバート・ノーマン

それは、大日本帝国の壊滅、そして中国本土を中国共産党に一党支配させること――。

都留は謀略機関の要員になった。都留の人生の転機、ここも岐路であろう。

都留はIPR事務局に出入りするようになる。一九三五年（昭和十）に渡米してきたIPR中文書記局員の陳翰笙《ちんかんしょう》とIPRの依頼で中国の社会調査をおこなっているウィットフォーゲルに会う。また、都留は陳翰笙の紹介で冀朝鼎《きちょうせい》の面識を得る。冀朝鼎はアメリカで中国共産党に加入、アメリカ共産党中国局にあって、機関紙『デイリー・ワーカー』に寄稿するなど、秘密裏に協力した。一九三三年（昭和八）にコミンテルンの外郭団体「アメリカ・中国人民友の会」の設立にかかわり、IPRの研究員になる。

一九三八年（昭和十三）の初夏。

都留は父から帰国を促す電報を受け、一時帰国をする。

用件は京浜コークス社長で父とも親しい太田亥十二《いそじ》との面会だった。太田のたっての希望という。太田とは前に見合いの件で面識があった。太田は和田小六《ころく》東大教授（航空工学専門）の長女・正子の写真を持参していた。またもや、見合い話であった。ちなみに和田教授は木戸幸一の実弟である。太田は西園寺公望の私設秘書の原田熊雄とも懇意であったことから、神奈川・大磯にある原田の邸で見合いとなった。この縁談はとんとん拍子に進み、一九三九年（昭和十四）六月二十九日、都留は正子と結婚した。

都留の三つ目の岐路である。

木戸幸一は前述のように、内大臣秘書官長、宮内省宗秩寮《そうちつりょう》総裁、文部大臣、厚生大臣、内大臣になり、近衛（第二次・第三次）、小磯、鈴木、東久邇、幣原の各内閣の成立を主導した。昭和天皇の第一の側近である。

都留はそのような男の姪を嫁にした。

コミンテルンの手先であり、大日本帝国を壊滅させる要員が、天皇閥エリート中のエリートの一族と婚姻関係になる。都留の正体を木戸が知らなかったわけはあるまい。都留は木戸の同志だったのだ。

都留は正子と一緒に再びアメリカへ渡った。

◉夫唱婦随での日本破壊活動

一九四一年（昭和十六）の春、都留は米マサチューセッツ州ケンブリッジにいた。日本と英米の関係が悪化しつつあり、在米日本人の間でも帰国を口にする者が増えている。樺山愛輔《かばやまあいすけ》のもとを都留が訪ねた。

駐日米大使グルーや駐日英大使クレーギーに情報を流していた樺山愛輔。

樺山は敗戦後、グルーからの寄付で基金を創設するなど、ロックフェラー財団とも関係が深い。

その樺山がニューヨーク市マンハッタン五番街六三〇番地にそびえ立つ高層ビル、ロックフェラーセンターの三十六階に「日本文化会館」をつくり、館長には新渡戸稲造《にとべいなぞう》の門下生である前田多門《たもん》を就任させた。

このロックフェラーセンターの同じ三十六階には、英国海外秘密諜報部ＳＩＳ、別名ＭＩ６の米国支部がある。部屋の入り口に「ベイカー・ストーリー・クラブ」（ＢＳＣ）と書かれ、商品先物取引業として会社登記されていた。ちなみに三十五階にはニューヨーク駐在日本総領事館がある。

七月二十九日、都留はワシントンにいた。恩師ハリー・デクスター・ホワイトに会うべく、財務省を訪れた。

都留は旧交を温める間もなく、ホワイトと日米情勢を語り合った。

「在米日本資産凍結令で日本政府がこれ以上の軍事行動を思い止まることを期待する」

ホワイトの見立てに都留が同意した――これが巷間に伝わっている話であるが、真っ赤な嘘である。

ルーズヴェルトは大日本帝国の壊滅を決めていた。セオドア・ルーズヴェルト以来の「オレンジ計画」は最終局面に入っていた。また、ロックフェラー財団も大日本帝国壊滅の謀略をバックアップしていた。

都留もそのことを当然知っていたし、だからこそ日米戦争に突入するまでアメリカに残ったのだろう。都留がホワイトと今後の日米の行方、それも真実の行方を語り合わなかったとはよもや考えられない。

一九四一年（昭和十六）十一月二十五日、アメリカ大使館の若松公使から都留に連絡が入った。「十二月に入る竜田丸が最後の船便になるので、それで帰国するように」という話であった。十二月七日の日曜、都留は正子とともに送別会に出席し、その帰りにフランス映画を鑑賞している。すでにハワイ真珠湾は日本海軍によって奇襲攻撃を受けている。のんびりとフランス映画を観ている場合ではなかった。帰宅途中に買った新聞で真珠湾奇襲攻撃を知る。

ルーズヴェルト大統領は真珠湾奇襲攻撃の日、緊急避難処置として司法長官のフランシス・ビドルに対して、日本、ドイツ、イタリア系の危険人物の逮捕命令を出し、日系米国人七百三十七名をその日のうちに拘束した。ＦＢＩ（連邦捜査局）は、その四日後に一千三百七十名の日系米国人を一斉逮捕している。一九四二年（昭和十七）二月一日には、日系米国人を無差別に拘束し強制収容する措置を閣議に諮っている。そして二月十九日、大統領令九〇六六号を発令する。スチムソン陸軍長官は大統領令にもとづき「戦時移住局（ＷＲＡ）」を発足させ、日米開戦に対してなんの責任もない米西海岸を中心に居住する約十二万名の日系米国人について、病人であろうとも、母子家庭であろうともお構いなしに引き出して、カリフォルニア州からルイジアナ州まで広がる砂漠に設けた十カ所の強制収容所に送り込んだ。

財産と市民権を奪われたこの日系米国人を強制収容所に送り込んだのは、日本武官が営々として築き上げてきた米国国内のスパイ網を破壊するための防衛対策であったといわれている。

日米開戦後、在米の日本人外交官はヴァージニア州ホットスプリングスにあるホームステッド・ホテルに滞在を命じられ、その後、ホワイト・ナルファー・スプリングスのグリーンフェル・ホテルに移り、ドイツ人と一緒に抑留される。

ところが、都留は変わらず大学に通っていた。ボストン美術館の東洋部に週二回通うアルバイトの仕事にも行っている。

都留は夫人とともに日米開戦後も、それまでとなんら変わらない生活を続けていたのである。後に、駐日大使として来日したエドウィン・ライシャワー。

彼は一九四一年当時、博士号を取得したばかりのハーヴァード大学で、極東言語学部の日本語の専任講師となり、日米開戦直後の数カ月間、国務省極東課の調査分析官を務めていた。

樺山愛輔

前田多門

エドウィン・ライシャワー

そのライシャワーに、ハーヴァード大学で準備中の日本語テキストをできるだけ早く複写して、他大学に配布するように勧告が出される。都留の妻・正子は真珠湾奇襲攻撃後もボストンで生活を送り、ライシャワーが急遽作成することになった日本語教育用のテープの吹き込みを手伝っている。捕虜になった日本兵の取り扱いに必要な日本語のテキストづくりである。

昭和天皇の側近中の側近である内大臣の木戸幸一の姪が、敵国米軍の仕事に従事していたのだ。正子は、どのような心持ちでライシャワーの手伝いをしていたのか。

満州事変以来、中国への侵略は大日本帝国の身勝手な行動であり、大義はない。この大義のない侵略戦争に続いて、国力の差で必ず敗北することになる対米英蘭戦争に突入していった大日本帝国は一日でも早く敗北させた方がよい。このような正義感でアメリカ側に協力するべきだと考えた連中がいたとしても、おかしくはない。正子はこのような思いを抱いて、ライシャワーの仕事を手伝って多忙な日々を送っていたに相違ない。

もっと言うなら、都留夫妻は大日本帝国の壊滅のための仕事に積極的に加担していたのである。敵の敵は味方。アメリカのためになるライシャワーの仕事を手伝うことに、なんの矛盾があろうか。

大日本帝国は、真珠湾攻撃後、香港の英軍降伏(一九四一年十二月二十五日)、マニラ占領(一九四二年一月二日)、シンガポール占領(二月十五日)、ジャワの蘭印軍降伏(三月九日)、ビルマのマンダレー占領（五月一日）と快進撃を続けた。イギリス、フランス、オランダの植民地を潰すことを望んだスターリンとルーズヴェルトにとっては望むところであったのだ。

しかし、日本はこの戦争には勝てない。都留はまたしても「岐路」に立ち、敗戦後の復興再建のために役に立ちたいと、帰国を選んだ。

都留夫妻は一九四二年（昭和十七）六月十八日、日米交換船「グリップスホルム」号に乗って帰国する。

帰国後、都留は外務省の北米担当の政治局第六課の嘱託になる。次に東大の高木八尺《やさか》より「ヘボン講座」と呼ばれる米国憲法・歴史及び外交講座の特別講義を頼まれ、一九四三年（昭和十八）の初春、「第一次大戦後の米国の政治と経済政策」と題する特別講義をおこなっている。

一九四四年（昭和十九）六月より三カ月間、都留は「教育召集」で宮崎県都城の部隊に二等兵として入隊する。都留と同時に入隊した初年兵の大部分は戦線に行かされたが、都留は三カ月で召集解除になり、九月七日に例外的な除隊を認められる。

除隊理由を都留は「根拠ははっきりしない」と述べているが、とんでもない嘘である。

都留が徴兵された時、木戸幸一は赤松貞雄首相書記官を呼んで都留の徴兵期間を三カ月にするように約束していた。

『木戸日記』一九四四年（昭和十九）六月一日。
「赤松秘書官に都留君の身上に付き相談す。……午後八時、都留重人君、正子来訪、面談」

都留は一九四四年（昭和十九）十二月九日付で大使館二等書記官の辞令を受け、外務省の役人になると、以前嘱託をしていた政務局第六課に机を用意された。

一九四五年（昭和二十）三月二十九日、都留はクーリエ（外交伝書使）としてソ連に出張することを外務省から命じられる。これは木戸幸一の指示である。日ソ関係の変化に対応を迫られたのだ。

日ソ中立条約が四月五日に破棄された。

都留は、条約破棄後にソ連を旅した最初の日本人となった。

旅程は二カ月、同行者は判任官の小川亮作《りょうさく》。小川は高校卒業後、外交官となり、日露協会（中国黒龍江省ハルピン）でロシア語を修めている。各々がクーリエ用の大きめの黒鞄を抱えて東京を出発し、関門海峡を船で渡り、朝鮮半島を列車でハルピンに行き、シベリア鉄道に乗って四月十日頃、マンジュリからオットポールへと国境を越えた。モスクワ大使館やウラジオストック総領事館に黒かばんを渡し、入れ替えられた黒かばんを受け取り、都留は五月下旬に新京（現在の長春）に到着。新京からは空路で羽田に降り立つ。

都留はクーリエだけが任務であったと述べている。

都留はなぜ、危険きわまりないソ連行きを引き受けたのか。

都留の直後にソ連に行った陸軍参謀本部の暗号将校は、シベリア鉄道の車中でソ連人により毒殺された。持参した新暗号セットを奪われるという不始末を犯している。

危険を承知で、ソ連に行かねばならない用事が都留にはあったはずである。

都留がソ連から無事に帰国したことについての記述がある。


『木戸幸一日記』一九四五年（昭和二十）五月三十日。

「三時半帰宅、都留重人君、蘇聯より帰朝す。一同安心す」


ソ連側の情報入手――。

これが木戸から都留に命じられた任務であろう。都留はソ連側の情報を入手できる能力があった。都留はソ連のスパイであったホワイトとも、太平洋問題調査会に属しているソ連のスパイとも親密な関係にあった。おそらく、都留はこれらのルートを通じて最新情報を入手しに危険なソ連行をしたのである。

そして、もう一つ重要な任務があった。こちらは外務省の一官僚でも、凄腕の工作員でも務まる任務ではなかった。

共産主義者の木戸幸一は、昭和天皇が推進する「敗戦革命」——天皇制共産主義国家の建設——をソ連側に説明し、大日本帝国の敗北後の協力を取り付けるため、都留を派遣したのである。

都留が自身の「自伝」でソ連に行った本当の理由について記載していないのは当然のことである。書けるわけがなかった。国民の知らないところで、日本の上層部がソ連と敗戦の後始末を打ち合わせしていたなど想像すら及ばない。

七月十二日、昭和天皇は近衛文麿にスターリン宛てに親書を持って行くことを命じている。近衛は「天皇制の継続」のためにソ連に行くと周囲に述べている。

この時、近衛は交換条件として、関東軍を差し出すつもりであった。すなわち、兵士をシベリアで働かせるのである。近衛側近の酒井鎬次《こうじ》陸軍中将が書いた和平交渉の要綱に「賠償として一部の労力を提供することには同意す」という文言がある。

天皇が近衛に持たせようとした親書の内容は、先に都留が派遣されたときと同じである。「敗戦革命」の説明と理解を求めるものだった。

しかし、近衛の訪ソはソ連側からにべもなく断られた。

敗戦後、都留のところに同志たちがやってくる。その第一号がハーバート・ノーマンである。GHQが東京・日比谷の第一生命ビルを本部にしたのは九月十五日であり、その数日前にノーマンは都留のところに顔を出した。歴史学者であり、カナダの外交官でもあったノーマンは、アメリカ政府の要請により、対敵諜報部調査分析課長としてGHQに出向し、昭和天皇とマッカーサーの通訳を担当する。

十月四日にマッカーサーが政治犯の釈放を指令した際、ノーマンは米国財務省から「政治問題顧問」の資格で総司令部に籍を置いていたT・K・エマーソンとともに府中刑務所を訪れている。日本共産党幹部の徳田球一《とくだきゅういち》と志賀義雄に釈放の報を伝えたのである。ノーマンはエマーソンと都留の自宅に行き、二人の釈放の様子を話した。

ヒトラーは共産主義者を皆殺しにしたが、日本政府はごく一部の例外を除いて共産党幹部を殺すことなく拘留していた。これは天皇制を守る要員として、いつの日か天皇制が危機に瀕した時に利用するため、守っていたと考えられる。

都留は、その後もハーヴァード時代の知人と会っている。十月十日、デール・ボンティアス、十月二十日に「戦略爆撃調査団」の調査員として来日したジョン・K・ガルブレイス、ポール・バラン、トマス・ビッソン。十一月には賠償問題担当であったオーエン・ラティモアと再会している。

一九四五年（昭和二十）十月末より始まった戦略爆撃調査の調査に都留も参加し、爆撃対象地だった名古屋、阪神地区をB29に乗って視察した。

太平洋問題調査会にも勤務していたビッソンの著書『日本占領回想記』にオーエン・ラティモアの名前が出てくる。

一九四五年（昭和二十）十一月八日付。

「オーエン・ラティモアがジェンキンス（賠償委員会の一員で経済学者ソシヤーリ＝ジェンキンスの夫、その後、太平洋問題調査会職員）とともに賠償調査団の一員として、今、東京にいると聞いていたが、まだ彼らに会っていない」

十一月十三日付。

「オーエン・ラティモアに会えた。ジェンキンスにも会ってきみのことや太平洋問題調査会の人たちの近況も聞けた」

十一月十六日付。

「昨夜は最良の夜の一つだった。ミルトン＝ギルバート、ポール＝バランとぼくの二人でハー

GHQが本部にした東京・日比谷の第一生命ビル

ジョン・K・ガルブレイス

オーエン・ラティモア

ブ＝ノーマン、ラティモア、そしてジェンキンスを学士会館の夕食に招いた。どんな客を連れてきて会食をしてもいいのは陸軍の持つ素敵な特権の一つだ」

十一月二十九日付。

「昼食に、学士会館でオーエン・ラティモアとハーブ・ノーマンをぼくの最後の客としてよんだとき、ホランドの事務局長（太平洋問題調査会）の件を話題にした」

ラティモアとノーマン、そしてビッソン。彼らはみな共産主義者である。敗戦後、米占領軍の要員として来日していた。

都留はその中の一人のビッソンと開戦前に出会っている。

トマス・ビッソンは一九二八年（昭和十三）、ニューヨークで結成された「日本の中国侵略に加担した米国委員会」の発起人になり、米国共産党のフロント組織である「米国中国人民友の会」の季刊誌『チャイナ・トゥデイ』の編集員をしていた。ビッソンはコミンテルンの秘密工作員であった。

アメリカ内にいたソ連のスパイたちがGHQのメンバーとして日本を訪れ、都留はその面々と親しい関係にあったのだ。ビッソンも来日後、真っ先に都留の家を訪れている。

ビッソンの『日本占領回想記』にも都留は登場している。

いくつか抜粋してみよう。


一九四五年（昭和二十）十月十九日付。

「午後の後半には都留（重人）を見つけるために二人の同僚とジープに乗って東京中を捜しまわった。何度か道を間違えて、やっと彼の家を見つけたときは夕方六時になっていた。明日われわれの事務所で会う約束をして帰ってきた。都留はわれわれの仕事に何か役に立ってくれるのではないかと思う」


ビッソンは米国戦略爆撃調査団の一員として一九四五年（昭和二十）十月十八日に来日する。次の日、ビッソンは軍服姿のままで都留のハーヴァード大学時代の知人である米国人三名と都留の自宅を捜し回り、ようやく見つけた。都留は再会を喜んでいたものの、家の中には頑として入れようとしなかったとある。

これには理由があった。都留はその時、木戸幸一と夕食をとっていたのである。

次は、一九四五年（昭和二十）十月二十八日付。

「都留の家で豪勢な夕べを過ごしたこともある。この家はいい家で、焼夷爆弾で焼けなかったのはまったく奇跡だ。東京の住居はほとんどが大規模な焼夷爆撃で倒壊している。その晩のパーティーに出たのはハーブ・ノーマンと重人の一、二の日本人の友人をのぞけば、ほとんどがわが統合効果課の面々だった。われわれは重人が陸軍に徴兵され、九州で三カ月間平の兵士として基礎訓練を受けたとは知らなかった。外務省が彼を隊からはずしたのは、なんと彼の部隊がまさに沖縄戦行きの準備を整えたところだった！　都留は、一九四五年（昭和二十）三月下旬から五月下旬にかけて、太平洋戦争を終結させるのにロシアが尽力してくれる可能性があるかどうか探るため、モスクワに派遣される予定の外務省の一団の一人であった」

一九四五年（昭和二十）十一月八日付。

「オーエン＝ラティモアがジェンキンスとともに賠償調査団の一員としていま東京にいると聞いているが、まだ彼らに会っていない。エディにはよく会うが、ペッパー・マーチン（新聞通信員）に会えないのは寂しい。彼は本州の北の方にいたが、ぼくが大阪から戻る前に朝鮮に行ってしまった。都留は調査団のお偉方との応対に忙しいのではほとんど顔を見せない。もちろん、彼の経済の知識が彼をなくてはならないものにしているわけだ。明日ポール・バラン（以前ドイツでの調査団に参加していた）を質問者、ぼくを助手として、わが統合効果課は近衛にあたってみることになっている。われわれはすでに郷古潔《ごうこきよし》（三菱重工）と八田嘉明《はったよしあき》（鉄道省その他の大臣を務めた）と話した。木戸侯爵、豊田（副武《そえむ》）海軍大将、東久邇公、広田弘毅および平沼男爵に対するインタビューももうすぐだ。これらは最高レベルの政策にかんするインタビューで、出席者の人数もごくかぎられている」

都留は米国戦略爆撃調査団との対応に追われていることがわかる。さらに、ビッソンが木戸幸一のインタビューにかかわることが綴られている。都留は木戸幸一の戦争責任に関して、戦前からの友人関係、特に太平洋問題調査会に属する左翼メンバーと連絡をとっていた。

一九四五年（昭和二十）十一月十一日付。

「きょうは近衛公を、今朝は豊田海軍大将を三時間、今日の午後は木戸幸一侯爵を三時間以上にわたりインタビューした。彼ら全員が大物なのでわれわれはみな戦時中の政策——戦略上の計画、転機、国内政治上の対立等についてできるだけ彼らから聞き出そうとした。それぞれのインタビューには緊張にあふれた瞬間があって、ぼくにも興味深かった」

一九四五年（昭和二十）十一月十六日付。

「水曜の夜の外出は昨夜のそれと同じくらい楽しかった。都留の家に集まったのは彼の妻、彼女の父、都留の日本人の友人一人、ノーマン、ジョン・K・ガルブレイス（統合効果課の実務スタッフのチーフ）、ギルバート（経済学者で調査団の統合経済効果課の責任者）、そしてバラン（対独米国戦略爆撃調査団の尋問責任者でアンコン号の船長室で近衛文麿を尋問した時の米国戦略爆撃調査員）といった面々、政治的な議論は別として、この夜の圧巻は都留が九州で受けた二等兵としての基礎訓練の話だった……」

この日の記載はこの後、都留の二等兵としての体験談が面白おかしく綴られている。そして、最後に次のように締めくくられていた。

「……都留は陸軍の情報係に入れてもらえなかった。というのは、都留がもっていたのは日本の大学の学位ではなくハーヴァード大学の博士号だったから」

一九四五年（昭和二十）十一月十八日付。

「ここのところ東京ですごした夕べのうちでも、ぼくは昨晩のことを最もたいせつに胸にしまっておきたいと思う。都留夫妻が夫人の父の家で接待してくれたのだ。和田小六夫妻（和田氏は木戸の弟）、重人と正子、ハーブとぼくだけの集まりだった。いままであれは都留の家だとばかり思っていたが、実は彼の家は空襲で焼けてしまったということで、いま住んでいるのは彼の妻の父の家なのだ。和田家の場合、火が家のすぐそこまで来たが、すんでのところで消しとめたという。

きみが送ってくれた三枚の写真を見せたら、みんなたいそう興味をもってくれて、とくにジーンのことをほめてくれた。正子はわれわれの家でジーンがピアノを弾いた夜のことを、とてもよく覚えている。

おいしいすき焼きの後は音楽の夕べ。バッハ、その他のすばらしいレコード、そして日本の政治、太平洋問題調査会、旧友などについて暇にまかせたおしゃべり。まだ名残り惜しいところを十時半きっかりにジープの運転手がわれわれを迎えにやってきた。ジープは荒涼とした東京を走り抜け、カナダ大使館でハーブを降ろした後、ぼくをここに連れ帰ってしまった。

いまや残すところあと十日。十一月二十八日、われわれは船に乗る」

都留が在米中、共産主義思想の持ち主であるハーバート・ノーマン、そしてビッソンといかに親しかったかがわかる。

一九四五年（昭和二十）十一月二十八日付。

「日曜の夜は、都留が日本料理屋でお別れのもてなし、すき焼きに招待してくれた。同席は都留の日本人の友人三人、それに前と同じくジェンキンス、ギルバートにバラン、火曜の夜も都留のところで、このときはシューメーカー、少し遅れてハーブと彼のカナダ人の友人一人がいっしょになった。どちらも楽しい話をしてすごしたが、昼間忙しく働いているうちにどんどん記憶がぼやけて何を話したのか忘れていってしまう」

米国戦略爆撃調査団の仕事を終えて帰国することになり、ビッソンは連日、都留の接待を受けている。

一九四六年（昭和二十一）四月十四日付。

「われわれは、経済科学局が日本人とGHQ将校の混成グループを招待したカクテル・パーティーに出かけた。そこで期待したとおり、都留重人に会い、夜、また彼と会う約束をした。アルビンやフランクとともにした第一生命ビルでの夕食は、話もはずんでほんとうに楽しかった。次にセダンを一台、ホテルまで呼び、重人の家まで運んでもらった（ぼくにはジープのかわりにセダンが割り当てられている）。重人の家では、以前、彼と細君の正子とすごしたときと同じような懐かしい東京の夜を楽しんだ。

われわれは、長時間、楽しく語り合った。一部は仕事の話だった。日本側は、太平洋問題調査会（ＩＰＲ）支部を東京で再建しようと努力中なので、重人は最近の状況に通じていてほしいといった。事がうまく運べば、東京のグループに力となる強力な進歩的グループを加入させる機会もあろう。もっとも、ニューヨークのＩＰＲ本部と再び正式の関係を樹立するには、まだしばらくの時間がかかるだろうと、ぼくは彼に注意しておいた。彼は、われわれの到着直前の四月十日選挙で、自由、進歩両党がめざましい返り咲きを果たしたあとだけに、日本の政治的見通しについてはかなり悲観的だった。

保守勢力は旧民政、政友両党を組織基盤としているだけに、たやすく勝利をおさめ、新国会でも容易に多数派を形成し、内閣をつくることは疑いないようだ。十時半にはセダンが迎えにきたので、帰らなければならなかったが、ぼくは（都留に会えて）東京での生活にたしかな基盤ができたように感じた。都留夫妻は、心配顔にきみと子どもたちのことを聞いていたよ」

こうしてビッソンの滞在は終わったが、一九四六年（昭和二十一）四月。ビッソンはＧＨＱの民放局（ＧＳ）に参加するため再び来日し、一九四七年（昭和二十二）五月まで滞在する。もちろん、親友である都留と再会している。

一九四七年（昭和二十二）三月九日付。

「重人が三島夫人の所在をさがすのを助けてくれている。そんなわけでぼくは、まもなく『私の小さな島』の著者に会えることを願っている。都留夫妻は会うたびにきみの様子を心から尋ねてくれる。水曜日には彼らの家で、正子夫妻からとてもおいしいすき焼きの夕食をごちそうになったし、そのときの四方山話《よもやまばなし》もとても楽しかった。都留は経済安定本部で重要なポストについて非常に重要な計画に取り組むよう期待されている。しかし、それは和田博雄が経済安定本部長官に任命されるかどうかにかかっており、いまのところこれは自由党の反対のため決定していないし、もっともこれは総司令部がまだ手を出しうる問題なのだ」

都留がアメリカの共産主義者のメンバーとどれだけ親しかったかを知ってもらうためにも、少々長い抜粋だったが、紹介した。両者の関係性がよくわかる日記である。

――「近衛文麿をA級戦犯で裁くように」

ハーバート・ノーマンの提出した上申書には、近衛の処遇がこう書かれてあった。

上申書提出から四日後の一九四五年（昭和二十）十一月九日。

近衛は米国戦略爆撃調査団総合経済効果分析課から四時間に及ぶ訊問、通称「近衛訊問」を受けた。訊問場所は東京湾に停泊する上陸指揮艦「アンコン号」の艦長室である。

東京裁判開廷以前の米国側の訊問はすべて、陸上の建物でおこなわれている。東京湾上に停泊する艦船での訊問は近衛ただ一人しかいない。

どうして、東京湾上の艦船内で訊問したのか。

さらに異常なのは、訊問グループの人選である。訊問に立ち会ったのはポール・ニッツ（後に対ソ核政策などで名を馳せる外交官）、ガルブレイス（ソ連一辺倒のマルクス経済学者）、そして主訊問者のポール・バラン。彼はウクライナ生まれのロシア人でソ連のスパイとみなされる人物。訊問補佐のトマス・ビッソンは先述した通り、太平洋問題調査会のメンバーでソ連のスパイである。

どうして、共産主義者でソ連のスパイが近衛文麿を訊問したのか。

実は、近衛の訊問には都留重人が同席していた。

また、近衛の通訳として共産主義者の牛場友彦も訊問に参加している。

この訊問の三日後（十一月十二日）、バランとビッソンは牛場と夕食をともにしている。

なんと驚くなかれ、近衛は「アンコン号」で五名の共産主義者＝ソ連のスパイに囲まれていたのだ。

近衛は敗戦半年前の一九四五年（昭和二十）二月十四日に、「このままいくと日本は共産主義国家になる」という上申書を奏上していた。

この奏上には木戸が立ち会っている。木戸は近衛の口を、折を見て封じることにした。「敗戦革命」を近衛の口から語られてはまずい。

都留は木戸から近衛の抹殺を命じられた。さすがに都留は工作実行部隊ではない。自らが手を下すわけにもいかない。よって、同志であるバランとビッソンに相談し、近衛を密室で脅迫して自殺に追い込むことに決めたのである。

十二月十六日、近衛文麿は自殺する。

近衛が生き残っていたら、彼は国民に「敗戦革命」の起承転結《きしょうてんけつ》、一部始終を語ったかもしれない。

一九四五年（昭和二十）十二月六日、木戸幸一はGHQから戦犯指名による逮捕命令を受ける。戦略爆撃調査団の一員として来日中だったポール・バランが国際検察局の捜査課長B・E・サクット中佐とハーヴァード大学で同窓だったことから、都留は、サクット中佐の斡旋で十二月十四日の晩、キーナンらと夕食をともにする。

――ジョセフ・キーナン。

極東国際軍事裁判のアメリカ合衆国主席検察官兼連合国主席検察官である。会食の際に木戸の予審が決まり、翌十五日、都留は木戸に予審尋問になることを告げた。

十二月二十一日、都留は巣鴨プリズンで服役中の木戸を迎えに行き、「服部ハウス」に向かった。服部ハウスはセイコーの創業者・服部金太郎の邸宅であり、連合国軍総司令部に接収され、キーナンも滞在していた。

都留は通訳として同席した。

裁判を迎えるにあたって、木戸は日記の提出を申し出た。木戸は東京裁判用に一九三〇年（昭和五）一月一日からの日記を準備していた。また、原田熊雄も「原田日記」（『西園寺公と政局』として公刊）を一九三〇年（昭和五）から作成していた。一九三〇年より「敗戦革命」のための記録が作成されていたことになる。

ハーバート・ノーマンは、近衛文麿については戦犯としてきわめて辛辣な覚書を作成している。かたや、木戸に関しては、ありきたりな、どちらかといえば好意的な覚書を作成していた。都留とノーマンの関係を考えれば言うまでもない。

木戸の先見の明であったのだ。

共産主義者で太平洋問題調査会のメンバーであり、コミンテルンの手先であった都留。彼を姪と結婚させることで、自己保身の選択をしたのである。

木戸幸一はA級戦犯に指名され、巣鴨拘置所（巣鴨プリズン）に収監される。一九四六年（昭和二十一）五月より開かれた極東国際軍事裁判所（東京裁判）で審理の結果、一九四八年（昭和二十三）十一月十二日に終身禁錮刑の判決を受け、巣鴨で服役する。一九五五年（昭和三十）に仮釈放される。戦争責任者であった木戸は絞首刑になることなく、八十八歳の人生を全うした。

●売り渡された親友ノーマン

外務省は占領軍から「英語のできるエコノミストを出向させよ」という命令を受けた。都留は総司令部経済科学局顧問の資格を与えられ、一九四六年（昭和二十一）四月より経済科学局（ＥＳＳ）調査統計課に勤める。

岩波書店が雑誌『世界』（左翼の宣伝雑誌）を一九四六年正月号より発行し、編集主任の吉野源三郎の発案で、都留は一九四六年四月から毎月、「世界の潮」と題した国際事情分析を無署名で執筆することになり、十数年間担当した。

天皇が「敗戦革命」を推進し天皇制共産主義国家を建設しようとしていたことを知っている都留は、この現代史を語らずに秘すことにして敗戦後の世論形成に参加した。

共産主義者でソ連のスパイでクエーカー教徒とも関係が深い男。

都留は新たに経済学者の肩書を手に入れ、戦後の日本で実に巧みに転身する。ここでも「岐路」をうまく選択した、まさに世渡り上手な男であった。

一九四七年（昭和二十二）四月の衆議院議員総選挙の結果、社会党の支持する片山内閣が成立する。

都留はＧＨＱの経済科学局局長フレデリック・マーカットの要望により、経済安定本部の総合調整委員会副委員長になる。ところが、片山内閣内での芦田民主党と社会党右派と社会党左派の対立で一九四八年（昭和二十三）二月、片山内閣は総辞職し、都留も退任を余儀なくされた。失職した都留だったが、東京商科大学（後の一橋大学）中山伊《い》知《ち》郎《ろう》教授の勧誘で、一九四八年九月六日付で同大の教授になり、経済研究所に勤務することになる。

マルクス経済学者であり共産主義者であり、ソ連のスパイの都留が国立大学の教授になる。これこそ、敗戦後の日本のインテリのたどった道の一つであった。敗戦後、日本の大学は教員として共産主義者を大量に雇い入れたのだ。

一九五一年（昭和二十六）、都留はフランスの学会に行った際、飛行機に預けたスーツケースが経由地のアンカラで下ろされ、中にあった住所録などがＦＢＩによって取調べられたことが判明した。都留は自分がＦＢＩの内偵対象者になっていることを知る。

都留は、ロックフェラーの寄付によって設立された国際文化会館の人的な国際文化交流活動として戦後訪米第一号に選ばれ、一九五六年（昭和三十一）十月、ハーヴァード大学の客員として渡米する。

ところが、翌一九五七年（昭和三十二）三月、都留は米上院司法委員会国内治安小委員会に喚問される。

三月二十五日、都留は在米日本大使館を訪れ、「ハーバート・ノーマン駐エジプト・カナダ大使の共産党との関係に関連して、明日二十六日証言することになった」と報告する。

三月二十六日、二十七日の両日にわたっておこなわれた委員会で、都留はハーヴァード大学に滞在していた時の交友関係を追及される。都留は開戦直後、交換船で帰国する際、ケンブリッジに友人との書簡やメモ類を置いてきた。ＦＢＩは、これらの文書類を押収していた。

都留はハーヴァード時代に共産党に入党したかと質問され、共産党に入党したことはないと答えている。「私はマルクス主義に対して次第に批判的になり……」と発言している。一生涯、マルクス主義者であった都留の吐いたセリフとは、とうてい思えない。

米議会上院司法委員会の喚問で、ハーバート・ノーマンはハーヴァード時代に左翼学生の一員であったと証言した。

都留の証言から一週間後の一九五七年（昭和三十二）四月四日。ノーマンはカイロ市内のビルの屋上から飛び降りて死んだ。

都留は親友であり、同志であるノーマンを売り渡したのだ。

一九五〇年（昭和二十五）九月二十五日付のＧＨＱ参謀第二部（Ｇ２、情報）秘密文書には

「都留が共産党員との証拠はないが『同調者』であるかもしれない。彼は容易に多くの米国人の友人をつくるため、米国の利益にとっては危険」とある。この文章には、都留の八高時代の行動も書き込まれていた。G2は日本の警察を通じて戦前、戦中の都留に関する特高情報を入手していた。

都留は日本経済新聞社の編集局長の円城寺次郎に協力して『日本経済新聞』紙上の「経済図書室」を担当する。都留は一九六五年（昭和四十）二月より二年間、一橋大学経済研究所の所長になる。

一九六五年（昭和四十）、社会党の佐々木更三委員長、成田知巳書記長らにより社会党の東京都知事候補にまつり上げられる話があった。

都知事には社・共両党の推薦を得て、「天皇機関説」の美濃部達吉の長男で東京経済大教授の美濃部亮吉が当選した。都留は美濃部都知事の「東京問題調査会」の主宰を引き受けている。

一九七二年（昭和四十七）春、都留は一橋大学の学長に選出される。共産主義者でソ連のスパイが一橋大学の学長に選出される。一橋大学は間違いなく「赤」の巣窟であった。

一九七五年（昭和五十）三月末に学長の任期満了と同時に定年退職する。

同じ年の八月一日より朝日新聞の論説顧問に就任。

ちなみに朝日新聞はＣＩＡに管理された左翼の巣窟である。

一九五九年（昭和三十四）三月に創刊された『朝日ジャーナル』の巻頭ページ「風速計」の執筆連載を二十五回にわたり、続けた。都留はCIA支配下の朝日新聞に、新左翼のプロパガンダ誌である『朝日ジャーナル』に関係した。都留は、日本がアメリカの従属国であることを永続化させるプロパガンダの要員として活躍したのだ。

一九八五年（昭和六十）末に朝日新聞を退社。一九七九年（昭和五十四）九月と一九八五年（昭和六十）十月の二回、中国を訪問している。そこで太平洋問題調査会の要員であり、かつての同志である陳翰笙《ちんかんしょう》と再会している。

都留は、一九八五年（昭和六十）六月、ハーヴァード大学より名誉学位を受けた。同年より明治学院大学国際部の教授に就任し、一九九〇年（平成二）三月に退任する。

二〇〇六年（平成十八）に逝去。享年九十六。

第19章

国際文化会館理事長・松本重治

共産主義との接点

松本重治の家系図を見れば、母方の松方家を通じて日本の支配階級に属する連中と姻戚関係にあることがわかる。

松本重治の祖父・松本重太郎《じゅうたろう》は、丹後の間人《たいざ》（現在の京都府京丹後市丹後町）という半農半漁の村の百姓の次男で、京都の呉服商に丁稚奉公に出る。その後、大阪・天満の木綿問屋に十二年間勤め、一八七一年（明治四）に独立し、堺に出て輸入綿布を買い付けて行商に出るという輸入羊毛製品の仲介業を始める。西南戦争に際しては服地を買い占め、政府に高い値で売りつけて稼いだという。

一八七八年（明治十一）に旧宮津藩、福知山藩の士族とともに第百三十国立銀行を設立し、頭取となった。鉄道業の経営にも乗り出し、南海鉄道や山陽鉄道の社長を務めた。紡績業でも手腕を発揮、大阪紡績、日本紡績の経営に関与している。関西大学経済学部の設立、大阪毎日新聞の発展に参加し、のちに大阪毎日新聞社社長になる藤田組支配人本山彦一とともに監査役に就任した。多数の企業に関与したことから、「関西の渋沢（栄一）」と呼ばれる辣腕の経営者である。

私生活では実子に恵まれず、跡継ぎには井上銀行の息子で十七歳の井上桊蔵《まつぞう》を選び、アメリカに留学させ、帰国後に松方正義の四女・光子と娶《めと》わせた。重太郎は松方正義から衆議院選挙への出馬を要請され、一期議員を務めている。

一八九九年（明治三十三）十月二日、桊蔵と光子の間に松本重治が生まれた。関係企業の不振から第百三十銀行の経営が悪化、重太郎は個人資産を提供し役職から身を引く。そして、一九〇四年（明治三十七）六月、第百三十銀行は休業する。一九一三年（大正二）に逝去。

後を継いだ桊蔵は、大阪毎日新聞社取締役を一九三〇年（昭和五）十一月まで務め、九州電気軌道会社の重役になり事業に打ち込むが、一九二七年（昭和二）の金融恐慌で資産を使い果たすと、しばらくして病床に就き、一九三六年（昭和十一）、神戸で死ぬ。

実業界で波乱の人生を送ってきた祖父と父。それに比べると、松本重治の幼少期は穏やかである。

祖父の事業も順調であり、恵まれた生活だった。少年期を兵庫・須磨海岸の九鬼《くき》家の別邸（元三田藩家老の邸宅）で送り、神戸で中学時代を過ごした。神戸時代の後輩に、吉川幸次郎（中国学者・京大文学部教授）、今日出海《こんひでみ》（一九六八＝昭和四十三年、文化庁初代長官。兄は今東光《こんとうこう》）、白洲次郎、先輩に嘉治隆一《かじりゆういち》（満鉄東亜経済調査局入社、朝日新聞論説主幹、出版局長等）がいる。

母と姉とともに東京に移ると、東京大学の予備門である第一高等学校に入学する。一高の同期に岡崎嘉平太《かへいた》（日本銀行入行、大東亜省参事官、敗戦後全日空社長）がおり、ボート部の仲間に神戸一中時代の先輩であり、終生の友人となる嘉治隆一、近衛文麿の秘書官になる牛場友彦や松方三郎と親しく交わった。

牛場友彦、松方三郎とは親類関係でもある。特に、牛場友彦とは祖父同士、父同士が友人であった関係から幼馴染みといった付き合いであった。一高二年の時、寄宿舎の隣部屋に一高在学の尾崎秀実がおり、この時から松本は尾崎と知人関係にある。

西園寺公一とも面識がある。公一が母を亡くした十四、五歳の頃、ふさぎがちな公一をよく遊びに連れ出しており、「シゲちゃん、キンちゃん」と呼び合う仲であった。

松本は学生時代、新渡戸稲造、内村鑑三とも親しい関係になる。

新渡戸の家には幾度も午餐や晩餐で呼ばれている。関係は新渡戸が死ぬまで続いた。また、母方の松方家をはじめ松本の親族には内村鑑三の門下生（松方三郎、岩永祐吉《いわながゆうきち》、長与善郎、黒木三次）や、キリスト教信者が多数いる。

一九二三年（大正十二）、関東大震災で被災したこともあって、松本は東大大学院から米国留学を父に願い出て、イェール大学に入学する。

松本はチャールズ・A・ビーアドに師事した。ビーアドは後藤新平が、東京市長、第二次山本内閣内相時代に、東京市政調査会や関東大震災後の復興計画作成のために米国から招来した気鋭の政治・歴史学者である。

翌年の一九二四年（大正十三）、ニューヨークの総領事をしていた斉藤博のところで、講演に来ていた鶴見祐輔に出会う。鶴見は官僚から転身し、民政党に入った若手議員である。

一九二五年（大正十四）秋、松方幸次郎の依頼でロンドン留学中の花子に会いに英国に行く。花子は幸次郎の娘であり、松本とは従姉妹になる。一九二七年（昭和二）の夏に金融恐慌が起こり、松方から「花子を連れて帰国するように」という電報が届き、帰国後に二人は結婚する。在欧中、松本はオックスフォード留学中だった秩父宮のアルプス登山に松方三郎、西園寺公一らと同行している。

秩父宮とはその後も交流が続き、松本夫妻と秩父宮、勢津子姫（秩父宮妃）と四人でよくテニスをやったことや、そのテニスに秩父宮付きの陸軍武官の本間雅晴が参加したことを楽しかった思い出として綴っている（『昭和史への一証言』）。

秩父宮の日記『雍仁《やすひと》親王実記』にも、松本の名前はよく出ており、きわめて親密な関係であったことがわかる。

一九二七年（昭和二）に帰国した松本は、一九二八年（昭和三）、高木八尺の東大の「米国憲法・歴史および外交講座」、いわゆる「ヘボン講座」の助手になる。

一九二九年（昭和四）の初秋、蒙古人の現地調査のため、日本に立ち寄ったソ連のスパイで共産主義者のオーエン・ラティモア夫婦と会い、食事をした。松本はこの時すでに共産主義者になっていたとみられる。

一九二九年（昭和四）十月末、京都で第三回太平洋問題調査会（ＩＰＲ）が開催される。ＹＭＣＡの総主事だった斉藤惣一《そういち》と高木八尺が幹事役を務め、松本は、松方三郎、浦松佐美太郎《うらまつさみたろう》とともに書記役を務めた。

日本代表団の団長は、新渡戸稲造、それに鶴見祐輔、松岡洋右、那須皓《なすひろし》、松田竹千代、立作太郎《たちさくたろう》、新聞記者として朝日の前田多門、毎日の高石真五郎、日本新聞聯合社（のちに同盟通信社）の岩永祐吉らが参加している。

松本は京都会議で、米国側の世話役の一員として参加していた、プリンストン大学を卒業したばかりのジョン・Ｄ・ロックフェラー三世と親しくなった。

前述のように、ＩＰＲは世界金融マフィアに属するロックフェラーの世界戦略の一環として対日政策に利用した謀略組織である。クエーカー人脈に属し、共産主義者の松本がロックフェラーと直接の知己になることは、大日本帝国の壊滅にとって重要な任務であった。

また、松本はこの時に英国の歴史学者であるアーノルド・トインビーとも親しい関係を結んでいる。

京都会議後、蝋山政道《ろうやままさみち》、嘉治隆一、松方三郎、牛場友彦らと東京政治経済研究所をつくり、

松本重治

チャールズ・A・ビーアド

ジョン・D・ロックフェラー三世

国際政治の共同研究と出版をおこなった。一九三二年（昭和七）四月より六月にかけて、満州事変に関する国際連盟現地調査委員会、いわゆる「リットン調査団」が東京を皮切りに、満州、北平（北京）各地を現地調査した。その際、東京政治経済研究所は、「独立国家として満州国家を認めず、中国に満州の宗主権を与えて、満州を高度の自治国家にする」という意見書を調査団に提出している。

一九二四年（大正十三）五月十五日、米国で排日移民法が制定され、移民排斥問題で日米関係は緊張する。新渡戸稲造は、特に移民排斥運動の中心地のカリフォルニアの大学に日本人の教授を送る計画を立て、高木八尺や徳川家達《いえさと》（貴族院議長）と相談した。米国駐日大使キャッスルやカリフォルニア大学学長の同意も得、同大学の客員教授として松本に白羽の矢を立てる。最終的に大学側が満州侵略を理由に否決し、松本のカリフォルニア大学行きの話は流れた。

松本はアメリカに講演旅行に出かける新渡戸を見送った帰り道、日本新聞聯合社の専務理事をしていた岩永祐吉から、日本新聞聯合社に入社して上海支局長になる話を持ち出され、一九三二年（昭和七）十二月に入社する。共産主義者の松本は、ジャーナリスト、すなわち情報屋として「満州事変」後の中国大陸に乗り込むことになる。

一九三六年（昭和十一）十二月十二日、張学良は共産党軍討伐の督促のために西安を訪れた蔣介石国民党総統に内戦停止を迫り、拉致監禁した。蔣介石は要求に応じず、張学良は仲介を共産党に求め、調停役に周恩来が派遣された。日本に対して強硬姿勢をとるため、国民党と共産党が互いに手を取り合う「国共合作」が解放の条件に盛り込まれ、蔣介石は解放された。これが「西安事件」である。

松本は西安事件をいち早く世界に発信している。中国の要人、ジャーナリスト、学者との広い人脈が事件を独占スクープできた要因である。

この時、松本はエドガー・スノウと会い、大いに語らったようだ。スノウは中国共産党を称賛した著書『中国の赤い星』の書き手として有名だった。

「西安事件の性格と、その後の中共の将来性と中国の動きについて、二人の意見は全く一致して、お互いに大いに語り合った。私の判らなかったいくつかの点を、スノウは、明快に説明してくれたので非常に嬉しかった」と記している（『上海時代』上巻）。

翌春、松本重治はエドガー・スノウに再会した。

「エドガー・スノウも上海で初めて知った。一九三七年の春であったと記憶している。『中国の赤い星』の名著で読者もご承知のとおり、スノウは一九三六年七月から十月にかけ、四ヵ月の旅行を陝西《シャンシー》北部の「開放区」にくわだて、延安の西方の保安にいた毛沢東を何回もインタヴューしたという、洞察力に富み、勇気もある記者であった……」（『上海時代』上巻）

松本は、人類史上最悪の殺人者である毛沢東の実像を隠したでっち上げの「毛沢東神話」を世界に宣伝し、名前を売った〝赤いジャーナリスト〟スノウを賛美している。

蔣介石軍の掃討作戦によって逃げ回るばかりの毛沢東軍だったが、西安事件を契機に中国共産党は国内で勢力を拡大していくことになる。

松本は、知り合いとなった英国大蔵省のエドモンド・ホール・パッチに停戦協定について相談し、英国のヒューゲッセン大使と川越茂駐華大使を会見させ、協議することにした。

しかし、一九三七年（昭和十二）八月二十六日。

ヒューゲッセン大使が南京より上海に向かうイギリス国旗を掲揚した公用車に日本の海軍機が機銃掃射、ヒューゲッセン大使が負傷する事件が生じ、停戦協定の話は潰れる。

「上海の戦いは日独戦争である」と、松本は記した。

蔣介石の国民党政府はドイツに接近すると、大量のドイツ製兵器を輸入し、ドイツの軍事顧問団を受け入れた。弱小だった中国軍は軍事顧問団の指導を受け、ドイツ製の鉄帽に当時世界一といわれたチェコ製の軽機銃で武装し、精強になっていった。

一九三七年（昭和十二）八月十三日より十一月十日までの三カ月間の第二次上海事変で、二十万の日本側兵力で戦死者一万七十六名、戦傷者三万千八百六十六名を出す。この日本側の戦死傷者数は、日露戦争の旅順攻撃（日本兵十三万のうち、戦死傷者五万九千四百八名）に匹敵していた。上海事変は日独戦であったといえよう。

日本軍を中国本土に釘付けにする謀略作戦に加担している松本にとっては、ドイツ軍事顧問団の支援は申し分なかった。

九月、松井石根《いわね》大将が上海派遣軍司令官として呉淞《ウーソン》に上陸してきた。松本は松井に面会して、「南京まで進撃せず途中で停戦してほしい」と頼んだという。日本軍が中国本土に侵攻する事態を支持している松本は詭弁を弄している。

松本は東京に帰るたびに中国問題の会合に招かれていた。朝日の論説委員をしていた前田多門を座長に昼食を食べながらの和やかな会合であった。松井石根も参謀本部の「支那班」出身の中国通ということで、よく出席しており、松本とは旧知の仲であった。

その頃、松本は英国特使団員のホール・パッチと次のような会話をしている。

「松井司令官の軍が予想以上の中国側の抵抗を受けている。それはドイツが送った軍事顧問のフォン・ゼークートやファルケンハウゼンが、抗日戦のため呉淞地区に堅固なトーチカを造ったためなのだと考える。おまけに、ドイツ軍砲兵将校数人が今度の戦争に参加している、という噂まである。それが本当ならば、この上海戦争は、ある意味では日独戦争なんだよ、防共協定なんかをやっておきながら、ドイツの軍需商人はしこたま金を儲けた。そのあげく、日本軍がその犠牲になっているともいえる。おかしな話だよ」(『上海時代』下巻)

ホール・パッチは英国大蔵省の一介の官員ではなかった。一九三五年(昭和十)の中国幣制改革のため英国が送った特使リース・ロスの補佐の一人であり、幣制改革後の管理通貨の価値安定を維持すべく、上海に留まるよう命ぜられた職員である。中国の経済利権を独占したい英米の金融マフィアたちは、北支が日本の影響下に入ることを恐れて、幣制改革と称される大博打を打った。ホール・パッチはその尖兵であった。

ちなみに、中国の幣制改革を簡単に説明すると、中国国民が保有している銀を吐き出させて引き換えに蔣介石政府の紙幣と交換するというものである。しかも、交換比率は銀一に対し紙幣は〇・六。中国民衆は虎の子の銀を取り上げられ、何の価値もない蔣介石政府の紙幣を持たされることになる。

この改革によって北支の中国民衆は蔣介石政府に従わざるを得なくなった。政府が転覆でもすれば、手持ちの紙幣がすべて紙くずになってしまうからである。
日本軍は英米金融マフィアの金儲けの対象であった中国と戦っていたのだ。

一九三七年（昭和十二）七月七日には、「蘆溝橋事件」が勃発。日中戦争は、さらに泥沼化する様相を見せる。

直後の七月二十日から二十五日にかけて、西園寺公一が、近衛と同盟通信社社長の岩永祐吉の依頼で上海を訪れた。松本は久しぶりに会う西園寺に協力を惜しまなかった。ホール・パッチの伝手《つて》を使い、西園寺と宋子文との密会の段取り、中国の要人である徐新六と周作民を引き合わせるなど、西園寺のために尽力している。

二・二六事件後に皇道派を粛清した後、共産主義者に取り囲まれていた近衛文麿は、日中戦争不拡大を主張する連中をさらに追放することに成功した。一九三七年（昭和十二）九月二十七日、参謀本部作戦部長で事変不拡大を主張し続けた石原莞爾が関東軍参謀副長として満州に飛ばされる。石原閥を一掃したことにより、中国大陸の侵略に反対する軍人はいなくなり、日中戦争は拡大の一途を辿ることとなった。

――「戦争から外交交渉に」

東亜局長の石射《いしい》猪《い》太郎《たろう》は突然に命じられた外相命令に面食らう。方針が勅命によって百八十度変わったのだ。石射は満州国の承認を交換条件に長城以南の占領地より日本軍が撤退するという調整案を中国側に伝えることにする。

在華紡績同業会理事長をしている船《ふな》津《つ》辰《たつ》一郎《いちろう》に日本側の代表を依頼した。交渉相手は南京の亜洲司長の高宗武《こうそうぶ》（九大、東大で学び、蔣介石と汪兆銘に信頼された人物）である。松本は高宗武とイェール大学の同窓生であり、親友と呼べる身近な存在だった。

さっそく、交渉にむけての下準備が始まるが、大山事件が生じて交渉は流れた。事件をきっかけに第二次上海事変が勃発し、北支方面に限定されていた戦線が中支まで拡大し、日中戦争は全面化した。

この事件は海軍の謀略といわれている。時の海相は米内光政、海軍次官が山本五十六であった。米内と山本は日中の和平工作を潰し、日本軍を中国大陸の中に足止めする工作人であったのだ。つまり、両者はコミンテルンの要員である。

――「このままでは大陸が赤く染まる」

中国の共産化を恐れたドイツの駐中大使のトラウトマンが日中の仲介役に名乗りを上げた。一九三七年（昭和十二）十一月上旬、トラウトマンは広田外相に、中国が日本と交渉に応じる用意があると伝えてくる。広田は近衛首相、杉山陸相、末次内相に伝えるが、翌日、陸相からドイツの仲介を断りたいという申し出があった。十二月十四日、大本営・政府連絡会議でも杉山陸相らが交渉案に関して強硬な反対意見を述べた。

またしても、「敗戦革命」を推進している連中に阻まれたのである。

十二月十三日、日本軍は南京を占領する。ところが、蔣介石は臨時首都を内陸の重慶に移転し、抗戦を続ける姿勢を見せ、日本軍を大陸深くに誘い込む戦略を実行に移す。

日本軍の南京占領は日中戦争の〝終わりの始まり〟であった。

松本は陥落直後の南京に入っている。

一九三八年（昭和十三）一月十六日、近衛内閣は「爾後《じご》、国民政府を対手《あいて》とせず」という声明を出す。

近衛は対中戦争の長期化（泥沼化）に腐心する。汪兆銘政権の樹立は、その最たる特効薬になるはずであった。

しかしながら、日中戦争の早期終結を求めた汪兆銘の善意は、かえって戦争の長期化に利用され、大日本帝国を敗北の道へと導いた。

また、大日本帝国の敗北後に生じた国共内戦において、中国共産党が蔣介石の国民党を台湾に追い落として中国大陸を制覇、一九四九年（昭和二十四）十月の中華人民共和国の樹立に至る。

汪兆銘は中国人から「漢奸《かんかん》（売国者）」とののしられることになった。

汪兆銘政府の樹立には錚々たるメンバーが名を連ねている。

三笠宮、重光葵《しげみつまもる》、近衛文麿……。もちろん、近衛の最側近である尾崎秀実、西園寺公一、犬《いぬ》養健《かいたける》、松本重治も中国共産党による中国支配を目指し、戦争を長期化させるために政権樹立をバックアップしていた。

汪兆銘政権の誕生に努めた一人に、「赤」の陸軍軍務課長影佐禎昭《かげささだあき》がいる。松本は影佐と家族ぐるみの付き合いをしていた。

影佐の妻である幸子の母・おさとは、兵庫県三田《さんだ》の九鬼《くき》子爵家の家老職の娘で、松方幸次郎と九鬼好子が結婚したとき、好子のお伴として松方家に住み込み、幸次郎の長女の花子を可愛がっている。

影佐が日本大使館付武官として上海勤務中、松本とよく会っている。松本は、中国に滞在している間につくった中国人の人脈を使い、影佐の工作活動を後援したのである。

一九三八年（昭和十三）二月、参謀本部支那課長の影佐禎昭に、上海にいる同盟通信社の松本重治から電話がかかった。松本の用件は、「人と会ってほしい」であった。日本軍の飛行機に乗って、上海から亜洲司長高宗武と亜洲司の日本科長董道寧《とうどうねい》が来日した。さっそく影佐は面会している。

一九三八年（昭和十三）四月七日、大本営は徐州《じょしゅう》作戦を下命し、日本軍はこの作戦に全力を挙げる。五月十九日、日本軍は徐州を占領するが、中国軍は河南南部、湖北部に移動した。徐州作戦は、日本軍をより一層、中国本土内に侵攻させることとなり、中国側の抗日運動はますます激化する。

五月二十六日、近衛は内閣改造をおこなう。外相に宇垣一成、陸相に板垣征四郎をあて、首相、外相、陸相、海相（米内光政）、大蔵大臣（池田成彬）の五大臣が出席する「五相会議」を新設すると、中国戦線の一層の拡大と「南進」政策、すなわち大日本帝国の壊滅の道に向けての政策を推進する。

板垣征四郎中将を陸相に抜擢するについて、近衛はクエーカー人脈に属する同盟通信社の岩永裕吉と相談し、板垣と知り合いだという同社常務理事の古野伊之助《ふるのいのすけ》に板垣の説得を頼んでいる。

孫文と交友を得て以来、蔣介石以下の国民党首脳部と親しい間柄にあった萱野長知《かやのながとも》は、上海派遣司令官・松井石根大将の依頼によって一九三七年（昭和十二）十月頃から上海に渡り、景林港アパートに事務所を設けて、日中和平交渉に乗り出していた。

一九三八年（昭和十三）四月には国民党政府側と即時停戦、日本軍の撤兵発表などを合意することになり、国民党政府の代表を東京に派遣することになる。萱野が帰国し、交渉結果を報告すると、板垣陸相は「支那側にはまったく戦意はない。このまま押せば漢口《かんこう》陥落と同時に国民党政府は無条件で手を挙げる。日本側から停戦声明を出す、あるいは撤兵を約束する必要は無用」と突っぱねた。

国民党政府は長期抗戦の用意ができているというのに話があべこべだと、萱野が情報源を問い詰めると、板垣は高宗武《こうそうぶ》から聞いたと口を割った。

国民党政府外交部亜洲司長・高宗武が松本の世話で来日していたのは、前述している。

高は住友本家の東京別邸に滞在し、影佐の案内で多田駿《ただはやお》参謀本部次長、板垣陸相らと会い、また、西園寺公一と一緒に駿河台の邸で西園寺公望とも会っている。高は日本側に「国民党政府はもうすぐ無条件降伏する」と伝え、蔣介石には「中国があくまで抗戦を継続すれば、日本側は無条件で停戦・撤兵する」という偽りの情報を打電していた。

こうした謀略によって、萱野の和平工作は水泡に帰し、汪兆銘傀儡政権樹立に動いていく。

ソ連のスパイの共産主義者・尾崎秀実、共産主義者・西園寺公一、そしてクエーカー教徒の人脈に属し共産主義者の松本重治が共同で「敗戦革命」を推進し、大日本帝国を壊滅させることに尽力していたのだ。

一九三八年（昭和十三）六月、参謀本部支那課長の影佐禎昭は陸軍省軍務局軍務課長に転任した。

松本は汪兆銘政権樹立のために犬養健（犬養毅の三男。松本重治の母・光子は松方正義の娘で、光子の兄の松方巌《いわお》の妻・保子は長與専斉《ながよせんせい》の長女。長與専斉の兄の称吉《しょうきち》の次女・仲子が犬養健の妻。つまり仲子は松本の伯父の妻の姪であり、犬養健と松本は姻戚関係になる）を参加させ、知り合いの中国人や影佐を紹介している。

宇垣外相は中国側に「蔣介石が元凶」として蔣の下野を要求する。このような無理な要求を中国側が納得するはずもなく、日中和平を目指し外相に就任した宇垣は陸軍と外務省革新派の嫌がらせを受けて、在任わずか四カ月で退任する羽目となる。宇垣は、天皇が「敗戦革命」を推進していることに気づいていなかった。

板垣陸相は徐州作戦の後、漢口、広東へと中国戦線の拡大を命令する。一九三八年（昭和十三）十月二十一日に広東、十月二十五日に漢口が陥落する。十一月三日、近衛内閣は、「東亜永遠の安定を確保すべき新秩序の建設」が日本軍の対中戦争の究極の目的であるという声明を出す。

十一月二十九日、国民党臨時全国代表大会が開催された。国民党の副総裁に就任していた汪兆銘は、翌月の十八日、重慶を脱出する。

十二月二十二日、近衛首相は東亜新秩序の建設に邁進するために、善隣友好、共同防衛、経済提携の「近衛三原則」を発表する。近衛は、日本軍に中国本土を侵略させ、中国人を殺害し、略奪の限りを尽くさせておきながら、歯の浮くような声明を出したのだ。

陸軍は防共協定を強化し、日独軍事同盟の締結を板垣陸相を通じて要求してきた。本協定はドイツ駐在武官からドイツ駐在大使になった大島浩陸軍中将がとりわけ熱望するものであった。近衛はドイツとの軍事同盟に反対したが、陸軍と対立しては内閣の存続はできない。近衛内閣は声明を出した十日後の一九三九年（昭和十四）一月五日、総辞職した。

枢密院議長の平沼騏一郎が後継首相になったが、独ソ不可侵条約の締結によってヨーロッパの「複雑奇怪なる新情勢」を理解できないと、一九三九年八月二十八日、内閣を総辞職し、在任八カ月の短命内閣となる。

日本軍が中国より撤兵するものと信じていた汪兆銘にとって、近衛は悪質な裏切り者であった。蒋介石の差し向けた暗殺団から逃れようと、汪兆銘は一九三九年四月、影佐や海軍の助けによって、潜伏先のハノイから脱出する。

上海に着いた汪兆銘は日本軍の占領下で政府（南京政府）を樹立する。

『木戸幸一日記』一九四二年（昭和十七）六月十八日。

「四時十五分、影佐（禎昭）少将来邸、支那の実情を聴く」

木戸は影佐から中国の現状報告を受けていた。

汪兆銘傀儡政権をでっち上げた影佐は、一九四二年（昭和十七）六月、満州の砲兵司令官に転任させられ、中将に進級する。

影佐は敗戦後、中国から戦犯指名を受けるが、ラバウルでの生活でこじらせた肺結核とアメーバ赤痢が悪化し、国立東京第一病院で二年余の療養生活を送ることになった。一九四七年（昭和二十二）五月二十二日、入院中に「極東国際軍事裁判」（東京裁判）の弁護第一段階の証人として出張訊問を受けている。訊問内容は影佐が関係した汪兆銘政権についてであった。

影佐は一九四八年（昭和二十三）九月十日に死去した。享年五十五。汪兆銘政権をでっち上げ、日本軍を中国本土に釘付けにすることに全力を尽くした影佐は、統制派に属する「赤」の軍人であり、「敗戦革命」の推進者の一人であった。なお、前自民党総裁谷垣禎一は影佐の孫にあたる。

一九三八年（昭和十三）十二月二十日、松本重治は同盟通信本社より帰国命令を受ける。翌一九三九年（昭和十四）十月、同盟通信編集局長になり、調査局長も兼務する。

平沼内閣瓦解の後を受けて、陸軍の推した予備役陸軍大将阿部信行が総理の座に座った。阿部が組閣に着手すると、天皇から勅命があった。

「陸軍大臣は梅津美治郎か、畑俊六《はたしゅんろく》にせよ」

親ソ主義者で共産主義者の梅津を陸軍大臣にするように、天皇が迫ったのである。

陸軍出身であるが、気の弱い阿部は陸軍軍閥に振り回された。

組閣から二日経った九月一日。

ドイツがポーランドに侵攻。ついで三日にイギリス、フランスがドイツに宣戦を布告して、第二次世界大戦の幕が切って落とされる。

この情勢に対して、阿部内閣の外交方針はまったく方向を見失った。内政においても、無為、無策、無力を露呈し、衆議院の不信を買う。そして、一九四〇年（昭和十五）一月、議会再開の日に退陣を決意すると、阿部は議会の解散を企図した。これに対して正面切って反対したのが、陸軍大臣の畑俊六であった。選挙によって反軍的機運が生まれるのを恐れたからである。それほどに、陸軍は横暴の極みにあったといえる。

畑は解散反対を固守し、首相と正面衝突する。陸軍出身でありながら陸軍の支持を失った阿部は進退窮まり、一九四〇年（昭和十五）一月十四日に総辞職する。執政わずか四カ月であった。

阿部内閣のあと、内大臣の湯浅倉平《ゆあさくらへい》は海軍出身の岡田元首相と相談し、コミンテルンの要員である海軍の米内光政を首相に推薦する。

松本は後年、米内は日米関係を悪化させないように努力した信頼すべき人物であったという湯浅の話を書き残している。

この記述もうさんくさい。

コミンテルン要員の米内は中国への渡洋爆撃を命令した将官であり、山本五十六の保護者であった。温厚そうなふくよかな顔つきとは裏腹な強硬派である。米内は大日本帝国壊滅作戦の同志であったのだ。

一九四〇年（昭和十五）一月十六日、米内は首相になる。

新内閣発足から五日目に、千葉県沖の公海上でイギリスの軍艦が日本郵船の浅間丸を臨検し、ドイツ人船客二十一人を拉致する事件が起きる。新聞各紙が「イギリスを撃て！」と煽ったため、排英運動がヒートアップする。さらに一月二十六日には日米通商条約が失効し、米英との外交関係は悪化の一途をたどった。

六月一日、病気の湯浅倉平が辞任し、共産主義者の木戸幸一が内大臣に就任する。西園寺公望が望んだ最後の人選であった。

七月八日、木戸のもとに阿南惟幾《あなみこれちか》陸軍次官がやってきた。阿南は米内首相のもとでは日独伊三国同盟は進展しない、総辞職させるようにと申し出た。

陸軍が内閣の辞任を要求しているのに対し、天皇はあくまでも米内を信認していた。

七月十六日、畑陸相が米内に辞表を提出して、米内内閣は退陣した。

戦争反対のアリバイとなった「対米申入書」

一九四〇年（昭和十五）七月二十二日、第二次近衛内閣が成立する。

近衛は国連脱退の立役者である松岡洋右を外相に任命し、日独伊三国同盟と日ソ中立条約の締結を担当させる。

松岡の就任に際しては、松本が一枚嚙んでいた。近衛に松岡を推薦したのである。

一九四〇年十一月末、ニューヨーク州のカトリック、メリノール派の外国伝道協会の総長であるジェームス・エドワード・ウォルシュ司教とジェームス・M・ドラウト神父が来日し、クエーカー教徒の沢田節蔵の口添えで、松岡外相と会い、外務省を通さない非公式の日米交渉が始まった。

この交渉と並行して、「パウロ」という洗礼名を持つキリスト教信者であり、近衛と一高で同級であった井川忠雄が、岩畔豪雄《いわくろひでお》（陸軍大佐。野村大使の軍事補佐官）を連れ立って一九四一年（昭和十六）二月に渡米し、ドラウト神父と共同で「日米諒解案」を作成していた。

松本は、近衛から同案を見せてもらっている。

ところが、この「諒解案」が問題となった。

一九四一年四月二十二日、松岡がヨーロッパ、ソ連への視察旅行を終えて帰国する。登庁するや、いの一番で見せられたのが、「諒解案」である。

松岡は自分の知らないうちにできた「日米諒解案」に不信の念を抱き、受け入れを拒否した。「日米諒解案」を日本側が受け入れていたら日米戦争はなかったという話がある。そこで諒解案を拒絶した松岡を悪者に仕立てる筋立てが出来上がる。

「オレンジ計画」に続く「レインボー計画」のアメリカ側の推進者たちが、「日米諒解案」を受け入れ、日米戦の回避に努力するはずなど、決してなかった。松岡をスケープゴートにして、アメリカ側の戦争推進者たちの存在を隠すことにしたのである。

野村吉三郎とハルの交渉によって、その後も「日米諒解案」の修正がおこなわれた。だがこれも、いかにも日米間で戦争の回避に努力したかのように示す一つのプロパガンダにすぎなかった。大日本帝国が敗北することになっている戦争の準備が成立するまでの時間稼ぎであり、敗戦を目論む野村とハルは、お互い知ったうえで、茶番劇を演じていたのだ。

六月二十二日、汪兆銘と歌舞伎座で観劇をしていた松岡は緊急の呼び出しを受けた。

「独がソ連を攻撃した」

松岡はすぐさま参内し、天皇にシベリア出兵を申し出る。天皇は近衛を呼び、対ソ戦はしないようにと命じた。

前述のように、近衛のブレーンであった松本らは週一回、総理官邸の日本間で「朝食会」を開いている。その会では、対ソ戦はやるべきではない。ドイツがモスクワを占領し、ウラルの東へ進撃してから北進をすればよい。それまで北進は絶対にすべきでない――で一致していた。

近衛も朝食会の見解に同意している。天皇に言われるまでもなかった。

一九四一年（昭和十六）七月二日の御前会議で「対英米戦を辞さず」という「情勢の推移に伴う帝国国策要綱」を決定し、具体的に南仏印への日本軍進駐を決定し、七月二十八日、サイゴン入城という「南進」を断行する。日本の南仏印への「南進」は日本からの米英に対する最後通牒になった。

米国は在米日本資産を凍結し、フィリピン警察軍を米軍指揮下に編入（七月二十七日）、日本への石油禁輸に踏み切る（八月一日）。

日本はＡＢＣＤ包囲網の成立によって、自衛のためにやむなく戦争に突入したという大東亜戦争肯定論が、よく主張される。しかし、中国本土を侵略し、サイゴンに進駐したのは日本側が先である。その後、ＡＢＣＤ包囲網が成立したのだ。このことを忘れてはならない。

一九四一年（昭和十六）八月六日、同盟通信社編集局長室の松本重治に電話が入った。近衛からであった。用件は日米開戦回避のためにルーズヴェルトと会談したいので、その準備をとの要請であった。

八月二十九日より三日間にわたって、ルーズヴェルトとの会談内容の原案づくりが、箱根・冨士屋ホテルの別荘で始まった。参加したのは、松本のほか、井川忠雄、牛場友彦、西園寺公一である。なんと、共産主義者の松本、牛場、さらにソ連のスパイである尾崎秀実に情報を流している西園寺までが集ったのである。

近衛が提案する「対米申入書」のポイントは二つある。一つは「日本は中国本土からの撤兵を原則とする」、もう一つは「米独開戦の場合は、日本はこれに巻き込まれず、三国同盟にもとづく参戦条項を自主的に判断する」となっていたという。

ところが、九月三日に開催された「大本営・政府連絡会議」において、近衛は「対米申入書」を提出しなかった。

九月六日の御前会議で、日米交渉の見通しが立たない場合は十月上旬に日米戦争を決定し、中旬より戦争準備を開始すると決定される。

近衛はいとも簡単に「対米申入書」を反故《ほご》にして、戦争の道を突き進むことに賛成している。

大本営参謀の「赤」の種村佐孝《たねむらすけたか》陸軍中佐は、九月三日付の日誌の末尾に次のように記している。

「たった一回の連絡会議で総理と外相が、本案を呑んだのだが、果たして二人は理解の上だったのだろうか。歴史的な大転換に際し、もう少し腹を割って語り合ったらどうか。少なくとも二、三日の検討を必要としたであろう」（『大本営機密日誌』）

松本らが近衛の意を受けて「対米申入書」を作成した理由は、簡単明瞭である。

彼らは自分たちが、いかにも対米英蘭開戦に反対し、平和を求めたか。それを〝証明〟する材料をつくっておくことにしたのだ。

九月六日の御前会議の方針は陸軍の横車に拍車をかけた。陸軍は開戦の決定を迫り、これに対して外交交渉に絶望するのはまだ早いと、近衛が主戦派をおさえていた。十月に入って東京・荻窪の近衛邸（荻外荘《てきがいそう》）で東條陸相と及川古志郎《こしろう》海相の三人でも協議したが、意見はまとまらなかった。十二日の会談で近衛は東條に再考を求めたが、東條は納得せず、近衛はとうとう匙を投げ、十月十六日に総辞職すると述べた。

松本は近衛邸でおこなわれた会談模様をこのように伝えている。ようするに、対米英蘭開戦の手引きをした張本人は東條であったと言いたかったようだ。敗戦後を見越して、戦犯をすでに決めていたとは、用意周到すぎよう。

十月十六日午後四時、近衛よりの電話で閣僚が辞表をまとめたと聞き、木戸は、「余り突然たるに驚く」と記している。

木戸は東條を首相にして開戦させ、敗戦時に戦争責任のすべてを東條にかぶせるスケジュールにしていた。

その木戸が近衛の辞任を聞いて驚く必要はない。すべては想定内のことだ。木戸は真意を隠すために「驚いた」と記したのだろう。

十月十七日、木戸は重臣会議を開いた。議題は言うまでもなく、次期首相候補の選定である。清浦（九十二歳）、若槻、岡田、林、広田、平沼、阿部、米内といった首相経験者と、原嘉道《はらよしみち》枢密院議長が集まった。

若槻が首相に宇垣大将を推薦すると、林は皇族内閣の成立を、と述べる。木戸は、軍部の開戦論を押さえ込み、陸海軍の一致を図ること。さらに近衛内閣の対米開戦決意を白紙還元させるためには、「剃刀《かみそり》」のような切れ味を持つ東條陸相しか適任者はなく、よって、東條を首相に任命したいと主張する。

はたして、東條が首相になって軍部を押さえ込み、陸海軍を一致させることなどできようか。

木戸の詭弁である。

東條の胸に去来するものはなんだったのか、今となっては知るよしもないが、東條は敢然と「敗戦革命」の生贄《いけにえ》になるべく、首相に就任する。

松本は十月二十日、海軍の高木惣吉から特使として米国に行ってくれと頼まれたが、外務省米国局長の寺崎太郎が反対することは決まっており、いかんともしがたく、断ったという話を記載している。

寺崎は松本と同じクエーカー人脈に属しており、同志の寺崎が松本の行動に反対するはずはない。

松本は寺崎の部下であり、松本と一高、東大の同級生である第一課長の藤村信雄のエピソードも記している。藤村は「アメリカを撃て」という歌を作ってみんなに歌わせていたという。

松本は寺崎の下に反米好戦主義者がいたことをあえて記し、日本を米国の従属国にする工作をおこなっている寺崎の正体を上手に隠している。

松本はこのようにも記していた。

「外務省にはアメリカ局に限らず、枢軸派などと呼ばれる威勢のいい若手が五、六人いました。

みんな白鳥敏夫を次官にしたい、という連中です。英米派は少なかった……」

松本は外務省の米国局があたかも枢軸派に染まっているように綴ったのである。これも寺崎太郎の正体をカモフラージュしたものであろう。

十一月六日、米国側は「ハル・ノート」を日本側に提出する。この「ハル・ノート」を受け入れることは日本にとって自殺行為に等しいということで、十二月一日の御前会議で開戦を決定する。

松本は、九月頃から新聞には載せられない海外からの電報を翻訳してまとめたリーフレットを二十部ほど作り、「特別情報」を略して「特情」と名づけて、宮内省、外務省などの官庁や陸海軍の首脳に配り始めた。

十一月になると、ほぼ毎日、米国側の情報や同盟通信の米国特派員電を宮内省に持参し、天皇は「その日の米国のニュースを見なければ寝られない」とまで話したと述べている。

十二月八日の朝六時半頃、同盟通信本社から電話がかかってきて、大本営発表で日本は英米に対して戦争状態に入ったという知らせを受ける。

松本はその時の様子を次のように記載している。

「そうか、といって、まだ寝たりないのでもう一寝入りしてそこから八時半頃、行ったのです」

日米開戦という一大事に驚いた様子もまるでなく、寝足りないなどとうそぶいている。これが虚勢でないのなら、「事前に知っていた」とみなすのが自然ではないか。

松本は、十二月八日に開戦との情報をつかんでいたのは毎日新聞だけで、後藤基治という海軍省詰めの記者が海軍上層部に食い込み、極秘情報を手にしたとも記している。

開戦後、松本は同盟通信の編集局長として南方へ視察に行き、日本占領下のシンガポールに入り、南方作戦を指揮する山下奉文《ともゆき》陸軍中将に会っている。おそらく、松本は「敗戦革命」の推進具合を調査すべく南方を取材していたのであろう。

南方視察旅行中、サイゴンに寄り、佐々木海軍武官とゴルフをしていて、そのプレーの最中にミッドウェー海戦の敗北を聞いたと記している。首相の東條ですら、ミッドウェー海戦の敗北は後になって聞かされたと話していたのであるが……。

重要な海戦の帰趨《きすう》については、首相ですら知らないという厳重な報道管制が敷かれており、ミッドウェー海戦でようやく生き残った兵士は休暇をもらうこともなく、それどころか、生きては帰れぬ激戦場に放り込まれていたのだ。すべては口封じのためだ。日本の報道機関を支配している連中は、決して敗戦を知らせず、連戦連勝と報道して日本国民を騙し続けていた。

ただし、松本は一般の国民ではない。とうにミッドウェーの敗北を知らされていたに相違ない。知っていたことを隠すためにも、しらを切ったのである。「知らない」と。

●――「ヨハンセン・グループ」の情報活動

日本放送協会（NHK）は、一九四三年（昭和十八）十二月二日午後一時から三十分間、米軍に対する謀略放送を開始した。松本の属する同盟通信社は陸軍参謀本部とともに、放送内容の作成に参加していた。

放送は、米兵にもてはやされた「東京ローズ」をはじめとする女性アナウンサーが担当した。米兵に人気となり、試みは成功だったが、不思議な放送内容もあった。あまり知られていないのだが、米軍しか知るよしもない情報が流されるのだ。

たとえば、第五〇九混成航空群の爆撃機（原爆投下機エノラ・ゲイ号）の垂直尾翼に「R」の記号がついていることをアナウンサーが話した。実は、尾翼に「R」を記入したのは放送の直前であり、米兵ですら知らない話であった。それを日本のラジオ放送が知っていたとは？　放送を聴いた米兵は米軍側の情報が筒抜けなのに驚いたという。

誰かが、日本側に情報を流していたに相違ない。

おそらく、情報を入手できたのは松本や吉田茂の「ヨハンセン・グループ」。彼らは戦争中も米国側と連絡を取り合っていた。

松本は、一九四二年（昭和十七）二月十五日、日本軍が占領したのちシンガポールに入り、それから三カ月間にわたり、南方を視察したが、帰国後、肺浸潤と肋膜炎にかかり、療養生活を余儀なくされたという。

戦争の後半はほとんど寝たきりであったと述べている。

ようするに、松本は一九四二年五月に帰国してからは病床にあったことになる。

ところが、七月九日、西園寺公一の「ゾルゲ事件」に関して東京刑事裁判所で訊問を受けている（このことは自著『昭和史の一証言』では述べていない）。

松本は日本放送協会から対米放送を依頼されたのが、鎌倉に隠遁する前と話している。そうであるなら、依頼は一九四二年二月、南方に行く前のことになる。

不可思議な話である。

米軍に対する謀略放送は一九四三年（昭和十八）十二月二日に開始されたのであり、松本は放送開始の一年も前に放送内容の作成を頼まれていたというのか。

松本がＮＨＫの謀略放送にかかわっていたのは言うまでもない。ただし、敗戦後に共産主義者から転向して親米派として行動する松本にとっては都合が悪かった。

そこで同盟通信の同僚になる長谷川才次《さいじ》が松本に代わり、「鬼畜米兵」の原稿づくりをしていたという話にして、松本の存在を隠した。この辺りが真実ではないだろうか。

松本は、一九四五年（昭和二十）二月一日、天皇への上奏文を用意している近衛文麿に会ったことを述べている。上奏内容は和平であった。

近衛が上奏文の草稿を吉田茂に見せて意見を求めたが、これを探知した憲兵隊が近衛の動きを牽制すべく、近衛の上奏にかかわったとして吉田茂、岩淵辰雄《いわぶちたつお》（元国民新聞、読売新聞記者）、殖田俊吉《うえだしゅんきち》（元大蔵官僚）の三人を逮捕し、吉田は陸軍刑務所に五十日間拘留された。

素直に読めば、陸軍による和平派潰しだが、吉田を「軍部と戦った平和主義者」に仕立てるためのパフォーマンスとみなすと、また違った一面が見えてくる。吉田の逮捕は公的な戦前の吉田の政治的キャリアに対する「最高の免罪符」になり、敗戦後の政治の担い手としての〃パスポート〃になる。

一九四五年（昭和二十）二月のヤルタ会談で、ソ連はドイツ降伏から三カ月後に対日参戦することに合意した。四月五日、ソ連は日本政府の日ソ中立条約不延長を通告する。

四月七日、鈴木貫太郎内閣が成立する。外相は東郷茂徳《とうごうしげのり》、陸相は阿南惟幾、海相は米内光政、書記官長に迫水久常《さこみずひさつね》が就く。「敗戦革命」への道を推進する内閣が成立した。

ところが四月十二日、ルーズヴェルト米大統領が急死。後任に副大統領のハリー・トルーマンが就任する。

五月七日、ドイツが無条件降伏する。

六月二十九日、広田外相が駐日ソ連大使マリクに会う。いくらマリクと会談しようと、対日参戦を決定しているソ連から今さら色よい返事がもらえるわけはない。広田もその程度はわかっている。わかっていて会談に及んでいた。違う目的だったのだ。

「敗戦革命」の推進者たちは本土決戦によってアメリカ軍と戦い、廃墟の中で共産革命を起こして、天皇制共産主義国家を建設することにしていた。そこでスターリンに「敗戦革命」を理解してほしいと考えた。広田とマリクの会談はそのような状況下でおこなわれた。

ところが、「敗戦革命」の支援者であったルーズヴェルト大統領の急死というハプニングが起きた。ルーズヴェルトが敗戦後も生きていたら、日本と朝鮮はスターリンに丸ごと提供されていたはずだ。日本が共産主義体制の中に取り込まれていたらと考えるとゾッとする。

七月十三日、政府は近衛文麿のソ連派遣を申し入れるが、ソ連政府は拒否。

「敗戦革命」を十分に理解して最終的に天皇制共産主義国家を建設することに協力してほしいという天皇の希望を近衛は伝えるつもりだった。ところが、スターリンは近衛に会うことを拒んだ。

七月十七日より八月二日までポツダム会談開催。

七月二十六日、米英支三国共同宣言（ポツダム宣言）を発表。

七月二十八日、鈴木首相、ポツダム宣言の黙殺を声明。

八月六日、B29（エノラ・ゲイ号）、広島に原爆を投下。

八月八日、モロトフ外相が佐藤尚武《なおたけ》大使を呼び出し、一方的にソ連対日宣戦布告を通告。

八月九日、御前会議で国体護持を条件としたポツダム宣言受諾を決定。

八月九日、B29（ボックス・カー号）、長崎に原爆投下。

八月九日、ソ連軍、満州、朝鮮、樺太に侵入開始。

八月十日、外務省、ポツダム宣言受諾を中立国を通じて連合国に通知。

八月十日、モロトフ外相とハリマン駐ソ米大使は、クレムリンで日本降伏後の連合軍最高司令官の候補を協議し、トルーマンとスターリンの同意を得て、アメリカ軍のマッカーサーと決定した。

「敗戦革命」の推進者たちは最高司令官の名前を聞き、これまで追求してきた天皇制共産主義国家の成立が否定されたことを知る。敗戦後の日本を統治するのは、ソ連ではなかったのだ。

かくして、天皇制共産主義国家の建設を追求してきた歴史は永遠に秘められることとなった。

八月十四日、御前会議でポツダム宣言受諾の聖断を下す。終戦詔書発布。天皇、深夜に「終戦勅書」の玉音放送を録音。大本営参謀の一部と近衛第一師団の一部将校が終戦阻止を図るためクーデターを計画。決起を拒否した近衛第一師団長を殺害し、宮城（皇居）を一時占拠（十五日朝に事件終息）。

八月十五日正午、玉音放送がラジオから流れる。鈴木内閣総辞職。

「これで万歳だ」

八月十五日の玉音放送後、横田喜三郎（東大法学部国際公法担当教授）がそう言った。横田は戦争が終わることを松本から聞かされていたのだ。

横田は自著『私の一生』に松本との交流を書き留めている。

「政府がポツダム宣言を受諾し、戦争を終了させようとしていることは、数日前からうわさがあった。二日ほど前にも、軽井沢の南原に疎開していた松本重治君から、確かなニュースとして聞いた」

ニュルンベルク裁判と東京裁判では、「平和に対する罪」という事後法にもとづいた裁判がおこなわれたが、ニュルンベルク裁判では弁護団の猛反撃（事後法不適用原則）にあって立件に失敗し、三人の無罪者が出た。この結果が伝えられ、東京裁判では全員に無罪の判決が出るかもしれないという懸念が連合国側に生じていた。

こうした微妙な時期の一九四七年（昭和二十二）、横田は『戦争犯罪論』を上梓する。この著書はハーヴァード大学のグリュック教授が一九四六年（昭和二十一）二月に雑誌に寄稿した「ニュルンベルグ裁判と侵略戦争」という論文のまったくの受け売りであった。

「『平和に対する罪』は形式的な法の技術的な立場からするといくらかの不備や弱点はあるが、実質的な法の精神的な立場からするとやはり『戦争犯罪』としての性質を有することが明らかにされた。これを処罰することは十分な理由がある」

横田は東京裁判の理論的根拠を提供し、その不当性を否定した。マッカーサーが小躍りして喜んだことは想像するにたやすい。そして褒美として横田は最高裁判所長官になり、文化勲章、勲一等旭日大綬章を受章している。

松本は、近衛文麿が死ぬ前日に二時間ほど話をしたと述べている。どうやら、二人きりだったようだ。昭和天皇が本当に信頼しているのは近衛と牧野伸顕であったとも記載した。天皇に信頼されていた近衛だが、その御心までは測りきれなかったようだ。その点で、近衛と天皇との間に信頼関係は成立していなかった。

結局、その溝が近衛の死へと繋がったのだ。

将来、近衛が口を割るようなことにでもなれば、ただではすまなくなる。

近衛が戦犯であるという文章をハーバート・ノーマンに作成させ、近衛をA級戦犯に仕立てて、巣鴨プリズンに入獄させることにした。入獄を拒否した近衛は毒をあおって死を選んだ。

松本はこの近衛の死の見届け役を演じたのだ。


松本は一九四五年(昭和二十)十二月に『民報』を創刊した。敗戦後早々に新たな道を歩み始めている。松本は極東国際軍事裁判のキーナン検事の記者会見に記者として出かけて、キーナンに質問を浴びせて怒りを買ったので、記者会見は打ち切られた、と自慢げに語っている。この話が本当なら、松本はキーナンより上位に位置する要員であったことになる。

一九四七年(昭和二十二)一月、改正公職追放令が出て、言論界にも及んだ。松本は『民報』をやめ、弁護士として従兄弟の松方正廣の弁護士事務所に席を置き、国際弁護士としての仕事に従事する。松本はジョン・ケズウィックのジャーディン・マセソン商会の顧問弁護士になっている。松本はロスチャイルド閥に属したのであろう。

「蘆溝橋事件」の生じる前、同盟通信上海支局長だった時に、外務省の査察使として上海に来た吉田茂と会ったこと、そして白洲次郎から麻生太賀吉《あそうたかきち》・和子夫妻を紹介されたと松本は述べている。和子は吉田茂の三女である。

松本は親米主義者に豹変し、吉田や白洲とともに従属国日本の特権階級として生きようとしたのだ。

一九四七年（昭和二十二）四月二十五日に施行された新憲法下での初の総選挙で片山哲《かたやまてつ》党首の社会党が第一党になった。松本は吉田茂の依頼で、社会党の結成に参加している衆院議員の松岡駒吉に会っている。吉田の依頼内容は「社会党に政権を譲る」という件だったようだ。

一九二六年（大正十五）にジュネーブで開催されたＩＬＯの総会では、松本は労働代表者として出席していた松岡駒吉の通訳をしており、松岡と面識があった。

一九四九年（昭和二十四）一月二十三日の総選挙で、吉田茂の率いる民主自由党が第一党になった。

吉田茂が白洲次郎を大臣にしようとした話を潰したという話を松本は残している。実のところ、白洲次郎には大臣職よりもさらに重要な任務――敗戦後の日本を米国の従属国にするための仕事――があったのだ。そこで吉田は白洲次郎を無任所大使に任命している。

松本は、吉田茂が米国に基地を提供することを提案したとも語っている。

一九四七年（昭和二十二）九月、昭和天皇はマッカーサー司令部にメッセージを送っている。

天皇はこのメッセージの中で「沖縄を米国の戦略的基地として、貸与してもよい。対共産主義の防護壁にすべきである」と書いていた。

一九五〇年（昭和二十五）六月二十五日、朝鮮戦争勃発の翌日、「昭和天皇独白録」の作成にあたった式部頭の松平康昌を介し、天皇の伝言を国務長官顧問のアレン・ダレスへ届けた。天皇は公職追放の廃止と朝鮮戦争のために米軍に基地を提供することを提案していたのだ。

一九五一年（昭和二十六）八月三十一日、吉田首相以下二十数名の政府高官はサンフランシスコでの講和条約の調印に向けて羽田を出発する。吉田首相、池田勇人、白洲次郎らが参加する。さらに随行団に麻生太賀吉・和子、そして、松本重治が加わっていた。

米中央情報局（CIA）の初代東京支局長ポール・ブルームが一九四八年（昭和二十三）に着任する。ブルームは東京都渋谷区神山町に敷地四百坪の大きな家を手に入れ、毎月第二火曜日に夕食会を開いた。この会に松本重治は必ず出席していた。松本はCIAの情報提供者になっていたのだ。

なお、松本以外に笠信太郎《りゅうしんたろう》（朝日新聞社論説主幹）、松方三郎（太平洋問題調査会メンバー、共同通信編集局長）、浦松佐美太郎（太平洋問題調査会幹事、評論家）、東畑精一《とうはたせいいち》（農業経済学者）、蝋山政道《ろうやままさみち》（『中央公論』主幹）、前田多門（元文相）、佐島敬愛《さじまよしなり》（米ウィスコンシン州立大学卒、日本国際商業会議所事務総長、信越化学取締役）らが参加しており、ブルームは彼らを「八人のサムライ」と呼んでいた。

一九五一年（昭和二十六）一月、米国特使としてジョン・フォスター・ダレスがサンフランシスコ講和条約を結ぶために来日した際、ジョン・ロックフェラー三世が同行する。

二月一日の夜、松本は高級日本料理店にロックフェラー三世を招いた。その席には松本のほか、樺山愛輔・丑二《ちゅうじ》父子、白洲次郎・正子夫妻、高木八尺が集った。

松本は十月に再度来日したロックフェラー三世夫妻と会い、ロックフェラー財団の後援を願った。帝国ホテルで開催されたロックフェラー三世夫妻主催のレセプションで、同席した樺山愛輔を日本側の発起人として担ぎ出し、ロックフェラー三世の講演会を開催する。この時の講演会に出席した面々は日本を米国の従属国にすることに協力した売国者である。

ロックフェラー三世の講演会の会合で文化センター準備委員会が発足し、樺山を委員長、リーダーズ・ダイジェスト東京支社長のスターリング・フィッシャーと松本が常任幹事になる。そして、準備委員会の事務所をリーダーズ・ダイジェスト社に置き、十七名からなる実行委員会をつくり、計画を実行に移すための会合が始まる。

日本側は拠点となる建物の必要性を説いた。ロックフェラー三世の法律顧問のドナルド・マックレーンと松本が文化センターのための土地、その会館の規模や活動内容についての具体的内容、建設資金の調達方法などをまとめると、一九五二年（昭和二十七）七月、ロックフェラー財団理事会は資金一億七千五百万円を拠出することを約束した。

一九五五年（昭和三十）、麻布・鳥居坂の旧岩崎弥太郎邸跡地に国際文化会館が建設され、専務理事に松本が就任する。

国際金融マフィアは大日本帝国を壊滅させ、米国の従属国にすることに尽力した松本に褒美として国際文化会館を建設してやったのだ。

一九六九年（昭和四十四）十一月、勲一等瑞宝章授与。

一九七六年（昭和五十一）、文化功労者。

一九八九年（平成元）一月十日、昭和天皇が死亡した三日後、松本は済生会中央病院で死亡。享年八十九。

死の直前、松本は英国聖公会を母教会とする東京聖三一教会（日本聖公会）で洗礼を受けている。新渡戸、内村の門下生でクエーカー派に属していた松本が、なぜ死ぬ間際になり、あえて洗礼を受けたのか。クエーカー派では死後、天国に行けないと感じたのかもしれない。

第20章

「赤い」軍人たち・梅津美治郎／米内光政／瀬島龍三

日本陸軍と海軍には数多くの「赤」がいた。その中で注目すべき「赤」の軍人について述べる。

梅津美治郎

一九四五年（昭和二十）九月二日、東京湾に停泊する米戦艦ミズーリ号艦上での降伏文書調印式に陸軍の代表として出席したのが梅津美治郎《うめづよしじろう》である。

一九四三年（昭和十八）一月、近衛文麿は内大臣の木戸幸一に書簡を出している。

「東条首相病気の為、早くも後継内閣に梅津説、或《あるい》は梅津陸相説伝えらる。之《これ》に付き御参考までに」（『木戸幸一関係文書』五九一頁）

木戸は東條英機の病気を懸念して、次期首相候補について鈴木貞一《ていいち》企画院総裁と相談している。また、太田耕造（平沼騏一郎内閣の秘書官書記長）にも話をし、元総理大臣の阿部信行、同じく平沼騏一郎に意見を乞うように依頼している。このおり、阿部と平沼は同じ人物の名を挙げている。

梅津美治郎だ。

同じ頃、近衛文麿が木戸に書簡を出していた。

「軍部はソ連と同じ体制の共産主義国家を目指しており、これを推進しているのが池田純久《すみひさ》、秋永月三《あきながつきぞう》、そして梅津美治郎」と名指しで警告している。

一九四三年（昭和十八）二月四日付の『木戸日記』によると、木戸は近衛と軍部の赤化について話している。

「三時、松平侯邸に至り、近衛公、松平侯と政局の前途、赤化云々《うんぬん》の問題、戦争の見透《みとおし》等につき六時過迄懇談す」

ところが、一九四四年（昭和十九）六月五日の『木戸日記』には、赤化の懸念は語られていない。「一時、近衛公来室、最近の政情、思想問題について懇談す」と記載するのみで、近衛が「赤」のことについて述べた文章は見当たらない。

『細川日記』（一九四三＝昭和十八年十一月二日より一九四六＝昭和二十一年十月十七日）は、細川護立《もりたつ》侯爵の長男・細川護貞《もりさだ》の記したものである。

細川護貞は近衛文麿の次女・温子と木戸の媒酌で結婚、近衛首相秘書官、高松官御用掛、近衛内務大臣秘書官を務めた。

『細川日記』に次のような記載がある。一九四三年（昭和十八）十二月二十八日、細川が近衛を訪問した際の話のようだ。

「夫《そ》れより政治上の雑談に移る。小畑中将の知人にて、某処《ぼうしょ》より、梅津の児分《こぶん》の池田純久少将が、かつて企画院に在りて作成せる文書を手に入れたる人あるも、夫れには、計画的に支那事変を起し、日米戦争迄持って来て、我国の社会制度を一新し、ソヴィエットの夫れの如くせんとの意図を看取するを得るものなりと。夫れより逆に考えて、支那事変当時の梅津の態度等は、実に首肯《しゅこう》しかねるものありたるも、或《あるい》はかかる陰謀もありたるならん。而して夫の小畑氏の知人は、高松宮殿下にも、二回に亙《わた》り拝謁し、七時より十一時過ぎ迄御話申し上げたる由なり。『君も逢ったらどうだ』とのことなりき」

皇道派の主要人物であった小畑敏四郎陸軍中将の知人とあり、梅津の子飼いであった「赤」の池田純久。彼の作成した文章の中に「敗戦革命」が書かれていると近衛は話している。

近衛は日本の赤化を懸念していたのだ。

池田純久の経歴とともに、近衛が憂慮する陸軍の赤化を見ていこう。

池田は陸軍派遣学生として東京帝国大学経済学部でマルクス経済学を学び、熱狂的な統制経済論者となっている。在学中の一九三一年(昭和六)八月、歩兵少佐に昇進。東大修了後、軍務局課員(軍事課)となる。統制派の中心人物になる永田鉄山が軍務局長に就任しており、池田は永田の愛弟子になった。池田は歩兵中佐に進級し軍務局付となり、支那駐屯軍参謀に着任。一九三七年(昭和十二)八月、陸軍兵器本廠付となり、資源局企画部第一課長、資源局を引き継いだ企画院では秋永月三、迫水久常、和田博雄らと調査官として国家総動員法の制定に携わる。一九三九年(昭和十四)八月、歩兵第四十五連隊長に就任し、支那戦線に出征。一九四〇年(昭和十五)八月、奉天特務機関長となる。一九四一年(昭和十六)七月、関東軍司令部付、関東軍参謀(第五課長)、次いで関東軍参謀副長を務めた。

「ノモンハン事件」後、関東軍の司令官は統制派の中心人物である梅津美治郎である。池田は梅津の懐刀となった。一九四五年(昭和二十)七月から翌月まで、秋永月三に代わって内閣綜合計画局長官に就任。八月九日以後に開かれる敗戦決定の御前会議にも出席している。

さて、池田の上官であり、近衛をはじめ元首相たちからも名前の挙がったのが梅津である。梅津美治郎は陸軍大学校を首席で卒業。参謀本部に配属された後、ドイツ、デンマーク駐在、

スイス公使館付武官、再度の参謀本部員、陸軍省軍務局課員、歩兵第三連隊長、参謀本部第一課長（編制動員）、軍事課長。一九三〇年（昭和五）少将に進級、歩兵第一師団長を経て一九三一年（昭和六）参謀本部総務部長に就任。

満州事変では荒木・眞崎体制下で主導権を発揮できず、一九三四年（昭和九）三月、支那駐屯軍司令官に転出、日本軍の華北進出の第一歩になる梅津・何応欽《かおうきん》協定（一九三五＝昭和十年六月十日）を結び、一躍、有名になる。一九三六年（昭和十一）三月に陸軍次官となり、二・二六事件後の粛軍を推進する。「二・二六事件」の勃発時、梅津は仙台第二師団長の職にあり、「叛乱軍」を断固討伐すべきと意見を表明している。統制派の梅津にとっては皇道派を潰す、またとないチャンスであった。

陸軍次官であった梅津は、中国での戦争の泥沼に日本軍を引きずり込み、スターリンを喜ばせ、毛沢東の共産党軍を利することを命令していた。

ところが、梅津に立ちはだかる人物が現われた。石原莞爾参謀本部作戦部長と参謀本部の多田駿《はやお》参謀次長である。

石原は満州国の経営に全力を注ぐべきであり、中国本土への日本軍の侵略拡大に反対していた。

一九三八年（昭和十三）一月十五日、大本営連絡会議が開催される。この連絡会議の出席者

梅津美治郎

米戦艦ミズーリ艦上での降伏文書調印式に臨む梅津美治郎。左は重光葵

細川護貞

多田駿

池田純久

は政府側が近衛首相、杉山陸相、米内海相、池田財相、末次《すえつぐ》内相。大本営側は多田と古賀峯一《みねいち》海軍軍令部次長であった。多田は、どんなことがあっても日中間は和平すべきであるという信念と熱意をもって和平交渉の継続を主張した。これに対して政府側は、国民党政府との和平交渉打ち切りを主張し、譲らなかった。

米内は「政府は外務大臣を信用する。統帥部が外相を信用せぬのは同時に政府不信を意味する。政府は辞職のほかなし」と力説する。

多田は屈せず、涙を流して抗議した。

「かつて明治大帝は朕に辞職はない、と仰せられたが、国家重大の時期に政府の辞職云々は何事か」

末次内大臣も交渉継続反対で多田に喰ってかかり、交渉継続論を主張するなら近衛内閣は総辞職するという意見が出され、多田は政府に屈服した。

一九三八年（昭和十三）一月十六日、近衛首相は「爾後《じご》、国民政府を対手《あいて》とせず」との声明を発表したが、重大な失策と覚り、事変収拾の糸口を見出そうと内閣改造に着手する。

近衛はこの時点で、統制派が中国戦線の拡大を推進していることについての認識がなかった。ただ、陸軍の強硬派の言いなりになる杉山元陸相に対しては根強い不信感をもっていた。そこで内閣改造の手始めに杉山陸相を外し、板垣征四郎中将の就任を決めた。近衛は板垣が日中戦争の早期和平を主張しており、陸軍部内においても人望があると、側近から耳にしていた。板垣を陸相に据えることで、陸軍が事変終息のため積極的に協力するようになることを期待したのだ。

本来、首相が陸相の更迭を実現することは至難であった。後任の人選は、いわゆる三長官（陸相、参謀総長、教育総監）の合議が多年の慣行になっており、彼らの意向が大であった。天皇は近衛が辞任することを憂慮して、閑院宮参謀総長に陸相の斡旋を依頼している。陸相更迭の背後には、近衛を援助しようとする天皇の思惑があった。

一九三八年（昭和十三）六月三日、板垣が陸相に就任。ところが、梅津は陸相更迭について非常に憤慨し、統帥権干犯と声を上げる。梅津は次官を退任するが、後任に関東軍参謀長であった東條英機を任命した。

梅津は陸士十五期生、板垣は陸士十六期生、東條は陸士十七期生であった。先任順位から言えば、梅津を跳び越して板垣という人選はなかった。

陸相に板垣、次官に東條という人選に近衛は喜んだ。近衛は「板垣のような西郷隆盛式の男は東條のような緻密な人をつけたらいいと思う」と、西園寺公望の私設秘書の原田に洩らしている。

だが、近衛の期待はほどなく落胆に変わった。

中国戦線から帰京した板垣と親しく話を交える機会があった。

この時の様子を松平康昌内府秘書官長が、天皇の言葉として原田に話している。どうやら、近衛は天皇に板垣の人となりを告げたようだ。


「これは勿論《もちろん》極秘だけれども、陛下は内大臣に『近衛は板垣のことを、会ってみましたけれども、ぼんくらな男だ、と言っておったよ』と言って、笑っておられて、『近衛はすぐ変るね』と付加《つけくわ》えておっしゃった」


陸軍中枢の新布陣だったが、前途多難だった。

最たる問題は日中戦争であり、戦争の今後を見越して、東條と多田の仲が険悪となる。

あまりの仲の悪さに、多田は一九三八年（昭和十三）十二月十日付で第三軍司令官、そして一九三九年（昭和十四）九月二日付で北支方面軍司令官に転出。山西省で苦戦し、犠牲者を多数だした責任をとって、一九四一年（昭和十六）九月二日付で予備役となった。一方、東條英機は一九三八年（昭和十三）十二月十日付で航空総監兼本部長に転出する。

板垣の陸相就任後まもなく、陸軍は漢口作戦、次いで広東作戦を実行し、戦火はますます拡大する一方だった。近衛は期待外れの状況に弱音を漏らす始末だった。

「陸軍部内の意見というものは一体どこから生まれて来るものであるかは余も判らず、正体無き統帥の影に内閣もまた操られており、もうロボット稼業はホトホト嫌になった」

一九三九年（昭和十四）一月、近衛は辞職。後継の平沼内閣も八月二十三日、独ソ不可侵条約の調印に「欧州の天地は複雑怪奇」との声明を出して総辞職し、阿部信行陸軍大将が次の内閣を組閣した。

新内閣の難題は、またしても陸軍大臣の人事であった。

「敗戦革命」には、梅津がうってつけであった。木戸をはじめとする天皇周辺、さらにコミンテルンの要員である米内も梅津の陸相就任を希望していた。ちなみに阿部首相の長男の妻は木戸の長女である。当然、木戸とは親しかった。

選ばれたのは東條英機。統制派の主唱者だった永田鉄山の愛弟子である。

意中の梅津ではなかったものの、「敗戦革命派」にとっては、ほぼベストといってよい人事であった。

近衛は梅津を支えている勢力が共産主義者と感づいており、そのうえで、板垣と東條のコンビネーションが一番いいと、かつて話している。東條の正体を近衛は知らなかったようだ。

東條は陸相になると、対ソ戦の準備をしている関東軍のトップを交代させた。一九三九年（昭和十四）九月、関東軍司令官の植田謙吉を解任して予備役に編入させ、代わりに梅津を任命する。

梅津が関東軍司令官に在任中、ソ連との紛争はただの一度もなかった。梅津はスターリンがヒトラーとの戦いに十分に専念できるように、ソ連の東部戦線を守っていたといってよい。

親ソ主義者で共産主義者の梅津は東條内閣退陣に際して、一九四四年（昭和十九）七月より参謀総長に就任している。

戦犯になる条件が成立した東條は、首相・参謀総長の役職を剝奪《はくだつ》される。それでも陸相の地位だけは死守しようとあがいたが、参謀総長になった梅津は躊躇なく東條を切ると、予備役にした。そして、一九四五年（昭和二十）四月二日、米軍の本土侵攻対策に、名古屋から東を第一防衛司令部として司令官に杉山陸相を任命し、名古屋より西を第二防衛司令部として司令官に畑俊六を任命した。外地から阿南惟幾《あなみこれちか》を呼び戻し、杉山の後任として陸相に任命する。

この陸相問題で、梅津は梨本宮、朝香宮、三笠宮などと相談している。皇族との会合に天皇の影が見え隠れする。梅津が陸軍の人事を握ることができたのは、昭和天皇の支持があったからであろう。

陸軍次官には「東條四天王」の筆頭・富永恭次《とみながきょうじ》に代えて、梅津の最も信頼する共産主義者の柴山兼四郎《しばやまかねしろう》を任命した。

第一次近衛内閣（一九三七＝昭和十二年六月四日〜一九三九＝昭和十四年一月五日）の書記官長に風見章《かざみあきら》という男がいる。風見は『信濃毎日新聞』記者時代から生粋のマルクス主義者だが、柴山は近衛に「なかなかできる男」として風見を推薦していた。当時、柴山は陸軍省軍務課長であり、陸軍次官だった梅津美治郎の後援を受けていた。風見は柴山と同郷であり、同じ旧制下妻中学に一時在学していた。

赤のネットワーク。

陸軍の中枢は共産主義者が支配していた。

なぜ、このような人事が可能だったのか。

先ほど、天皇の影を指摘したが、天皇直臣の木戸幸一の存在も大きい。共産主義者の木戸こそ、「敗戦革命」により、日本を天皇制共産主義国家にすることを推進していたのだ。

一九四四年（昭和十九）七月、梅津が参謀総長になって初めて手がけた大作戦は「レイテ決戦」であった。

「アメリカ太平洋艦隊を全滅させた」という大勝利のニュースに国民は歓喜の声を上げた。一気に形勢逆転である。

だが実際の戦果は、アメリカ巡洋艦二隻を大破しただけ。まさに嘘で塗り固めた「大本営発表」であった。

梅津はルソン島決戦用の陸軍部隊をレイテ島に移動させて戦力の損耗を図った。この部隊は満蒙に展開していた精鋭部隊であり、避けられなくなりつつある対ソ戦にむけて、少しでも満蒙の軍事力を削ぐ企みであった。

レイテ沖海戦で連合艦隊は事実上消滅し、レイテ沖に海軍神風特攻隊が初めて出撃することになる。

一九四四年（昭和十九）七月十八日、東條首相は辞表を提出し退陣する。このとき阿部信行と若槻礼次郎は次期首相として梅津を支持している。翌一九四五年（昭和二十）四月五日、小磯首相が退陣した際も、杉山陸相は後継首相として梅津が最適任であると主張している。

共産主義者の梅津が何度も首相候補になっていたのだ。軍の中枢を共産主義者が支配していたことを明確に知っておかねばならない。

敗戦後、梅津はA級戦犯に指定され終身禁錮を宣告されるが、服役中直腸ガンにより一九四九年（昭和二十四）一月八日死亡する。享年六十七。

◉——米内光政

「日独伊三国同盟」に反対した米内光政海相と山本五十六海軍次官は「海軍良識派コンビ」と呼ばれ、日本海軍は戦争反対であったとされる。巷間で言われている「海軍善玉論」だ。

海軍善玉のその親玉、米内光政は本当に戦争反対の立場であったのか。

まず、海軍が猛反対した日独伊三国同盟について、少し考えてみよう。

三国同盟には、「反英米＋反ソ」と「反英米＋親ソ」という二通りの考え方があった。三国同盟締結を推進した大島浩駐独大使は、「反英米＋反ソ」の条約とみなした。平沼首相も同様の見立てで締結に賛成していた。

米内は「反英米＋反ソ」とみなす三国同盟には、確かに反対している。しかし、ヒトラーが独ソ不可侵条約を締結し、「親ソ」路線に転換したとみるや、ただちに三国同盟締結支持に豹変した。そして、海軍全体が三国同盟に賛成することを静かに待った。

「反英米＋親ソ」一辺倒の近衛が首相に就任し、ついに時が訪れ、日独伊三国同盟調印の運びとなる。続いて、一九四一年（昭和十六）四月二十二日には日ソ中立条約にも調印。これで大日本帝国は対ソ戦への道を封じて対英米蘭戦への道を突き進むことになる。

米内は、一九三七年（昭和十二）二月に成立した林内閣で海軍大臣に任じられ、六月に成立した第一次近衛内閣でも留任し、十一月五日に開始されたドイツのトラウトマンの仲介による蔣介石の国民党との交渉の打ち切りを主張した。

一九三七年（昭和十二）七月七日、北京近郊の盧溝橋で日本軍と中国軍が衝突する。八月十三日の閣議で杉山元陸相や広田外相らの反対を押し切り、陸軍の派兵を主張する米内海相の強硬路線が通った。八月二十二日、上海派遣軍の敵前上陸となり日中全面戦争へと戦線が拡大していく。八月十五日からは長崎・大村基地より双発の九六式中型陸上攻撃機で南京への渡洋爆撃、台北基地からは江西省南昌への渡洋爆撃をはじめ、十二月の南京攻略まで海軍航空隊は南京空襲を三十六日間、延べ機数六百機、投下爆弾三万トンを数える過激なごり押し的爆撃をおこなっている。

南京陥落後、蔣介石が対日戦を続けるために首都にした重慶に対しても戦略爆撃が執拗に続けられる。

米内は、海軍による猛攻撃を強く主張し、日本が中国戦線の泥沼に突っ込んでいくことを強硬に推進した人物である。一九三七年（昭和十二）七月からのたった三カ月での日本軍の損耗は甚大なもので、戦死傷者は四万名を超えた（戦死者九千名を含む）。

一九三八年（昭和十三）十一月二十五日の五相会議で、米内は海南島占領を強硬に主張すると、翌一九三九年（昭和十四）二月に海南島の占領作戦が敢行された。蔣介石は米内主導の海南島占領を「第二の満州事変」であると非難。米国は日米通商航海条約の破棄を通告する（一九三九＝昭和十四年七月二十六日）。

海南島占領は事実上の米英蘭に対する宣戦布告となり、対米英蘭戦への極めて確実な第一歩になった。事実、一九四一年（昭和十六）七月の南部仏印進駐のための海軍艦艇と陸軍の輸送船団は、すべて海南島の三亜湾から出航している。

米内こそ対中戦争の長期化、そして対米英蘭に宣戦布告した張本人であったのだ。

一九四四年（昭和十九）七月に成立した小磯内閣でも米内は海軍大臣に任じられ、鈴木、東久邇宮、幣原各内閣で海相を歴任した。

一九四五年（昭和二十）五月七日、ドイツ降伏の報告を受けた直後、米内は海軍の人事を刷新する。まず、マニラから大西瀧治郎《おおにしたきじろう》を呼び寄せた。大西は徹底抗戦の「一億玉砕論」を最後まで展開する。米内は日本本土に上陸するはずのソ連に与《くみ》してアメリカとの戦いを継続し、ソ連の日本全土占領に協力する腹づもりだった。

次に海軍内部で唯一「反ソ」を心に秘めた及川古志郎を軍令部総長の座から追放した。及川は一九三六年（昭和十一）、「ウラジオストックを奪取せよ」という上申書を提出しており、米内は及川を信用できなかったのだろう。

また、周囲が米内の同志とみていた井上成美《しげよし》海軍次官も異動させている。井上は社会主義思想を嫌悪しており、本心から早期和平主義者であった。米内は自分がコミンテルンの要員であることを井上に知られることを恐れたのだ。米内は井上を海軍大将に五月十五日付で昇進させると、次官のポストから追放した。

教育局長の高木惣吉《そうきち》は「終戦の研究担当」という偽装看板で、最後まで重用した。高木がコミンテルンの要員である傍証であろう。

ドイツが降伏し、ソ連の対日侵攻が目前になった一九四五年（昭和二十）五月十一日、十二日、十四日のいずれかの日に開かれた最高戦争指導会議構成員会議で、米内は東郷茂徳外相と激論を交わしている。

「ソ連は日本に中立を守るし、ルーズヴェルトとスターリンのヤルタ会談の後であっても日本の対米戦争に少しだが協力するはず」であるから、「航空用ガソリンを提供してもらうために海軍艦艇を譲渡する」と米内は主張した。

この条件で交渉して欲しいと申し込んだのだ。東郷は米内の申し出に激昂し、強く拒絶した。実際に五月上旬、米内はソ連大使館に末澤憲政海軍省軍務局第二課長を介して、このプランを申し出ている。戦艦「長門」、重巡洋艦「利根」、訓練用空母「鳳翔《ほうしょう》」、駆逐艦「雪風」など五隻が米内のソ連への提供案だった。米内は戦艦「長門」に乗ってウラジオストックへ亡命しようと考えたとみることもできる。

亡命話はあながち作り話ではない。米内は腹心の横山一郎海軍少将を、在モスクワの白井淑郎海軍大佐に代えて駐ソ海軍武官に任じていた。恐らく、米内はソ連亡命を考えてソ連との交渉役に仕立てたのだろう。この赴任はソ連大使館が横山にヴィザを出さなかったので立ち消えとなっている。

一九四五年（昭和二十）七月二十八日、米内は高木惣吉に次のように語った。ポツダム宣言が発令された直後の会話である。

「声明は先に出した方に弱味がある。チャーチルは没落するし、米は孤立に陥りつつある。政府は黙殺で行く。あせる必要はない。ソ連側の返事を待ってこれらの措置を決めても遅くない」（「高木海軍少将覚え書」）

米内は宣言を黙殺することによって、トルーマン大統領の広島、長崎への原爆投下の理由付けに協力していたとも考えられるのだ。

八月十五日、阿南惟幾陸相は割腹自殺するとき、義弟の竹下正彦陸軍少佐に「米内を斬れ」と叫んだ。阿南は米内がコミンテルンの要員であると気づいていたのか。

一九四五年（昭和二十）十一月三十日、日本軍は解体され、十二月一日より陸軍省は第一復員省、海軍省は第二復員省となる。

十二月二十二日から翌年一月二十三日にかけて、「海軍戦争検討会議」と称する特別座談会が、第二復員省の肝いりで四回開催されている。この会議開催の発案者は米内光政である。

会議には、海軍を動かした軍人のかなりの数が出席している。

永野修身《ながのおさみ》、及川古志郎、近藤信竹《のぶたけ》、沢本頼雄《よりお》、岡敬純《たかずみ》、大野竹二、藤井茂、井上成美、富岡定俊《さだとし》、吉田善吾《ぜんご》、豊田貞次郎《ていじろう》などが主な出席者であった。

この会議では戦争責任について論じられたが、海軍は総体としては戦争責任はなく、もちろん一部の海軍軍人にも責任があるにせよ、その大半は陸軍軍人が負うべきであるとの結論でまとまった。

そして、海軍の戦争反対神話のシンボルに「米内海軍大臣、山本海軍次官、井上軍務局長」のトリオを創り出し、海軍は日独伊三国軍事同盟締結に反対していた、だが陸軍に引きずられて仕方なく戦争に突入したという「海軍善玉論」をでっち上げ、「陸軍悪玉、海軍善玉」という誤った歴史認識を世間に流布させることを決めた。

米内は自分自身が平和主義者である「海軍善玉論」の生き証人となった。


さて、海軍出身者でA級戦犯になった者は三人いる。

嶋田繁太郎《しまだしげたろう》海軍大将。東條内閣の海軍大臣であり、真珠湾奇襲攻撃時の海軍の責任者とされた。

永野修身海軍元帥。日米開戦時に軍令部総長を務めており、真珠湾奇襲攻撃の実施を承認した作戦指揮の最高責任者であった。

岡敬純海軍中将。開戦時に海軍省軍務局長に就いており、対米英蘭開戦前後の軍政の中枢を担っていた。

三人は絞首刑になってもおかしくなかったが、三人とも終身刑の判決であった。海軍出身者から絞首刑の被告を出さなかったのは、弁護人が優秀であったという主張があるが、そうした主張は戦争責任を日本陸軍になすりつけるストーリーが捏造されていた事実を無視するものだ。

確かに海軍のA級戦犯から絞首刑者は出なかった。比して、B・C級戦犯の絞首刑は九百四十二名（海軍関係二百一名）実施されている。真の戦争責任者を守るために上級軍人が助かり、下級軍人が首を吊られたのである。

米内光政と山本五十六

井上成美

及川古志郎

ボナー・フェラーズ

嶋田繁太郎

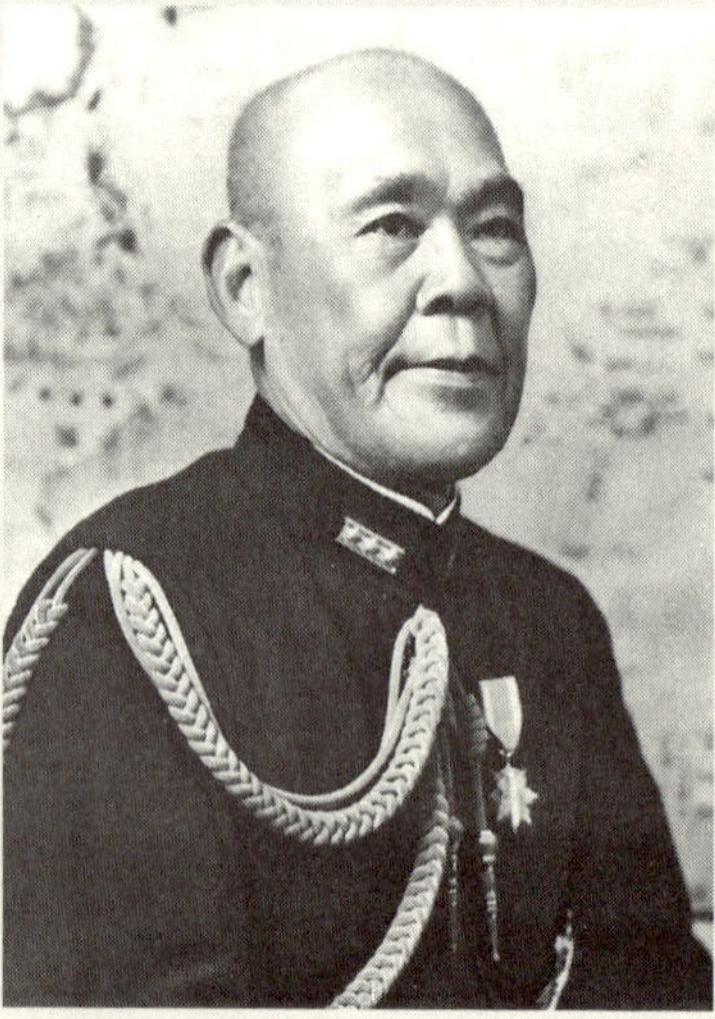

永野修身

岡敬純

一九四六年（昭和二十一）三月六日、マッカーサーの軍事顧問であったボナー・フェラーズ准将は、米内光政をGHQ本部のある第一生命ビルに呼び出し、次のように述べた。

「自分は天皇崇拝者ではない。したがって十五年、二十年先は日本に天皇制があろうがあるまいが、また天皇個人としてどうなっておられようが関心は持たない。しかし、連合国軍の占領について天皇が最善の協力者である事を認めている現況において占領が継続する間は天皇制も引き続き存続すべきであると思う。ところが、困った事に連合国側のある国においては天皇を戦犯者として処罰すべきだとの主張が非常に強く、ことに『ソ』はその国政たる全世界の共産主義化の完遂を企図している。したがって日本の天皇制とMC（マッカーサー）の存在が大きな邪魔者になっている。加うるに米においても北亜米利加式思想が当局の相当上の方にも勢力を持つに至って、天皇を戦犯者として挙げるべきだとの主張が相当に強い。右に対する対策としては、天皇が何らの罪のないことを日本側が立証してくれることが最も好都合である。そのためには近々開始される裁判（東京裁判）が最善の機会と思う。ことに、その裁判において東條に全責任を負担せしめるようにすることだ。即ち、東條に、次のことを云わせて貰いたい。『開戦前の御前会議において、たとえ陛下が対米戦争に反対せられても、自分は強引に戦争まで持っていく腹を決めていた』と」

フェラーズが米内に会った際に作成された「尋問記録」も残っている。
要点を抜粋する。

「天皇は最初から戦争に反対だったが、東京と横浜が激しい空襲を受けるまでは、軍国主義者たちの力が強すぎて彼らを抑えつけることができなかったのだ、と米内は語った。米内は、裁判の際、東條と嶋田の証言によって、天皇は戦犯でないと立証されると信じている。特に嶋田は、天皇の潔白を立証できるし、また実際に立証するであろうと確信している」

先に述べたA級戦犯の判決は、このフェラーズの言葉から始まっていたのであろう。東條と嶋田に全責任を取らせるという米内の発言は、宮中グループの既定路線になった。
そのことは木下道雄の『側近日誌』からもわかる。
一九四五年（昭和二十）十一月二日付の天皇の言葉である。

「嶋田は堂々とこの経緯を云う筈《はず》なり。東條は近頃頭脳変調なり。嶋田は見上げた人物なり」

東京裁判で嶋田に天皇免責のための発言をさせることになったことが明白にわかる。その後、フェラーズは寺崎英成に念押ししている。

「先日、米内大将にお話して置いたことは、もう東條に伝えて貰えただろうか」

米内は、昭和天皇には決して罪を着せないようにとの警告を東條にし、マッカーサー司令部、米国検察団とともに、昭和天皇の訴追を防ごうとした。そのために東條ら被告人たちの証言内容のすり合わせまでおこない、あくまでも天皇を戦争犯罪人にさせない努力をしたのである。

フェラーズが米内光政に伝えたことは、米内からさらに、東條の弁護人を務めていた塩原時三郎を通じて獄中の東條に伝えられていた。

米内光政は日中戦争の泥沼に日本軍を引きずり込み、次に対米英蘭戦争（大東亜戦争）に日本軍を突入させることに全力を注いだ。正真正銘、米内は昭和天皇の推進した「敗戦革命」の実行者の一員であった。

最後に、米内がいつコミンテルンの要員になったのかを類推しておこう。

米内はサンクトペテルブルク（帝政ロシアの首都）に駐在武官補佐官として二年間勤務してお

り、ロシア語が堪能であるだけでなく、大変なロシアびいきであった。米内は日本のシベリア出兵に伴い、ウラジオストックにも一年間勤務していた。さらにソ連共産党革命の情報を調査分析すべくワルシャワやベルリンに二年半も駐在した。この間であったのだろう。

余談だが、米内は女好きであった。五年半にも及ぶロシア・ソ連での海外駐在の間にロシア女性と関係があったことは疑いない。一九三六年（昭和十一）、「二・二六事件」の起こった日には新橋の芸者の部屋から出勤している。

案外、米内は女にほだされて、コミンテルンの要員になったのかもしれない。

戦災に遭った米内は軍人恩給も停止され、戦後のはげしいインフレの中で収入の一切ない状態になる。

一九四六年（昭和二十一）、米内の窮状を知った旧海軍時代の仲間が、北海道に土地を所有している海軍の仲間がいたのを幸いに、自分たちが食べ、米内を会長にして若干の給与を渡すことを目的として北海道で牧場の経営を始め、米内はそれに参加することになる。

ところが、米内は高血圧、慢性腎臓病に悩まされ、一九四六年十月はげしい帯状疱疹に苦しむ。そして一九四八年（昭和二十三）に入って脳出血で倒れ、肺炎を併発し、同年四月八日死亡する。享年六十八。

●瀬島龍三

瀬島龍三《せじまりゅうぞう》は陸軍大学校を卒業後、一九三五年（昭和十）六月に歩兵第三十一連隊（瀬島の原隊）の大先輩に当たる松尾伝蔵の長女・清子と結婚している。松尾は二・二六事件の際、岡田首相の私設秘書を務めており、岡田の身代わりとなって反乱将校に射殺されている。

瀬島は松尾の長女との結婚により、岡田啓介首相、敗戦時の内閣書記官長であった迫水久常、同じく敗戦時の内閣総理大臣であった鈴木貫太郎と姻戚関係になった。

ちなみに、迫水の祖父と大久保利通は従兄弟になる。大久保利通に繋がるこの家系図をよくみると、瀬島は日本を敗戦に持ち込む過程（敗戦革命）で決定的な役割を演じる宮中グループと密接な関係にあった。単なる陸軍参謀レベルの人物ではなかったのだ。

瀬島は、一九三九年（昭和十四）十一月二十二日以降、一九四五年（昭和二十）七月一日付で関東軍参謀として満州に赴任するまで、大本営陸軍参謀本部の作戦課に勤務し、全軍作戦の企画立案指導に当たっていた。

敗戦後、防衛庁の戦史室が調べたところ、大東亜戦争中の陸軍に関する陸軍部命令は千三百通ほどあり、そのうちおよそ七百通に起案者・瀬島の判が押してあったという。

瀬島は、マレー作戦、フィリピン作戦、ガダルカナル作戦、ニューギニア作戦、インパール作戦、台湾沖航空戦、捷《しょう》一号作戦、菊水作戦、決《けつ》号作戦など、太平洋戦域の作戦をほぼ指導していたといってよい。

瀬島は日本軍を全滅させる作戦を立案していたのだ！

一九四三年（昭和十八）以来、大本営陸軍部参謀を務めていた堀栄三は、「大本営陸軍部作戦課の作戦室に出入りを許される者は、大本営参謀の中でも一握りに限られており、密室の『奥の院』があった」と書き残している（『大本営参謀の情報戦記』）。瀬島は「奥の院」の中心メンバーの一人であった。


そもそも瀬島は開戦直前の日米間のぎりぎりの交渉にも、思わぬ形でかかわっている。

在アメリカ大使館の寺崎英成一等書記官は、一九四一年（昭和十六）十一月末にルーズヴェルト大統領およびアメリカ・メソジスト派教会の新しい長老スタンレイ・ジョーンズを訪ねる。その後、寺崎は駐米特命全権大使の来栖三郎《くるすさぶろう》に呼ばれ、日米開戦を阻止するためにルーズヴェルト大統領から昭和天皇に宛てて親電を打ってもらうように申し渡される。十二月三日、寺崎はジョーンズよりルーズヴェルトが親電を打つことに同意したと伝えられた。そのうえで、親電は駐日大使のジョセフ・グルー宛てとなり、グルーが参内して天皇に手渡すことも、あわせて告げられる。

この親電は、環太平洋地域の秩序と安寧のために天皇と協力したいとの趣旨であった。

十二月六日午後九時（日本時間七日午前十一時）、ルーズヴェルトの昭和天皇宛ての親電をハル国務長官がグルーに送る。

ところが、ここで思わぬ事態が起きた。親電の配達が大幅に遅れるという前代未聞の大失態である。

参謀本部通信課の戸村盛雄少佐は、遅延理由を次のように語っている。

「作戦課の瀬島少佐から、前日マレー上陸船団に接触してきた敵機を友軍機が撃墜し、すでに戦闘が開始されたこと、そして、そのことは杉山参謀総長から陛下に上奏済みであることを聞いた。いまさら米国大使館から親電がきてもどうなるものではない、かえって混乱の因となると思って、右親電をおさえる措置をとった」（防衛省防衛研究所戦史室『戦史叢書』）

瀬島は天皇宛ての大統領の親電を十時間も差し押さえていたのだ。

開戦当時の外相だった東郷茂徳が、ルーズヴェルトの親電が参謀本部によって意図的に差し押さえられていたことを知ったのは、敗戦後の一九四六年（昭和二十一）初めのことと話している。外務大臣の知らないところで、国家の命運を左右する最重要の外交案件が参謀本部によって操作されていた。

一方、グルーは親電が国務省より自分宛てに発信されたことをサンフランシスコ発のラジオ・ニュースで知り、電信局からの配送を待ち続けたが、結局、親電を受け取ったのは午後十時三十分であった。

親電本文には、正午に着信した印が押されていた。親電が十時間ものあいだ、陸軍参謀本部の瀬島龍三によって差し押さえられていた明らかな証拠である。

さっそく、グルーは東郷外相に真夜中の会見を求めたが、東郷は明朝までの延期を求めた。だがグルーは執拗に食い下がり、結局、同夜零時三十分に外相公邸での会見となった。グルーは昭和天皇と直接会うように要求して、親電の写しを渡す。東郷は本戸内大臣に電話をし、昭和天皇にルーズヴェルトの親電を見せるべく、八日午前一時半、昭和天皇のいる宮城内の御文《おぶん》庫《こ》に向かった。

この時すでに、ハワイ真珠湾攻撃に向かった日本海軍機動部隊は第一次の航空出撃に備えており、シンガポール攻略部隊は北マレーのクラ地峡にあるコタバル海岸に砲撃を始めている。

昭和天皇は「昭和天皇独白録」で「ルーズヴェルト大統領の親電」について、次のように述

瀬島龍三

東郷茂徳

松尾伝蔵と
岡田啓介（右）

べている。

「私は短波で、『ルーズヴェルト』から親電が来るであろうという事は予め知っていた、木戸も心配して待ち受けたが一向来ない、どうなったのかと思っていると、遂に十二月八日午前三時に東郷（茂徳）が持って来た。之《これ》に付て『グルー』大使は自ら拝謁して渡し度《た》いと云った相である。私はこの親電に答え度いと思ったが、東郷は已《すで》に『六日』に『ハワイ』沖で我が潜水艦が二隻やられているから、もう答えない方がいいと云うので、この言葉に従って、返事する事を止めた。東郷は『グルー』大使に返事しない事と又この際拝謁は取計《とりはか》らわない事を話した。幸か不幸か、この親電は非常に事務的なもので、首相が外相に宛てた様な内容のものであったから黙殺出来たのは、不幸中の幸いであったと思う」

昭和天皇は意志のないロボットであるように見せかけることによって、戦争責任の立場から逃れようとしていた。もしも瀬島龍三が親電を十時間も差し押さえず、グルーがルーズヴェルトの親電をもって拝謁を申し出ていたら、天皇側はどのような言いわけをしたのであろうか。

瀬島が敗戦後を見越して、天皇免責のために動いていたのは間違いない。

一九四四年（昭和十九）七月十二日、昭和天皇は近衛文麿にスターリンと会談をするように命じた。ところが、近衛の訪ソはソ連側から断られる。

一九四四年十二月上旬から約一カ月半、瀬島はクーリエ（外交伝書使）としてモスクワに派遣された。瀬島はこの任務を厳重に隠していたが、敗戦後の取調べの際、ソ連側からクーリエ旅行中の写真を突きつけられている。

この微妙な時期のモスクワ行き。瀬島の目的はなんだったのか。

瀬島はソ連側に昭和天皇が「敗戦革命」を推進し、天皇制共産主義国家を建設しようとしていることを説明するために遣わされたのである。

瀬島のこうした動きは一種の和平交渉のようなものだが、敗色が濃くなるなか、まっとうな和平工作（敗戦革命のような思惑のない講和）も試みられている。

いくつか箇条書きにしてみる。

①朝日新聞常務の鈴木文史朗《ぶんしろう》がアメリカ駐日スウェーデン公使のウィダー・バッゲにイギリスとの仲介役を求めようとした工作
②スイス駐在海軍武官・藤村義朗《よしろう》中佐がアメリカの諜報機関のアレン・ダレスと接触を図った工作

③駐スウェーデン公使館付駐在武官の小野寺信《まこと》少将によるスウェーデン王室を仲介役にする工作

④国民党のエリート政治家だった繆斌《みょうひん》を通じて重慶政府との和平交渉を探った工作

政治家、軍人、民間人が水面下で和平工作を進めていたが、日本政府はこれら米英との極秘交渉をすべて反故《ほご》にした。最高戦争指導部の頭の中には、ソ連との和平交渉があったからである。

二〇一三年（平成二十五）八月十一日付の『産経新聞』に次のような記事が掲載された。見出しは、「『日本政府が共産主義者に降伏』終戦間際、中国武官が『米の最高機密』として打電」である。

「ソ連の中枢浸透説を補強　英所蔵文書で判明

終戦間際の昭和二十（一九四五）年六月、スイスのベルン駐在の中国国民政府の陸軍武官が米国からの最高機密情報として、『日本政府が共産主義者たちに降伏している』と重慶に機密電報で報告していたことがロンドンの英国立公文書館所蔵の最高機密文書ＵＬＴＲＡ（ウルトラ）で明らかになった」

戦局が厳しい状況に追い込まれるなか、日本がソ連に接近して和平仲介を進めたのは、共産主義者でコミンテルンの要員が日本の中枢に浸透していた説を補強するものと綴られている。

この記事からもわかるとおり、日本の首脳部は赤化しており、そもそも和平交渉の窓口はソビエトしか考えていなかった。見返りは言うまでもない。天皇制存続を条件に「共産主義国家日本」の誕生である。

一九四五年（昭和二十）六月二十二日、最高戦争指導会議が開催され、鈴木貫太郎首相が四月から検討してきたソ連仲介和平案を国策として正式に決め、近衛文麿元首相を特使としてモスクワに派遣する計画が具体化した。

まさに『産経新聞』の記事にある通りに事態は推移していた。

共産主義者に牛耳られていた陸軍は本土決戦を強く主張した。本土決戦の混乱した戦況においてソ連軍が日本側について戦ってくれること、さらにアメリカより早く日本を占領することを期待していたのである。

七月十七日より八月一日までポツダム会談が開催される。七月二十六日、対日ポツダム宣言が発表される。

「敗戦革命」の推進に協力していた迫水久常書記官長の主張を容れて、鈴木貫太郎首相はポツダム宣言を黙殺すると発表する。アメリカ側に原子爆弾投下の口実を与えることになるとも知らずにだ。

そして、八月六日、九日。アメリカは原爆を広島、長崎に投下した。

長崎原爆投下の八月九日。スターリンはヤルタ会談での米英との密約通り、日本に刃を向ける。

ソ連の対日参戦は、日本中枢部の思惑通りに思えるが、実はこの時点で、スターリンはトルーマン米大統領に膝を屈していたといってよい。

原爆開発の成功から投下、ソ連抜きの対日降伏宣言と、二月のヤルタ会談以降、スターリンの盟友だった前大統領のルーズヴェルトの死もあって、連合軍を取り巻く状況は激変していた。戦争終結後を見越し、米ソの対立が始まっていた。日本の占領を巡る主導権争いは、アメリカが握った。

昭和天皇をはじめとする日本の首脳部は、この時点でようやく、天皇制共産主義国家の樹立を断念し、アメリカ軍の占領を受け入れることにする。その後、「敗戦革命」を推進していた歴史を隠蔽することに注力した。

敗戦時、軍や政府の手によって全国的規模で公文書の焼却が組織的におこなわれている。敗戦後、およそ二週間、東京中の役所から煙が絶えずたなびいていた。

日本占領の陣頭指揮に立つマッカーサー。彼が厚木に到着したのは八月三十日。

マッカーサーは、あらゆる不都合な公文書を焼却する時間を日本政府に与えることにしたのだ。

アメリカは軍門に降った日本を傀儡政権にすべく、その政権の頭目として昭和天皇を利用することを企んだ。よって、天皇が共産主義国家を樹立しようと目論んでいた証拠資料が出てくることにでもなれば、ソビエトに駆け引き材料として利用されかねない。それは終戦後の勢力図も左右する。

アメリカはおろか日本にとっても、そのような証拠は抹殺するに限るのである。

一九四五年（昭和二十）七月一日付で瀬島は関東軍参謀に任命され、新京の関東軍総司令部に派遣される。

八月十九日、秦彦三郎《はたひこさぶろう》関東軍総参謀長および随員の将官、将校（この中に瀬島がいる）および宮川船夫ハルピン総領事は、ハルピン飛行場から第一極東方面軍戦闘指揮所のあった沿海州ジャリコーボ地区に向かい、極東ソ連軍総司令官アレクサンドル・ヴァシレフスキー元帥と会談した。

ヴァシレフスキーは日本軍に降伏手続きを説明し、まだ抵抗を続けている日本軍にただちに戦闘行動をやめるように申し入れ、関東軍総司令官の山田乙三《おとぞう》陸軍大将宛ての覚書を秦に渡す。

この時にヴァシレフスキーに話したのであろう。

「シベリアに日本人を送り込み強制労働に従事させる」

この交換条件と引き換えに、天皇の命を守ること、天皇を戦犯として裁くことをしないと取り決めた。また、「すみやかな関東軍の武装解除」「満州国皇帝溥儀《ふぎ》の引き渡し」「関東軍資材の引き渡し」などの件も、両者で約束がかわされた。

その後、約百万の関東軍兵士、軍属、民間人がシベリアに連行され、強制労働に従事させられた。その結果、約五十万名の日本人がシベリアの凍土で死亡した。

対日政策を推進していたソ連共産党中央委員会付国際部。この部門に属していたイワン・イワノビッチ・コワレンコが、加藤昭（フリージャーナリスト）に手渡した書類の中に「ソ連軍に対する瀬島参謀起案陳情書」がある。

コワレンコの説明によると、この陳述書はモスクワ郊外にある旧ソ連邦赤軍文書保管所内の軍事ファイルの中から発見されたものだという。一九九三年（平成五）七月六日、モスクワ共同通信は、敗戦時の関東軍の文書がロシア公文書館から大量に出現したことを伝えている。

問題の部分を抜粋する。

「次は軍人の処置であります。これにつきましても当然貴軍に於て御計画あることと存じまするが、元々満州に生業を有し家庭を有するもの竝《ならび》に、希望者は満州にとどまって貴軍の経営に協力せしめ、その他は逐次内地に帰還せしめられたいと存じます。右帰還迄の間に於きましては極力貴軍の経営に協力する如く御使い願いたいと思います。殊に目下在隊中の将兵の中には数万の満州在籍者が居りましてこれ等がそれぞれ元の職場に復帰致しますれば　食糧、交通、一般産業の運営に相当役立つものと考えます。その他例えば撫順《ぶじゅん》等の炭坑に於て石炭採掘に当り、若くは満鉄、電々、製鉄会社等に働かせて載き、貴軍隊を始め、満州全般の為、本冬季の最大難問題たる石炭の取得その他に当りたいと思います。（後略）」

なんと、関東軍将兵を石炭採掘、その他のために使役してほしい、と願い出ているのだ。コワレンコ自身によるその後の調査によって、この文書はジャリコーボ会談の十日後の一九四五年（昭和二十）八月二十九日に、瀬島からソ連極東軍司令官ヴァシレフスキーに提出されたことが確認されたという。タイトルに瀬島の名前が付されているのはそのためだという。

一九九二年（平成四）六月二十日付の『読売新聞』の記事。

ソ連の独裁者スターリンが対日参戦直後、右腕のベリヤ内相や極東戦線の司令官らに宛てて発令した、日本軍捕虜将兵五十万名の収容・強制労働利用に関する極秘指令文書の全文コピーを入手した、と掲載されている。

「ソ連軍の対日参戦（一九四五年八月九日）のわずか二週間後の同月二十三日に発せられた指令文には、パム鉄道（第二シベリア鉄道）建設を始めとする作業地域・現場別に投入する捕虜将兵の人数、移送・収容条件などを詳細に指示。スターリン政権は満州侵略と相前後して労働力としての捕虜獲得計画を周到に練り上げていたことが裏付けられている」

二〇〇八年（平成二十）四月十日の参議院厚生労働委員会において厚生労働省の荒井大臣官房審議官は、谷博之参議院議員の質問に対して次のように答弁している。

「日本政府は積み上げ推計ベースで五十六万千名が抑留され、その内、五万三千名が死亡したと認識している。ロシア政府の資料は約四十七万名抑留し、その内、四万一千名が死亡したとある」

また、米国の戦史研究者ウィリアム・ニンモは『検証　シベリア抑留』で次のように記す。

「一九四五年八月ソ連の管理下にあった日本人の数は二百七十二万六千名、確認済みの死者は二十五万四千名、行方不明・推定死亡・その他は九万三千名で事実上、約三十四万名の日本人がソ連によって殺された」

対日理事会のアメリカ代表のシーボルトは、「夥《おびただ》しい数の日本人捕虜がシベリアで虐殺された」として日本側の資料を用い、次の数字を挙げている。

「一九四五年（昭和二十）だけで二十七万二千三百四十九名が死んだ。一九四五年から一九四九年（昭和二十四）までの四年間にソ連での日本人捕虜の死亡者は実に三十七万四千四十一名にのぼる。死亡原因は、疾病、野外留置、衣服の不足、栄養失調、極寒時の強制行進、過酷な労働とされている」

今立鉄雄は『日本しんぶん　日本人捕虜に対するソ連の政策』で、このように記す。

「終戦後、ソ連の占領した満州、樺太、千島には軍民あわせて約二百七十二万六千名の日本人がいたが、このうち約百七万名が終戦後、僅か九ヶ月間にシベリアに送られた。推定ながらシベリアの野で死んだ日本人は四十万名である。（中略）当時のシベリアに強制連行された地区にいた部隊数やその当時その地区にいた住民の人数から理論的に連行された人数を推移したもの。

（中略）当時の満州では一九四五年七月の『根こそぎ動員』により満蒙開拓団から男性を集めて兵隊を急造した。関東軍の総兵力は満州では七十八万名、朝鮮では二十六万名になっていた。合計百四万名である。そのうちソ連との交戦で死亡した者のソ連側発表八万三千七百三十七名、日本側発表は二万数千名になっている。このソ連側のいう人数を引いても九十五万名の生きていた軍人がいたわけである。これらの人々をソ連はほとんど強制的に連行したので五十七万名というのはどうみても少ない」

瀬島本人は回想録『幾山河』で、「シベリア抑留で関東軍とスターリンとの間に強制労働に繋がる労務提供の密約があったとする話は全く根拠のない虚構であり虚説である」と主張している。

瀬島も真実は墓場まで持っていかねばならなかったのであろう。

日本軍の連合国に対する降伏は無条件降伏であったが、その他の付随的問題については、数カ条の条件を提示していた。その中に「ポツダム宣言」第九項がある。

「日本国軍隊は完全に武装を解除せられたる後各自の家庭に復帰し平和的且《かつ》生産的の生活を営むの機会を得しめらるべし」

日本兵たちは家庭に帰ることもなく、シベリアの厳寒の地において使役された。「ポツダム宣言」に違反することを実行したのは、誰であったのか。

瀬島は、一九四五年（昭和二十）九月三日、関東軍総司令官山田乙三陸軍大将、参謀総長秦彦三郎陸軍中将らとともにソ連の捕虜になる。シベリア抑留時代は労働義務のない高級士官としてソ連側に優遇されており、他の抑留者のような強制労働には従事していない。

ソ連政府はラーゲリ（収容所）に収容されている軍事捕虜、民間人の中から、東京裁判のソ連側証人の選定を内務省に指示する。将官三十名、士官三十六名、民間人十一名が候補にあげられ、草場《くさば》辰巳《たつみ》中将、松村知勝《ともかつ》少将とともに瀬島が選ばれた。

一九四六年（昭和二十一）九月十七日、ウラジオストックから空路東京に護送され、訴追側証人として出廷する。

ところが、草場は東京裁判に出るまで拘置されていた東京のソ連代表部で服毒自殺する。草場は満州では大陸鉄道司令官の任にあたり、敗戦後、満州在住の軍民を日本へ送還する任務に携わっていた。

草場は民間人を先に送還しようとしたが、上からの命令で軍人が優先された。中心部に駐屯していた軍人が先行して帰国することになり、満州の奥地の辺鄙《へんぴ》な場所に住んでいた満州開拓団をはじめとする多くの民間人は、引き揚げの途中で死亡したり、ソ連軍に連行されてシベリアに抑留された。

草場は自らの命を絶った。自らの死をもって詫びたのである。

これに対して、瀬島は一九四七年（昭和二十二）五月二十二日、東京裁判の法廷に一度出廷し、昭和十六年以来昭和二十年まで毎年対ソ戦の作戦計画があったことを述べ、十一月にソ連に戻される。

一九四八年（昭和二十三）十二月二十三日、東條英機ら七名に対して巣鴨拘置所内で絞首刑が執行される。

マッカーサーはA級戦犯の起訴を四月二十九日、すなわち昭和天皇の誕生日、そして絞首刑の執行は十二月二十三日、皇太子の誕生日とした。

翌一九四九年（昭和二十四）十二月三十日、ソ連は山田乙三関東軍司令官を含む十二名の元関東軍の軍人に「細菌戦に対する責任あり」として、二年から三十五年にわたる「強制労働刑」を宣告する。

一九五〇年（昭和二十五）二月、ソ連はこの宣言を米国、英国の政府に公式ルートで通告し、国際軍事法廷の設置を提案する。ソ連はあわせて、この法廷で天皇に対する裁判を行使すべしと米国と英国の政府に提案する。

米国側は、一九四六年（昭和二十一）四月の時点で天皇を戦犯扱いにしないと決定したことを根拠に、ソ連の主張を突っぱねる。

なぜ、ソ連は昭和天皇の訴追を求めてきたのか。

「天皇を訴追しないことを交換条件に関東軍兵士をシベリアで使役する」

この秘密協定が暴露されることを恐れたのか。

よもや、一億人を殺しまくった殺人者スターリンが、そのような些事を恐れるわけがない。

実はこの時期、朝鮮戦争が勃発寸前であった。

米軍は日本国内に軍事基地が緊急に必要となったので、アメリカはスターリンに「昭和天皇を戦犯にするよう」に吼えさせたのだ。天皇はスターリンに恐れをなし、スターリンを黙らせる〝存在〟に命乞いをすることになる。結果、アメリカの要求はすんなりと通り、日本国内に米軍基地が誕生する。

さらに、ソ連側に天皇の戦争責任追及を永久にさせないためには、日ソの国交回復がどうしても必要であった。そこで日ソ国交回復に反対する吉田茂から鳩山一郎に首相の首をすげ替えて日ソの国交を回復し、昭和天皇の戦争責任追及を封印したのである。

一九五六年（昭和三十一）夏まで十一年間、瀬島はソ連に抑留される。

瀬島が収監された第七〇〇六俘虜収容所は、モンゴルのウランバートルにあった。

実は、この収容所はＫＧＢ工作員を養成する特殊学校であった。

瀬島は釈放され、一九五六年（昭和三十一）八月十五日に舞鶴港に降り立つ。

瀬島は釈放の条件にソ連と約束した。

帰国後、左翼、日本共産党の連中とは付き合わないこと、できるだけ右翼的な態度をとって権力の中枢に入り込み、ソ連側に情報を流すこと。

つまり、瀬島は「契約引揚者」としてＫＧＢのスパイになったのである。

ハバロフスク第四十五特別収容所で一緒だった本郷義夫中将の紹介で、瀬島は一九五八年（昭和三十三）六月に伊藤忠商事に入社するが、入社を助けたのは迫水久常であった。

警視庁外事課は長らくソ連大使館のＫＧＢ容疑者の張り込み、尾行をしていたが、そこに伊藤忠商事の社員であった瀬島が現われたという話がある。

瀬島はその後伊藤忠商事の会長にまで昇りつめ（一九七八＝昭和五十三年）、一九八四年（昭和五十九）勲一等瑞宝章を受章し、二〇〇七年（平成十九）九月四日、死亡する。享年九十五の大往生であった。

第21章

近衛上奏文

闇に葬られた真相

一九四四年（昭和十九）七月七日、おりしも七夕の日にサイパン島守備隊が玉砕し、半年後の十一月以降、アスリート飛行場からB29による日本本土の空襲が続いていた。

一九四五年（昭和二十）二月、フィリピンのリンガエン湾に上陸した米軍によって、フィリピン占領軍は山岳地帯に追い詰められていた。特攻隊の司令官であった前陸軍次官の富永恭次は部下を見捨てて、台湾へと逃亡した。

千島－小笠原－マリアナ－中部ニューギニア－スマトラ－マレー－ビルマを結ぶ「絶対国防圏」が各所で崩壊しつつある。

大日本帝国の敗色は濃厚であった。

事ここに至り、天皇の意向もあり、戦争終結に向けて重臣からの意見を求めることになった。軍部を刺激せぬように、陛下へのご機嫌伺いという体裁で、重臣らは順番に拝謁する。

二月七日、平沼騏一郎。

二月九日、広田弘毅。

二月十四日、近衛文麿。

二月十九日、若槻礼次郎。

二月十九日、牧野伸顕。

二月二十三日、岡田啓介。

二月二十六日、東條英機。

前述のように、近衛が天皇に拝謁するのは三年四カ月ぶりのことであった。内大臣の木戸幸一が開戦以降、首相の東條と小磯、陸海軍の首脳以外、拝謁をほぼ禁じていたからである。

平沼と広田の時は、藤田尚徳《ひさのり》侍従長が陪席したが、近衛の時には木戸が藤田に陪席の交代を願って出ての待立《じりつ》となった。

木戸が近衛の拝謁に同席した理由は、言うまでもない。

近衛は一九四三年（昭和十八）以来、日本に共産主義革命が起きると警告していた。「敗戦革命」を実行している木戸にとって、近衛が天皇に何を言い出すか、気がかりだったのである。

「お目にかかれませんでしたが、いかがでいらっしゃいますか」

近衛は挨拶をすると、玉座の前にある椅子に腰を下ろした。天皇から近況を問われると、近衛は「おかげさまで元気にしております」と答えて起立すると、ポケットから和紙の束を取り出して読み上げた。

「敗戦は遺憾ながら最早必至なりと存侯。以下此の前提の下に申述べ侯……」

と口火を切って、「敗戦はもはや避けられない。これ以上の戦争継続は国内を混乱させるばかりか、共産革命の危険性をはらんでいる。天皇制を維持するためにも余力のあるうちに講和をすべき」と主張したのである。

近衛は「上奏文」で真実を述べていた。

西園寺公望や木戸幸一は、近衛に「敗戦革命」の真実を伝えぬままであった。西園寺に嘱望されて政治の世界に入り、総理大臣を歴任した近衛が何も知らされていなかったのは不可思議である。

近衛が語った真実に、驚きを隠せなかったのは天皇と木戸であろう。

二人は真実を前に何を思ったのか。

ともかく、天皇制を維持するために、近衛の「上奏文」が外部に漏洩することだけは絶対に避けたい。

木戸は同志の梅津美治郎参謀総長に近衛の上奏文を見せた。都留重人にも相談した。彼らは近衛の口から「敗戦革命」が漏れることを懸念し、近衛の口封じを決めた。

一九四五年（昭和二十）四月十五日。

憲兵隊は吉田茂、殖田俊吉（元大蔵省出身、実業家）、岩淵辰雄（元国民新聞、読売新聞記者、政治評論家）を逮捕する。容疑は「近衛上奏文」の流布と陸軍への誹謗である。軍部の狙いとしては、近衛文麿と彼に協力している反戦和平派を検挙することにあった。

この逮捕劇は、木戸と梅津の入れ知恵であった。

近衛は木戸に抗議し、さらに不当逮捕に近かったため、五月三十日には三人とも釈放されている。

西園寺公望たちが夢見た「敗戦革命」は成就することなく、日本は連合国にひれ伏した。

敗戦後、さっそく近衛は政治活動を開始する。

一九四五年（昭和二十）九月十三日、十月四日と二度にわたり、近衛はマッカーサーと会見した。外相になった吉田が共産主義運動の危険性を説き、そのためには近衛の話を聞くべきだと勧めたからである。近衛はマッカーサーに、軍閥や国家主義勢力を助長したのは共産主義者であると持論を述べた。

マッカーサーは近衛に、改憲や日本民主化の先頭に立つことを認める。

気が気でないのは木戸をはじめとする「敗戦革命」を推進してきたメンバーである。

十月四日、GHQは山崎巌《やまざきいわお》内相の罷免を要求、東久邇稔彦《ひがしくになるひこ》内閣は十月五日に総辞職する。木戸は平沼騏一郎枢密院議長と協議し、幣原喜重郎元外相に首相就任を要請し、十月九日に幣原内閣が成立する。

組閣の最中、近衛は木戸に対して憲法改正の緊急性を話している。

十月六日、近衛は高木八尺東大教授、牛場友彦、松本重治とともにマッカーサーの政治顧問アチソンを訪ね、改憲私案の教えを乞うている。

近衛はやはり「お公家さん」であった。鷹揚であり、とことん人を疑うことはできなかった。アチソン詣でに同行した面々が、みな共産主義者であり、とりわけ、松本と牛場が木戸と組んで近衛の〝口封じ〟、すなわち殺害を考えていようとは思いもしなかった。

十月九日、近衛は細川護貞を京都に派遣し、京都大学教授で憲法学者の佐々木惣一《そういち》に改憲案作成助力のために上京を促している。十二日、佐々木は上京し、近衛とともに憲法改正案の作成作業に入ることになる。

十一月一日、GHQは突如、近衛に憲法改正についての役割は与えていないという声明を出す。マッカーサーは近衛が昇っていた梯子を外したのである。

十一月五日、共産主義者のハーバート・ノーマンが近衛の戦犯指定に決定的な役割を果たすことになる文書「戦争責任に関する覚書」を綴った。ノーマンに近衛戦犯論を書かせたのは、古くからのノーマンの同志・都留重人である。

紆余曲折あったが、木戸は近衛の口封じに成功する。

十一月九日、近衛はアメリカ合衆国戦略爆撃調査団の喚問を受ける。調査団の車で芝浦桟橋に運ばれ、そこから小型舟艇《ランチ》で東京湾に浮ぶ上陸指揮艦「アンコン号」に連行された。当時、喚問はＧＨＱが接収していた明治生命ビルでおこなわれており、近衛の喚問場所は奇異であった。

奇異といえば、近衛を喚問したグループの人選も妙である。

ポール・ニッツ――。のちに対ソ核政策などで有名になる。

ジョン・ケネス・ガルブレイス――。マルクス経済学者。総合経済効果課の責任者。戦略爆撃調査団の一員として、「戦略爆撃は戦争の短期化に効果はなかった」との結論を出している。

ポール・バラン――。ベルリン大学経済学部の助手を務めた後、米国へ亡命。ハーヴァード大学で学び、スタンフォード大学でマルクス経済学者初の終身在職権《シニア》を取得した。

トーマス・ビッソン――。極東問題専門家。アメリカで創立されたコミンテルンの外郭団体「アメリカ・中国人民友の会」の中心的なメンバーであり、一九三四年（昭和九）には機関誌『チャイナ・トゥデイ』の編集委員となる。

また、喚問には都留重人と、近衛の通訳として牛場友彦が同席していた。

肩書を見れば、一目瞭然。

近衛は共産主義者に喚問されていたのだ。しかも他人に聞かれないように、わざわざアメリカ軍艦の艦内でおこなわれた。

都留は同志の共産主義者に「敗戦革命」の秘匿のため、協力を願ったのである。むろん、木戸の意を受けての行動である。

共産主義者たちは近衛を脅迫した。そして、戦犯になるよりは、栄誉ある自刃を勧めたのであろう。

十二月六日、マッカーサーは近衛、木戸ら九名に逮捕指令を出す。軽井沢に滞在していた近衛は逮捕指令の出たことを知る。

十二月六日、近衛の秘書官であった高村坂彦《こうむらさかひこ》は、逮捕指令を知り、軽井沢に急行して近衛と面会した。近衛は「首相としての自分の責任を明らかにするとなると、結局は国務に関することに触れねばならず、統帥の責任は大元帥たる天皇に帰することになってしまう。アメリカがもし天皇処罰の方針を取るならば、自分には天皇を弁護できないことになる」と語った。

十二月十六日、巣鴨拘置所に出頭を命ぜられる。

十二月十五日、次男の通隆に日本は将来共産化するおそれがあり、国体護持が難しくなると述べている。

十二月十六日未明、近衛は青酸カリによる服毒自殺をした。享年五十四。

マッカーサーは、なぜ近衛に死を選ばせたのか。

一時は近衛に戦後体制の一角を担わせようとしていたのに……。

おそらく東京裁判のためである。

裁判は天皇を救うためのでっち上げの猿芝居である。統帥権があり、本来、戦犯になりうる天皇の身代わりに東條を立てた。今さら近衛に共産主義革命の話など持ち出されては、せっかくの東京裁判のお膳立てがぶち壊しになる。近衛には死んでもらうのが、どの陣営にも最良の選択であった。

最後に「近衛上奏文」に対する二人のコメントでしめくくろう。

東京憲兵隊長であった大谷敬二郎は、回顧録『昭和憲兵史』で次のように述べた。

「近衛上奏文は荒唐無稽な妄想であり、陸軍の赤化はないし、統制派と皇道派もなかったし、統制派は近衛の妄想であり、近衛は軍を知らず、軍に対する憎悪と警戒に終始した迷妄の徒である」

猪木正道（京大教授、防衛大学校校長）は、『評伝吉田茂』で、「何もかも共産革命の陰謀のせいにする近衛上奏文はまことにグロテスクな文章」と記している。

まさに真実は近衛の死とともに漆黒の闇へと葬られたのである。

おわりに

昭和天皇は「天皇制共産主義国家」を確立しようとしていた。そのために三百六十万人（公式には三百十万になっている。ここではシベリアで殺された五十万人が含まれている）の日本人は殺されたのだ。

現代の日本人は、まさか、昭和天皇が「天皇制共産主義国家」を確立しようとしていたとは夢にも思わないだろう。

だがしかし、第二次世界大戦後に北朝鮮に侵入したソ連軍が「金日成」という独裁者をでっち上げて以来、金王朝共産主義国家は七十年以上続いている。

日本も敗戦後、ソ連軍に占領されていたら天皇制共産主義国家が成立し、今日まで続いていたかもしれない。

ところがルーズヴェルト大統領の死によって、アヴェレル・ハリマンとスターリンが日本を米国が占領することを決め、日本は米国の従属国になって七十年以上たっている。

敗戦以来、日本国内の世論を巧みに誘導している連中、戦史を捏造する連中、アカデミーの世界にたむろする近現代史研究者らのすべてが、昭和天皇が「天皇制共産主義国家」を確立しようとしていたことを述べない。

昭和天皇についてのタブーがいまだに日本人の精神構造を支配しているのだ。

いつまで日本は米国の従属国を続けるつもりなのか。

日本がなぜ従属国になったかを知るには、必ずや敗北する対米戦争に突入していった理由を明白に認識しなければならない。そのためには昭和天皇が天皇制共産主義国家を確立しようとしていたことを認識しなければならない。その認識がなされない状態が続くかぎり、日本は米国の従属国の状態が続くことになる。

それでいいのか。

米国の従属国から脱出するためには、こうした歴史的事実を明白に認識することである。

日本の右翼と称している連中も、昭和天皇が天皇制共産主義国家を確立しようとしていたことを完全に無視している。ということは、彼らは日本が米国の従属国の状態にあることを認めているのだ。

かたや日本の左翼は、昭和天皇が天皇制共産主義国家を確立しようとしていた歴史的事実を隠すことに協力している。特にアカデミーに属している左翼の連中は、昭和天皇が天皇制共産主義国家を確立することにした歴史的事実を隠す策謀に完全に協力している。すなわち彼らは日本が米国の従属国である状態を支持しているのだ。

一九二五年（大正十四）、国体の変革と私有財産制度の否認を罰する治安維持法が成立した。昭和天皇は天皇制共産主義国家を確立することを目指していた。すなわち昭和天皇は、治安維持法で罰せられる行動をしていたのだ。

ルーズヴェルト大統領は親共産主義者であり、自らの政権内に二百人以上のソ連のスパイをかかえていた。しかもルーズヴェルトは、レーニンの「敗戦革命」を実行するために帝国主義国家間の戦争を実行した、レーニンの忠実な弟子であった。

米国の大統領が、いつも日本の味方であるとはかぎらないことを十分に認識しておかねばならない。

だからこそ、あくまでも自国を日本人自身で防衛できる状態にしなければならないのは当然のことである。

自国を守る軍隊をもたなかった満州国、チベット、モンゴル、ウイグルのように、中共に侵略された状態が続いている。

日本は自国を守る軍隊をもたねばならない。そして憲法改正、徴兵制度の復活、核兵器の開発、原子力潜水艦の建造なども議論しなければならない。

ところが敗戦後七十年以上たっても、日本を守る軍隊をもつことに反対する連中がいる。

たしかに満州事変、支那事変、大東亜戦争と続いた戦争では軍部が暴走した。もう二度と軍隊の暴走する歴史をもちたくない、また再び軍隊が暴走するのではないかと考え、日本を守る軍隊をもつことに反対することになる。

軍隊を暴走させていたのは昭和天皇であったことを明白に知っておかねばならない。そして暴走させない日本を守る軍隊をもたねばならない。

そのためには、昭和天皇が「天皇制共産主義国家」を確立しようとしていた歴史的事実を十分に認識しなければならない。


さて、日本人は昭和天皇が「天皇制共産主義国家」を確立しようとして三百六十万の日本人を殺した歴史を知ったらどうするか。

昭和天皇を支持することはできないことになる。天皇制に対する不信感が生じる。そしてついに天皇制を否定する考えが支配的となることになる。共和国日本の成立である。

ヨーロッパの王室には、それを支援する貴族がいる。貴族の中で結婚が成立し、王室が維持されている。ところが昭和天皇は敗戦後、生き残るために日本の貴族階級を廃止した。ここで天皇を支援する日本の貴族はいなくなった。

この時、天皇制は終わっていたのだ。

ところが戦後、民間人より結婚相手をでっち上げ、ミッチーブームをつくった。これも賞味期限切れになっている。

昭和天皇は、天皇制を残すために天皇制共産主義国家を確立しようとした。ところがそのために昭和天皇は三百六十万の日本人を殺すことを命じていた。そして日本を、米国の従属国に追いこんだ。そして昭和天皇は、天皇制を潰すことにしたのだ。このことを明白に認識しておかねばならない。

だが、日本の右翼と称する天皇制中心主義者は、昭和天皇が天皇制共産主義国家を確立しようとした歴史を認めようとしない。

日本の今後の命運を考え、新しい国造りをおこなっていかねばならない。

本書はそのために書かれたものであることを理解していただきたい。

二〇一七年八月

柘植喬介

政治軍人の背後には
共産主義者の理論指導があり、
軍閥政治軍人は
共産主義者の巧妙にして精緻なる
祖国敗戦謀略に躍らされた。
——田中隆吉（陸軍省兵務課長）

主要参考文献一覧

立命館大学西園寺公望伝編纂委員会編『西園寺公望伝』（全四巻・別巻二）、岩波書店、一九八〇－一九九七年
原田熊雄著『西園寺公と政局』（全九巻）、岩波書店、一九五〇年
木戸日記研究会代表岡義武校訂『木戸幸一日記』（上・下）、東京大学出版会、一九六六年
秩父宮記念会編『雍仁親王御事蹟資料』（全六巻）、秩父宮記念会、一九六〇年
高松宮宣仁著『高松宮日記』（全八巻）、中央公論社、一九九七年
奈良武次著、波多野澄雄・黒沢文貴編著『侍従武官長奈良武次日記・回顧録』（全四巻）、柏書房、二〇〇〇年
高橋紘・粟屋憲太郎・小田部雄次編、河井弥八著『昭和初期の天皇と宮中　侍従次長河井弥八日記』（全六巻）、岩波書店、一九九三年
藤田尚徳著『侍従長の回想』、講談社、一九六一年
倉富勇三郎著、倉富勇三郎日記研究会編『倉富勇三郎日記』（全三巻）、国書刊行会、二〇一〇年
原敬著、原奎一郎編『原日記』（全六巻）、福村出版、一九八一年
東久邇稔彦著『東久邇日記』、徳間書店、一九六八年
藤田尚徳著『侍従長の回想』、中公文庫、一九八七年
伊藤隆・佐々木隆編『真崎甚三郎日記』（全六巻）、山川出版社、一九八七年
佐々木敬祐著『小倉庫次侍従日記　その疑惑と真相』、私家版、二〇一一年
防衛庁防衛研究所戦史部監修、中尾裕次編集『昭和天皇発言記録集成』（上・下）、芙蓉書房、二〇〇三年
極東国際軍事裁判所編『極東国際軍事裁判速記録』（全十巻）、雄松堂書店、一九六八年
東京裁判資料刊行会編『東京裁判却下未提出弁護側資料』（全八巻）、国書刊行会、一九九五年
三田村武夫著『大東亜戦争とスターリンの謀略』、自由社、一九八七年

柴田秀利著『戦後マスコミ回遊記』、中央公論社、一九八五年
岩井忠熊著『西園寺公望・最後の元老』、岩波新書、二〇〇三年
伊藤之雄著『元老西園寺公望』、文春新書、二〇〇七年
西園寺公一著『貴族の退場』、文芸春秋新社、一九五一年
西園寺公一著『西園寺公一回顧録「過ぎ去りし、昭和」』、日本図書センター、二〇〇五年
小尾俊人解説『現代史資料・ゾルゲ事件』（一―三）、みすず書房、一九六二年
エドガー・スノー著、宇佐美誠次郎訳『中国の赤い星』、筑摩書房、一九五二年
本庄繁著『本庄日記』、原書房、二〇〇五年
新人物往来社戦史室編『日本海軍指揮官総覧』、新人物往来社、一九九五年
トマス・アーサー・ビッソン著、中村政則・三浦陽一訳『ビッソン日本占領回想記』、三省堂、一九八三年
松下芳男著『日本軍閥興亡史』（上・下）、芙蓉書房出版、二〇〇一年
牧野伸顕著、伊藤隆・広瀬順晧編『牧野伸顕日記』、中央公論社、一九九〇年
近現代史研究会編著『実録野坂参三』、マルジュ社、一九九七年
北河賢三・望月雅士・鬼嶋淳編『風見章日記・関係資料一九三六―一九四七』、みすず書房、二〇〇八年
片桐庸夫著『太平洋問題調査会の研究』、慶應義塾大学出版会、二〇〇三年
赤池濃著『支那事変と猶太人』、政経書房、一九三九年
渡辺武著、大蔵省財政史室編『渡辺武日記』、東洋経済新報社、一九八三年
アーネスト・サトウ著、長岡祥三訳『アーネスト・サトウ公使日記』（Ⅰ・Ⅱ）、新人物往来社、一九八九年
茶谷誠一著『牧野伸顕』、吉川弘文館、二〇一三年
ロバート・シャーウッド著、村上光彦訳『ルーズヴェルトとホプキンズ』（Ⅰ・Ⅱ）、みすず書房、一九五七年。
木下道雄著『側近日誌』、文藝春秋、一九九〇年
中川八洋著『山本五十六の大罪』、弓立社、二〇〇八年
湯浅博著『吉田茂の軍事顧問　辰巳栄一』、産経新聞出版、二〇一一年
加藤康男著『昭和天皇七つの謎』、ワック、二〇一五年

五味文彦・本郷和人・西田友広編『現代語訳吾妻鏡』、吉川弘文館、二〇一五年
寺崎英成、マリコ・テラサキ・ミラー編著『昭和天皇独白録　寺崎英成・御用掛日記』、文藝春秋、一九九一年
斎藤六郎著『シベリアの挽歌』、終戦史料館出版部、一九九五年
アンドレイ・イーレシュ著、滝沢一郎訳『KGB極秘文書は語る』、文藝春秋、一九九三年
イワン・コワレンコ著、清田彰訳、加藤昭監修『対日工作の回想』、文藝春秋、一九九六年
東野真著『NHKスペシャルセレクション　昭和天皇二つの「独白録」』、日本放送出版協会、一九九八年
増田都子著『昭和天皇は戦争を選んだ！』、社会批評社、二〇一五年
鈴木荘一著『アメリカの「オレンジ計画」と大正天皇』、かんき出版、二〇一四年
都留重人著『都留重人自伝』、岩波書店、二〇〇一年
三島義温編『三島弥太郎の手紙』、学生社、一九九四年
永井和著『青年君主昭和天皇と元老西園寺』、京都大学学術出版会、二〇〇三年
有馬哲著『昭和史を動かしたアメリカ情報機関』、平凡社、二〇〇九年
ジョン・アール・ヘインズ、ハーヴェイ・クレア著、中西輝政監訳『ヴェノナ・解読されたソ連の暗号とスパイ活動』、
　PHP研究所、二〇一〇年
デイヴィッド・バーガミニ著、いいだ・もも訳『天皇の陰謀』(上・下)、出帆社、一九七四年
飛鳥大悟著『クラブ・シルバー　敗戦の総括編』、レゼトワール出版、二〇一一年
若狭和朋著『日本人よ、歴史戦争に勝利せよ』、成甲書房、二〇一五年
細川護貞著『細川日記』、中央公論社、一九七八年
細川護貞・光岡明・内田健三著『細川護貞座談』、中央公論社、一九九〇年
伊藤隆著『歴史と私』、中公新書、二〇一五年
山口富永著『近衛上奏文と皇道派　告発コミンテルンの戦争責任』、国民新聞社、二〇一〇年
山口富永著『昭和史の証言　真崎甚三郎・人その思想』、政界公論社、一九七〇年
伊藤之雄著『昭和天皇伝』、文藝春秋、二〇一一年
ピーター・ウエッツラー著、森山尚美訳『昭和天皇と戦争』、原書房、二〇〇二年

伊藤之雄著『昭和天皇と立憲君主制の崩壊』、名古屋大学出版会、二〇〇五年
ハーバート・ビックス著、吉田裕監修『昭和天皇』（上・下）、講談社、二〇〇二年
古川隆久著『昭和天皇』、中公新書、二〇一一年
中野雅夫著『橋本大佐の手記』、みすず書房、一九六三年
長谷川熙著『崩壊朝日新聞』、ワック、二〇一五年
遠藤誉著『毛沢東　日本軍と共謀した男』、新潮新書、二〇一五年
宋鴻兵著、橋本碩也監訳『ロスチャイルド、通貨強奪の歴史とそのシナリオ』、ランダムハウス講談社、二〇〇九年
宋鴻兵著、橋本碩也監訳『通貨戦争』、武田ランダムハウスジャパン、二〇一〇年
参謀本部編『杉山メモ』（上・下）、原書房、一九六七年
カーチス・B・ドール著、馬野周二訳・解説『操られたルーズベルト』、プレジデント社、一九九一年
山中恒著『アジア・太平洋戦争史』、岩波書店、二〇〇五年
堺正一著『塙保己一とともに』、はる書房、二〇〇五年
宮内庁編集『昭和天皇実録』（一－九）、東京書籍、二〇一五－二〇一六年
東京学芸大学日本史研究室編『日本史年表（ワイド版）』、東京堂出版、一九九九年
堀栄三著『大本営参謀の情報戦記』、文春文庫、一九九六年
鬼塚英昭著『天皇のロザリオ』（上・下）、成甲書房、二〇〇六年
鬼塚英昭著『日本のいちばん醜い日』、成甲書房、二〇〇七年
鬼塚英昭著『二十世紀のファウスト』（上・下）、成甲書房、二〇一〇年
鬼塚英昭著『瀬島龍三と宅見勝「てんのうはん」の守り人』、成甲書房、二〇一二年
ポール・マニング著、青木洋一訳『米従軍記者の見た昭和天皇』、マルジュ社、二〇〇五年
森山尚美、ピーター・ウエッツラー共著『ゆがめられた昭和天皇像』、原書房、二〇〇六年
共同通信社「近衛日記」編集委員会『近衛日記』、共同通信社、一九六八年
真崎勝次述、思想問題研究会編『隠された真相・暗い日本に光明』、思想問題研究会、一九六二年
田崎末松著『評伝真崎甚三郎』、芙蓉書房、一九七七年

岩淵辰雄著『岩淵辰雄選集』（第一－第三巻）、青友社、一九六三年・一九六七年
早瀬利之著『石原莞爾と二・二六事件』、潮書房光人社、二〇一六年
大谷敬二郎著『昭和憲兵史』、みすず書房、一九六六年
松原久子著、田中敏訳『驕れる白人と闘うための日本近代史』、文藝春秋、二〇〇八年
古川隆久著『近衛文麿』、吉川弘文館、二〇一五年
岡義武著『近衛文麿』、岩波新書、一九九四年
猪木正道著『評伝吉田茂』（上・下）、読売新聞社、一九八一年
岡崎久彦著『吉田茂とその時代』、PHP文庫、二〇〇三年
塩澤実信著『人間吉田茂』、光人社、一九九八年
工藤美代子著『赫奕たる反骨　吉田茂』、日本経済新聞出版社、二〇一〇年
筒井清忠著『陸軍士官学校事件』、中央公論新社、二〇一六年
ジョン・ダワー著、大窪愿二訳『吉田茂とその時代』、TBSブリタニカ、一九八一年
伊藤之雄著『元老』、中公新書、二〇一六年
楊海英著『狂暴国家中国の正体』、扶桑社、二〇一四年
原田伊織著『明治維新という過ち』、毎日ワンズ、二〇一五年
鬼頭春樹著『実録相沢事件』、河出書房新社、二〇一三年
エドワード・ミラー著、沢田博訳『オレンジ計画』、新潮社、一九九四年
ピーター・ウエッツラー著、森山尚美訳『昭和天皇と戦争』、原書房、二〇〇二年
ピーター・ウエッツラー著、森山尚美訳『ゆがめられた昭和天皇像』、原書房、二〇〇六年
加藤典洋・橋爪大三郎・竹田青嗣著『天皇の戦争責任』、径書房、二〇〇〇年
新谷卓著『終戦と近衛上奏文』、彩流社、二〇一六年
佐々淳行著『私を通りすぎたスパイたち』、文藝春秋、二〇一六年
瀬島龍三著『幾山河』、産経新聞ニュースサービス、一九九五年
松本重治著『上海時代』（上・下）、中央公論社、一九七五年

松本重治著、国弘正雄・聞き手『昭和史への一証言』、毎日新聞社、二〇〇一年
開米潤著『松本重治伝』、藤原書店、二〇〇九年
横田喜三郎著『私の一生』、東京新聞出版局、一九七六年
岡部伸著『消えたヤルタ密約緊急電』、新潮選書、二〇一二年
多田井喜生著『決断した男　木戸幸一の昭和』、文藝春秋、二〇〇〇年
迫水久常著『機関銃下の首相官邸』、筑摩書房、二〇一一年
松谷誠著『大東亜戦争収拾の真相』、芙蓉書房、一九八〇年
笠原十九司著『海軍の日中戦争』、平凡社、二〇一五年
高田万亀子著『米内光政の手紙』、原書房、一九九三年
高田万亀子著『昭和天皇と米内光政と』、原書房、一九九五年
人間文化研究機構国立歴史民俗博物館編『侯爵家のアルバム』、人間文化研究機構国立歴史民俗博物館、二〇一一年
遠藤三郎著『日中十五年戦争と私』、日中書林、一九七四年
ケント・ギルバート著『いよいよ歴史戦のカラクリを発信する日本人』、PHP研究所、二〇一六年
ユン・チアン、ジョン・ハリデイ著、土屋京子訳『マオ　誰も知らなかった毛沢東』(上・下)、講談社、二〇〇五年
日本史広辞典編集委員会編『日本史広辞典』、山川出版社、一九九七年
臼井勝美・高村直助・鳥海靖・由井正臣編『日本近現代人名辞典』、吉川弘文館、二〇〇一年
東京学芸大学日本史研究室編『日本史年表』、東京堂出版、一九九九年
伊藤隆・季武嘉也編『近現代日本人物史料情報辞典』、吉川弘文館、二〇〇四年
秦郁彦編『日本近現代人物履歴事典』、東京大学出版会、二〇〇二年
福川秀樹編著『日本陸海軍人名辞典』、芙蓉書房出版、一九九九年
平凡社教育情報センター著『現代人名情報事典』、平凡社、一九八七年
『現代史資料　別巻』、みすず書房、一九八〇年

や・ゆ・よ

ら〜ろ

わ

ま〜も

な〜の

は〜ほ

た～と

さ～そ

か〜こ

人名索引

あ〜お

◉著者について
柘植喬介（つげ きょうすけ）
歴史研究家。数十年にわたっての膨大な史料の読解・研究を経て、日本の近現代史は皇室や近隣諸国に関するタブーによって真実が隠蔽されているとの強い確信に至る。本書は日本が戦った昭和の戦争の真相を追究し、その背後にうごめいた皇族と公家集団、陸海両軍部の政治軍人、国内に巣食う共産主義者らの奸計を暴いた異色の史書である。

日本《にほん》はなぜ、負《ま》ける戦争《せんそう》に突《つ》っ込《こ》んだのか

封印《ふういん》された現代史《げんだいし》——昭和天皇《しょうわてんのう》の極秘計画《ごくひけいかく》

◉著者
柘植喬介《つげきょうすけ》

◉発行日
初版第1刷　2017年10月10日

◉発行者
田中亮介

◉発行所
株式会社 成甲書房

郵便番号101-0051
東京都千代田区神田神保町1-42
振替00160-9-85784
電話 03(3295)1687
E-MAIL　mail@seikoshobo.co.jp
URL　http://www.seikoshobo.co.jp

◉印刷・製本
株式会社 シナノ

Printed in Japan, 2017
ISBN978-4-88086-361-0